南方周末二十五年文丛

在这里，读懂中国

原富与原罪

《南方周末》编
马克 肖华 选

南方日报出版社
NANFANG DAILY PRESS

图书在版编目（CIP）数据

原富与原罪 /《南方周末》编 . -- 广州 : 南方日报出版社，2011.7

ISBN 978-7-5491-0209-9

Ⅰ . ①原… Ⅱ . ①南… Ⅲ . ①经济—中国—文集 Ⅳ . ① F12-53

中国版本图书馆 CIP 数据核字 (2011) 第 068488 号

原富与原罪　　《南方周末》编

出版发行：南方日报出版社
地　　址：广州市广州大道中 289 号
电　　话：020-83000502
经　　销：全国新华书店
印　　刷：北京中印联印务有限公司
开　　本：720mm × 1000mm　1/16
印　　张：19.75
字　　数：300 千字
版　　次：2011 年 7 月第 1 版　2011 年 7 月第 1 次印刷
定　　价：35.80 元

目录 CONTENTS

第叁辑　地域跟踪

第肆辑　高端访谈

第伍辑　公司报道

第陆辑　财经人物

总序

GENERAI PREFACE

不死的理想随书页飞扬

■ 向 熹

“有可以不说的真话，决不说假话。”岭南老报人的一句话，被一张报纸拿来实践了25年。

话没有什么稀奇，类似的话，康德早说过；意思没有什么稀奇，蒙学阶段就在灌输；修辞没有什么稀奇，比起“知其不可而为之”、“先天下之忧而忧，后天下之乐而乐”显得朴素。

然而，以之为圭臬，却成就了一张报纸的气象。

有人说，是特殊的时代成就了说真话的《南方周末》，此话可能只说对了一半。《南方周末》确要感谢这个奇迹般的时代提供的丰富机会。从民国时期的“厚黑学”到当代的“潜规则”，学者都在阐述对历史的理解，说真话需要足够的勇气。今天，更显真话的珍贵。

真正成就《南方周末》的是一份朴素的信念：相信未来，并着手创造未来；珍视真善美，并着手护持真善美。

真正成就《南方周末》的是一种咄咄的坚持：扎根中国，深入人民；放眼世界，纯粹新闻。

这是理想主义者的执著。其中并没有多少创造，这样的理想主义，不过是中国千年不易的知识分子情怀与操守；这样的理想主义，不过是启蒙时代以来，人类的优秀分子共同的价值与行为取向。

但就是秉承这样的理想，使《南方周末》从“服务改革、激浊扬清”到“让无力者有力，让悲观者前行”，从“深入成就深度”、“记录时代进程”到“在这里，读懂中国”，25年一路走来，几代报人，薪火相传。成功时有泪水，风雨中常微笑。

由此，在《南方周末》创刊25周年时，我们出版这套丛书，并不是觉得《南方周末》做了什么惊天动地的事，并不是《南方周末》有树碑立传的需要。我们只是想通过结集的形式，持续地告诉爱她或恨她的人们，如她那样坚持，在任何时代，都能有这样的成绩；持续地告诉爱她或恨她的人们，不要怀疑历史终将进步，赤诚的新闻人只需着力于本分。

这套丛书里有《南方周末》已刊篇章的选集，有《南方周末》新闻业务经验的总结。所有这些，不过是一些报人工作的累积，但因它们的诚实而显得有价值，因它们记录了一个奇迹般的时代而显得有价值，因它们背后对家国责任的担当而显得有价值。

当然，就爱报纸如生命的我们而言，以书的形式留存篇章，也是不希望这些作品速朽，但从不冀望它们如在《南方周末》上刊登时引起的轰动。于我们，翻阅这套丛书，可以小小陶醉一下：没有辜负时间的厚爱，生于这个年代，并忠实地做了一名记录者。

如你不弃，翻开它们，墨香氤氲中或能感觉到我们的存在，但不会强烈，如一首诗“浑然不觉的黄色花／从很深的日月里开放了／……我把什么留在这里／除了步履／就是微笑／在苍茫的风中／闪烁不息”。

只有不死的理想随书页飞扬……

2009年12月1日于穗—京航班上

第壹辑 经济调查

原富与原罪

「有可以不说的真话，决不说假话。」岭南老报人的一句话，被一张报纸拿来实践了25年。话没有什么稀奇，类似的话，康德早说过；意思没有什么稀奇，蒙学阶段就在灌输；修辞没有什么稀奇，比起「知其不可而为之」「先天下之忧而忧，后天下之乐而乐」显得朴素。然而，以之为圭臬，却成就了一张报纸的气象。有人说，是特殊的时代成就了说真话的《南方周末》，此话可能只说对了一半。《南方周末》确要感谢这个奇迹般的时代提供的丰富机会。从民国时期的「厚黑学」到当代的「潜规则」，学者都在阐述对历史的理解，说真话需要足够的勇气。今天，更显真话的珍贵。真正成就《南方周末》的是一份朴素的信念：相信未来，并着手创造未来；珍视真善美，并着手护持真善美。真正成就《南方周末》的是一种咄咄的坚持：扎根中国，深入人民，放眼世界，纯粹新闻。这是理想主义者的执着。其中并没有多少创造，这样的理想主义，不过是中国千年不易的知识分子情怀与操守；这样的理想主义，不过是启蒙时代以来，人类的优秀分子共同的价值与行为取向。但就是秉承这样的理想，使《南方周末》从「服务改革，激浊扬清」到「让无力者有力，让悲观者前行」，从「深入成就深度」「记录时代进程」到「在这里，读懂中国」，25年一路走来，几代报人，薪火相传。成功时有泪水，风雨中常微笑。由此，

中储棉巨亏调查

■ 庞瑞锋

作为政策性公司，中储棉原本肩负着调节棉花余缺、平衡市场供求的职能，但在棉价高涨的诱惑下，它似乎参与了一场本不属于自己的游戏，结果陷入困境。

从去年六七月份起，当国内棉价一路暴跌时，雷香菊就应该知道大错已经铸成。巨额亏损既然无可挽回，真相暴露只是时间问题——

1月13日，这一天终于到来。新华社发表一篇公开报道，中国储备棉管理总公司（以下简称中储棉）因决策失误，导致巨额亏损6亿元。

雷香菊是中储棉的总经理，亏损报出之后，记者数次拨打她的手机，发现电话已经由他人代接。

根据新华社的报道，亏损6亿元，这还只是相对保守的估计。如果按市场价格计算，真正的亏损接近10亿元。

中储棉成立于2003年3月，它的注册资金也不过10亿元左右。和中航油集团一样，它也是国资委属下的189家中央企业之一。历史或许有时惊人地相似，它也像中航油公司一样，在几乎赔掉整个公司之后，巨额亏损才暴露出来。

不同的是，中航油栽在石油期货上，这次中储棉却倒在棉花进口上。

据了解雷香菊的人说，她作风干练，相当精明，从事棉花行业工作20多年。在执掌中储棉之前，她曾任中华全国供销总社棉麻局副局长、华棉储备管理中心主任等。目前还兼任中国棉花协会副会长。

进口棉花失算、亏损暴露之后，雷香菊备受指责。

目前，国家发改委和国资委已经组成联合调查组，开始对中储棉巨亏事件着手调查。中储棉负责新闻宣传的人说，调查过程中，公司不便说话，结论可能会很快作出。雷香菊的缄默态度显然可以理解。

不过，公众似乎有理由知道，为什么一家新成立的大型国企会在一夜之间突陷困境。

似是而非的市场预测

对整个棉纺织行业的人士来说，2003 棉花年度（从 2003 年 8 月到 2004 年 8 月）经历了大喜大悲。在这一棉花年度里，棉花价格经历了前所未有的暴涨，继而是暴跌。

这种发生在国内棉花市场上的惊涛骇浪，最终打翻了新近闯入的中储棉。

价格暴涨是从一系列似是而非的市场预测开始的。

事后，新疆一家大棉麻公司的老总感慨说，雷香菊失手，也跟并不准确的各种对缺口的判断有关。

2003 年 9 月，在一次全国棉花形势分析会上，有关主管部门宣布，由于受不利气候因素影响，2004 年中国棉花产量将不超过 520 万吨。消息一出，在整个行业引起震动，因为这将是自 2000 年以来单产最低的一年。

当年 9 月到 10 月，主要产棉区连续阴雨，人们对棉花产量的预测变得更为悲观，估计只有 487 万吨。国内对纺织用棉需求量持续增长，供需之间开始出现缺口。

据新疆生产建设兵团棉麻公司总经理盛勇回忆，关于棉花供需缺口的判断，当时一些部门均发布过预测。缺口最多的时候，有判断认为将达到 250 万吨。而根据 WTO 签订的协议，中国在 2004 年棉花进口配额不过 89.4 万吨。

用棉紧张的信息迅速传导到价格上。

9 月初，棉花的收购价格尚在 1 万元 / 吨左右，销售价格是 12000 元 –13000 元 / 吨。到了 10 月底，棉花收购和销售价格分别达到了 14000 元 / 吨和 16000

元/吨。到了11月，棉花销售价格达到19000元/吨以上。

盛勇说，此时棉商手里即使有棉花，也都紧攥着不放，以图囤积居奇。他表示，回过头去看，缺棉情形并未如当时判断的那样严重。但是在当时，即使一些不懂棉花的人，如果有资金，也参与进来炒棉花。

“当时凡是手里有棉花的，整个行业里的人都相信，棉价肯定能涨到20000元/吨。”盛勇说。

从2003年11月至次年2月，棉价一直维持高位运行，但基本上是有价无市，大家都手握棉花，等待一个更好的价格。由于棉价高涨，不少棉纺织加工企业只能关门歇业。

棉价的一路走高，让中储棉看到了赢利的机会。

根据当初国务院的批复精神，中储棉主要负责国家储备棉的经营管理，自主经营、自负盈亏。但作为国家政策性公司，它又肩负着调节棉花余缺、平衡市场供求的职能。但是，中储棉显然走得更远。

中储棉决定，直接大批进口棉花，因为它手里握有国家发改委批准的进口配额。

“在国内棉价疯涨的时候，谁能拿到进口配额，就意味着赚大钱。”中国棉花协会副会长朱兰芬说。

原因很简单，因为国际和国内棉价存在巨大价差。在国内棉价高峰时，进口棉的到岸价比国内棉价格大约低2000元/吨，平均低1500元/吨。

而且，整个行业弥漫着乐观的判断，坚信棉价要涨到20000元/吨。

2003年10月，中储棉突然决定进口15万吨棉花；随后几个月又陆续进口了10多万吨。这批进口棉花并不是充实国家储备棉，而是以经营性为目的的商品棉。中储棉拿到进口棉时，是打算加价后卖给国内棉纺企业。

在这一行为中，中储棉扮演的不是一个维护市场稳定的政策性公司，而是争取公司利润最大化的经营性公司。如果棉价不跌，中储棉大量进口棉花，必将获得暴利。

市场方面的反应似乎也支持雷香菊的大胆进口行为。

有些拿不到配额又急需采购棉花的棉纺企业，就转而委托中储棉进口，并交纳10%-20%的定金。江苏张家港一家企业就交了5000万元的定金。拿到定金，雷香菊找到美国三大棉商，大批进口棉花。

盛勇分析说，整个市场对棉花供需缺口的判断，以及这些交定金的棉纺企业的订单，可能影响了她在棉花进口上的决策。

看得见的手平抑棉价

没有只涨不跌的市场，看得见的手对棉价发挥了作用。

为了平抑棉花价格的非理性暴涨，2003 年 11 月底，国家发改委追加了 50 万吨的棉花进口配额。2004 年 2 月底，又追加了 100 万吨的配额。加上原有的 89.4 万吨的配额，整个 2003 棉花年度的总配额达到了 239.4 万吨。

国家发改委的两记重拳，再加上其他宏观调控政策，如严控纺织行业的信贷等，结束了棉花价格持续了数月的涨势。100 万吨的配额公布后，从 2004 年 3 月开始，棉价一路下跌，到 6 月中旬已经跌到 14000 元／吨左右。

棉价下跌时，中储棉的进口棉才开始陆续到港，并且大部分到港是在 6 月份之后。此时棉价与当时高峰时期相比，跌幅之深已经足以让当初拿到大批配额的国有贸易商遭受重创。

中储棉损失尤其惨重。

由于棉价大跌，很多向中储棉交了定金的企业，包括那家交了 5000 万元定金的张家港企业，在权衡之后，索性不要定金了。进口的棉花几乎全窝在中储棉手里。

新华社的报道称，中储棉此次进口的 20 多万吨棉花，最保守的估计，其成本也应在 16000 元／吨以上，这还不包括相当可观的财务费用。目前中储棉尚有 20 万吨进口棉花在手里。

到了 2004 年 6 月时，中储棉巨额亏损之事，已经开始在棉纺行业里传开。

据知情人士透露，为了摆脱困境，当时中储棉曾找到有关部门，希望将它进口的这批棉花按照成本价予以收购，作为国家储备棉。但是，有关部门曾一直不同意。理由是中储棉进口这批棉花时，并不是作为储备棉，而是为了赢利，所以亏损后，不能由国家埋单。

这期间又传出，中储棉进口棉花，占压大批资金，而且从事这种经营性的进口，又不能完全信赖从农发行贷款，因而在大批进口的棉花到港后，没钱提货，大量滞留上海港和宁波港，有的时间长达数月之久。

8月份，雷香菊在和一家国内大棉麻公司的老总私下聊天时，承认巨额亏损已经形成了。并且她反思说，出现这么大的亏损，主要是心态，自己损失只能自己承担。

但是，损失也并没有全部由中储棉承担。

8月底，这期间到底发生了什么故事，外界无从知晓。有关部门最后改变态度，同意将中储棉进口的棉花以不高于13100元/吨的价格收储。历经一番折腾后，这批商品棉陆续在10月底前，进了国家储备库。

新华社则据此作出保守估计，中储棉亏损在6亿元以上；大胆估计是它亏了接近10亿元，几乎赔了全部家当。

13100元/吨的价格，是一个高于市场的价格。11月初，中储棉公布，将按不高于11500元/吨的价格收储国家储备棉。即使按此价格进行测算，它的真正亏损额也应接近10亿元。

公司从成立，到几乎赔完，不到一年半光景。

"它进口的量太大了，对整个后期风险判断又出现重大失误，所以大亏。"朱兰芬说。

本不应发生的亏损

如果中储棉按照其成立的初衷去经营，它本不应有机会去犯如此大的错误。

2002年底，国务院在对组建中储棉的批复中，明示了它的意义：是进一步深化棉花流通体制改革、完善棉花宏观调控体系的重要举措。受国务院委托，它负责国家储备棉的经营管理。

批复还同意，赋予它棉花进出口经营权。

根据国务院的批复，国家发改委对中储棉公司实行业务指导。不过，发改委经贸司司长毕井泉表示，这一批复并没有说明，中储棉公司不可以从事经营性的棉花进出口业务。

但是，根据中储棉公司的基本职责——根据国家计划和指令，负责中央储备棉的购进、储存、调运、销售和进出口业务，显然，如果中储棉公司进口棉花，应该是出于补充储备棉的目的。

这一点，从目前国家对棉花进口配额的管理上，也能看出来。

根据中国入世议定书附件8，进口棉花配额的33%被分配给国有贸易企业，67%被分配给非国有贸易企业。后者以众多符合条件的棉纺织企业为主，通过进口以补充生产需求。

但是分享33%配额的国有贸易企业只有4家：中纺棉进出口总公司、北京纺织工业供销公司、天津纺织工业供销公司、上海纺织原料公司。由于这4家企业是国有贸易企业，进出口棉花牟取利润，是正常企业经营行为。

不过，中储棉公司成立后，似乎顺理成章地成为分享这33%棉花配额的五巨头之一。

但是，它并不是真正的贸易商，而是一家政策性公司。如果进口棉花只是单纯地牟取经营性赢利，它获得配额的理由，以及国家发改委将稀缺的配额发给它的理由，似乎都缺乏依据。

然而，中储棉公司却成为分到最多棉花份额的公司之一。

整个2003年棉花年度，国家共发放棉花进口配额239.2万吨。按照分配比例，5家企业大约可分得80万吨的棉花配额。不过，中储棉一家公司就获得了超过25万吨的棉花配额。

当棉价一路上涨时，很多棉商对这家公司握有大把配额眼红耳热，羡慕不已。但没想到，棉花价格急剧下挫时，这家公司却蒙受巨大亏损。

作为政策性公司的中储棉公司，它参与了一场不属于它的游戏。

中国万亿不良资产处置内幕

■ 吴传震　栗源

银监会和审计署近日揭出四大金融资产管理公司诸多问题，这些问题是如何产生的？回顾AMC诞生至今的历史脉络，这个万亿规模的不良资产交易市场一直存在着“有价无市”和“有市无价”的病根，正是由此滋生出大量的灰色地带——

近日，舆论对中国四大金融资产管理公司（AMC）的质疑和批评愈演愈烈。2005年1月初，继银监会之后，国家审计署再次剑指AMC，宣布“查出AMC各类违规和管理不规范资金700多亿元；案件线索38件，涉案资金67亿元”，指出“AMC在不良资产的剥离、处置及内部管理存在诸多问题”。

但在众多批评声中，却甚少有人意识到，这不仅仅是AMC本身的问题，更应反思的是规模庞大的不良资产交易市场之痼疾。

信达、华融、东方、长城四家AMC共同主导着价值两万亿元的不良资产交易市场。这个市场出现自1999年开始的国有银行剥离不良资产行动——四大商业银行共剥离14000亿元，到了2004年，建行、中行再次股改剥离约5000亿元，其间交行剥离600亿元。

和中国所有的改革一样，处理不良资产也需要摸着石头过河，问题是自1999年开始，摸了5年石头之后，一直困扰中国不良资产市场的两个根本矛盾并没有解决——“有价无市”和“有市无价”，这两者听似相对，实则相合。

由于中国的不良资产交易市场是横空出世，如何处理不良资产，以及处置给谁，一直是AMC的难题。最初，AMC拿着手中价值不菲的不良资产，少人问津，从而出现了第一个矛盾——“有价无市”；后来虽然有外资前往，这个矛盾有所缓解，但依然没有更多买家出现在AMC面前，不能形成多层次的竞争局面。

同时，不良资产被冠以“不良”二字，并烙上伴随中国经济多年发展的体制烙印，因此如何评估这些资产的实际价值，确定这些资产的市场价格，难如登天，市场中也没有一套成熟完善、获得各方接受的评估方法，从而出现了“有市无价”的矛盾。

伴随着这两个矛盾，滋生了大量的灰色地带，银监会和审计署所指问题均由此产生，比如收购不良资产把关不严、处置时弄虚作假等。

缺乏竞争的买卖

为“解决银行的问题”而成立的AMC们，成立之初就发现中国的不良资产交易是一个“有市无价”的市场。

1999年国家开始金融改革，成立了信达、华融、东方和长城四大资产管理公司收购四大国有商业银行剥离出来的1.4万亿元不良资产。

收购资金来自三方面：国家财政提供给AMC的400亿元资本金、央行的5700亿元再贷款以及AMC发行了8200亿元的金融债券。收购之后，AMC的首要任务就是“追企业的钱”，这是AMC成立的最主要的任务。

一位AMC的老员工回忆，当初成立时，除信达的人员较为整齐之外，其余三家AMC的工作人员都是临时从对应的三大银行中抽调而来的人员，对如何处置收购来的不良资产毫无经验，也并不清楚这些不良资产的价值。

“市场的规则、买家、经验，一片空白，什么都没有。”中国人民大学金融研究所副所长赵锡军回忆，当时完全是个新事物。

国家给AMC设立了一个10年的存续期，在这段时间里，AMC必须将手中的不良资产处置完。“这些贷款是四大国有银行许多信贷部门10多年形成的，涉及几万个案子。”赵锡军认为如果每个案子单个去做，必然是旷日持久，而且以当时每家AMC区区数百人的规模，也不太现实。

正在AMC一筹莫展之际，一位名叫王都的华人出现在AMC面前，此前，他因成功参与了广信、粤海和海国投的不良资产处置，被华尔街誉为中国不良资产处置的“摇滚歌星（Rock Star）”。

“2000年时，资产管理公司并没有明确的思路，只有信达知道做债转股。”王都回忆说。他开始给AMC介绍亚洲金融危机后东南亚等国的不良资产处置经验。

不久，一些密切关注中国金融改革的国际投行也发现了这个巨大的金矿，为了寻找了解中国情况的伙伴，它们纷纷寻求与王都的合作。随后两方一同向AMC展开了游说，劝其向外资打包出售不良资产。

王都及外资投行就这样成了中国不良资产交易市场的第一批买家，但中国国内的企业依然没有发现这是个发财的机会，从而这个市场从一开始就处于一个十分缺乏竞争的状态。

在外资投行游说的同时，AMC也试图自己寻求其他处置方式，但有时会受到国内社会环境的制约。一位东方资产管理公司的原高层回忆，2000年，东方的一位老总到中国一家大型矿业集团催收债权，结果被保卫人员请出门外。而国内司法环境也对AMC不利，一位资产管理公司的工作人员表示，一些地方政府往往会指令地方法院，影响诉讼的进程，即便判了AMC胜诉，往往也得不到执行。

一难一易，摸了一段时间石头之后，AMC相继引入外资处置不良资产，用俗话说就是，“利用外国人追债”。2001年6月，华融的老总杨凯生第一个吃螃蟹，华融向全世界宣布将打包出售不良资产。

经过争夺，2001年12月，王都所在的KTH基金公司和摩根士丹利、雷曼、所罗门、国际金融公司等外资组成的联合投标团以8.125%的折扣拿下了华融4个资产包，价值108亿元的不良资产，随后，高盛也拿了一个资产包，由于是第一次，该资产包被业界命名为“华融1”。

联合投标团拿到不良资产包后，处置颇为顺利，这些不良资产的债务人纷纷找到具体负责处置这批不良资产的凯利公司，主动要求还款。王都估计，“华融1”里面，债务人主动还钱的占了一半以上。杨凯生得知这种情况后，向同行抱怨——“为什么华融收就那么难，老外就这么容易？”

在“华融 1”做成之后，信达、东方、长城、华融陆续将多笔不良资产打包给外资投行，一些商业银行也开始加入这个行列，尽管《商业银行法》规定商业银行不能买卖资产，但通过变通的方式，建行、中行等开始试点。

在与外资合作的过程中，AMC 获得了一些经验，同时也自己处置不良资产。2004 年底，据银监会统计，不包括债转股，AMC 共处置了 6750 亿元不良资产。根据普华永道的统计，其中外资投行共买了价值 60.16 亿美元的不良资产，约占总量的十分之一。

但发展到今天，这个市场还是只有供应商（AMC）和一级批发商（外资投行），缺少二级批发商和终端销售商，即便在一级批发商内部，也无法形成有效的竞争。“有价无市”的局面并没有根本改变。

评估体系的缺失

在不良资产市场发展的过程中，一些问题逐渐暴露出来，并引起了监管部门的关注。

首先备受争议的就是当年吃螃蟹的“华融 1”，起因是 KTH 和摩根士丹利合作的破裂，并发生法律纠纷。对当时的情形，业界人士评价摩根士丹利是“大佬要混”，因此曾一度垄断中国不良资产处置市场的王都，将一些内幕公之于众。媒体跟进之后，引发了对 AMC 贱卖的讨论。

但在 AMC 和银行等金融机构内部，对此有不同看法。

“这是一种交易，交易总是有赔有赚。”建行的资产保全部的一位工作人员表示。

“贱卖这种说法从宏观面上是不成立的，因为外资占的比例较小。”信达债权部副部长曲合磊说。他介绍，当初 AMC 成立时，正值国企解困的攻坚阶段，因此 AMC 又带有另一项使命——“盘活国有企业”。

是否因为 AMC 带了这个使命，就应该成为国有资产保全的最终责任人，暂且不论，但这个话题却牵扯出不良资产处置环节中的诸多问题。对此银监会和审计署已有定论：AMC 处置资产过程不透明，内部交易和关联交易问题较多，评估随意性大，存在假招标和假拍卖等问题。

这些现象源自不良资产市场的不完善，最根本的问题是，发展了5年的这个市场，竟没有一套完善的评估不良资产的办法，而长期处于一种“有市无价”的状态，即市场的各方主体无法将不良资产的市场价值弄清楚。

“市场能否健康发展，关键在于是否有一套相对完善的评估不良资产价值的体系，”一位投行人士说，“现在实际上没有，不良资产市场中的买家都只有自己的一套土方法。”

王都介绍，许多来中国不良资产市场淘金的国际投行起初也没有评估不良资产价值的方法，现在业界通行的资产评估表，其原始模型是王都和其妻子在飞机上临时随手画出来的。

虽然每家AMC都有自己的评估部，但这些资产时间久远，以AMC的人力即便辅以电子化的手段，评估起来也如同盲人摸象，从而导致对资产的评估往往通过主观的判断和把握。“平均每个业务骨干要处理上千笔贷款，是否弄清楚资产的情况，只能说自认为弄清楚了，到哪一个程度则难以评价。”曲合磊说。

不仅卖家有这方面的困难，不良资产的买家也有类似的困惑，薛杰从东方资产管理公司辞职之后，也下海参与不良资产处置。他在评估资产的过程中，根据自己的经验，形成了一套评估方法，但问及究竟把握有多大，他表示：“我的方法只能说是靠谱，最低价是不会错，其他就难说了。”

有意思的是，虽然卖家和买家们缺乏一套系统的评价指标来评定资产的价值，但市场的反应往往能证明不良资产的实际价值。

2002年，长城向高盛协议转让两包价值40多亿元的不良资产，高盛出价2.1亿元。双方签订协议之后，出售底价被长城各地办事处获悉，处置价格如此之低，超出办事处的预期，从而长城各地的办事处纷纷抢先处置资产，处置价格都高出长城总部开给高盛的价格，结果等到交割时，名单上长城原有的资产已经出去了一大半，最后不了了之。

另一笔同样开花没有结果的是2002年建行出售35亿的不良资产给摩根，这一次是银监会发挥了作用。

2002年7月，建行将江浙一带的价值35亿元的不良资产打包出售，资产包中有债务也有房地产，约占50%以上，被外资普遍认为是优质资产，摩根士丹利联合投标团通过协议拿到整个资产包，报价是7亿元。到2003年7月，建行召开发布会，然后向国家有关部门报批。谁知到2003年底，35亿元的资产处置了不到1/5，就已经回收3亿元，按此比例，最终至少回收15亿元，如果将资产交给摩根士丹利，建行将会少赚8亿元，银监会了解情况之后，没有批准这笔交易。

与这两笔交易相比，2004年信达将569亿元不良资产打包出售给银建，后者是信达占23%股份（第一大股东）的香港上市公司，引发了业界更激烈的议论。

2004年7月，信达以1.5%的折扣将资产卖给银建，消息传出之后，银建的股票飞涨，不料2004年12月，银建又将这笔资产以2%的折扣卖给其第二大股东花旗银行，银建的股票随之暴跌。业内人士评价，一涨一跌说明了市场对这笔资产价值的认定。

为了修正这种“有市无价”的状况带来的负面影响，AMC聘用了安永、普华等国际会计师事务所主持拍卖。但有关人士认为，这几大会计师事务所由于与各家外资投行有长久的客户关系，有可能会操纵并形成外资的价格联盟。

这个市场不神秘

在银监会和审计署指出的问题中，有一类是属于剥离过程中的问题。其中，认为AMC在不良资产收购时把关不严，造成相当一部分金融债权难以落实。一些银行为甩掉包袱、逃避责任，借剥离贷款掩盖以前年度违规经营造成的损失。

一家资产管理公司的人员表示，这种情况的确普遍存在。不良资产剥离时，银行处于强势地位，AMC都是接过再说。然后就发现有些不良资产无法确权，没有法律文件证明。还有一些档案资料不全，甚至有些银行提供了假资料，并将属于损失类的不良资产剥离给AMC，这种现象在第二次剥离时比较严重，因为国家规定，要“追究银行具体人员的责任”。

据内部人士透露，此次银监会和审计署相继发力之后，AMC必将引来一个调整期。但如何调整？中国不良资产交易市场的问题将如何解决？

没有足够多的不良资产处置机构，没有中小处置机构，不良资产处置的渠道太窄，这就是中国不良资产交易市场的现实，解决的方法就是必须吸引更多的机构进入这个市场。“要破除市场的原始局面。”赵锡军说。

王都在与摩根士丹利发生纠纷之后，曾专门撰文痛斥中国不良资产市场的弊病。他认为国内对不良资产的处置存在诸多误解：认为这个行业很神秘，认为不良资产处置专业性很强，所需资金量大，只有国际投行才能做得了。

而根据他的经验，外资投行并没有适合中国不良资产市场的先进经验，摩根士丹利当初派到中国的管理人员没有一位从事过不良资产处置。王都称，在处置“华融1”时，外资投行也没有付款，实际是空手套白狼。中国的金融界只不过被摩根士丹利这张“百万英镑”骗了。

不良资产是一个信息严重不对称的行业，主要是靠信息不对称赚钱。谁能获得更多的信息，将决定谁能获得更大的价值，从这个角度上讲，最能获得信息的应该是国内的企业，而不是外资投行。“可惜的是中国人不知道这是赚钱的机会。”王都说。

他认为，政府和媒体应该破除不良资产交易的神秘面纱。1998年亚洲金融危机之后，许多外资投行进入泰国、印尼的不良资产交易市场，泰国人也没有看到这个机会，现在中国人应该看到，这样才有更多的买家加入到这个市场来，形成多层次竞争的格局。

在国内的经济发达地区，不良资产多层次竞争的苗头已经出现。2004年建行拍卖时国内唯一举牌的浙江中能集团方面介绍，现在在浙江，特别是涉及房地产项目的不良资产，市场竞争已经十分激烈。

通过多层次的竞争和严格规范的招标拍卖制度，市场最终会给AMC手中的不良资产定价，解决评估方法上的缺陷。

而一位资产管理公司的内部人员表示，与美国甚至东欧等国家相比，我国有关不良资产处置的法律还不健全。例如，美国处理不良资产的法律规定，只有联邦法庭有权受理涉及不良资产的官司。中国是否可学习国外经验，将涉及不良资产的诉讼归到最高法院或类似机构，以减轻各地方政府对司法系统的压力？

■新闻链接

四家金融资产管理公司审计出700多亿元违规资金

据《第一财经日报》2005年1月20日报道，国家审计署人士透露，作为去年国家审计署的审计重点，四家金融资产管理公司（AMC）现已被查出各类违规和管理不规范问题资金700多亿元，发现案件线索38件，涉案资金67亿元。据悉，银监会、央行及审计署等部门将成立清查小组，专门处理四大AMC涉及的700多亿元资金问题。

在今年1月上旬召开的全国审计工作会议上，国家审计署署长李金华通报了对四家AMC的审计结果。李金华在报告中表示，四家AMC存在三方面重大问题：一是不良资产收购把关不严，造成相当一部分金融债权难以落实。一些银行为甩掉包袱、逃避责任，借剥离贷款掩盖以前年度违规经营造成的损失。二是弄虚作假，暗箱操作，低价处置债权，造成国有资产流失。三是一些AMC财务管理松弛，虚报、挪用回收资金的情况时有发生，甚至采取虚报冒领、截留收入、虚列费用等手段，将资金用于发高额工资及奖金补贴等。

民资新疆掘油

■ 余 力

在荒寂的南疆库车县，100多位私人投资者从两年前就开始在这里挖掘依奇克里克这个中国首片废弃的整装油田。这一行动多少得益于地方政府发展经济的冲动，但依然受到国内石油巨头们的制约。在国家明令石油业向非公经济开放的政策指引下，民资新疆掘油的状况，给决策者和投资者都留下了一串值得深思的问号，这会否是启迪未来的一个样本？

寻找私人油井

4月1日，上海某报一篇报道称，大批温州商人涌入新疆开采石油，目前已有120口油井，投资超过50亿元。

因为此前早已出现过温州炒房团、炒煤团，所以温州人去新疆掘油的消息倒也并不令人意外。但石油毕竟和房产、煤炭不同，一则石油上游行业是国家至今仍未开放的领域，二则去年已有陕西大批小油井被地方政府收回的消息。那么，这些温州人是如何打开缺口的呢？如果这是一个成功的案例，对其他欲突破石油业垄断的民企来说，无疑具有某种启示意义。

两天后，记者赶赴新疆，试图近距离寻找事实真相。

上述报道提及的石油城克拉玛依成为记者采访的第一站。数日采访之后，情况完全出乎意料：无论是相关主管部门（经贸委、石油管理局和油田公司）的官员，还是普通市民，无论是当地企业家，还是已在当地多年的温州商人，无人知晓此事，所有受访者都毫不掩饰地表达了吃惊：“这不可能！石油是国家的，私人怎么可以开采？”

记者来到远离城市的油区直接询问井上工人，答案仍全是否定。

为记者的提问感到震惊的新疆石油管理局外宣办，迅即将相关文章交给各业务部门传阅，要求核实。反馈回来的信息是：“克拉玛依境内没有私人油井。”

与此同时，与投资油井的温州商人建立直接联系的尝试也毫无结果。了解事实的新疆浙江企业联合会温州商会，拒绝了电话采访的要求，商会会长陈克平抱歉地解释：“那篇文章让我们很多天都睡不好。”他们不愿再谈此事。温州传来的消息同样令人沮丧——多位当地同行寻找数日，没有找到任何一个在新疆投资的油老板。

就在所有线索全部中断、毫无头绪之际，一位当地人士向记者提起，他曾在什么材料上看到过，类似事情在南疆库车县的大涝坝地区曾经发生，而另一位受访者则回忆起，他曾听说，同样位于库车境内的依奇克里克油矿，前几年有民间资本准备进入。

库车由此进入了记者的视野。为避免再次失望，记者首先向自治区相关部门求证，一位不愿透露姓名的官员确认，2004年下半年，他曾看到过塔里木油田公司投诉民营企业违规开采石油的信件，“肯定就发生在塔里木油田，在库车附近的可能性很大”。

4月11日，记者来到距乌鲁木齐1000公里之外的库车县。一进入库车，就明显感到这个城市与克拉玛依迥异的氛围，后者整齐洁净而缺少活力，这里却杂乱而充满生机。

采访的感受同样截然不同，官员、政府工作人员都明显试图回避私人油井的问题，或称不了解，或含糊以对，而加油站、汽车修理工人、出租车司机这些普通人，都毫不犹豫地告诉记者：“这里有私人开采石油，1998年开始就来了，现在一直有。”甚至许多人都知道地点——“就在大涝坝”。

终于，在当地司机的帮助下，在库车县西北100多公里的戈壁荒漠中找寻5个小时之后，在冰雹雪粒中，记者见到了令人震撼的景观——人迹罕至的群山之间、狭长河谷中，分布着上百间废弃房屋，宛如人类遗址，萧瑟而荒凉，这是位于大涝坝区域的依奇克里克油矿（以下简称“依矿”），中国第一个废弃的整装油田，众多私人小井主的希望之地。

人弃我取的依矿

依奇克里克，维语的意思是“野山羊出没的地方”。它为外界所知，不是由于野山羊，而是石油——1300多年前，这里的人们已使用石油，唐代的史学家写道：龟兹（今库车）西北的大山中有一种奇特的物产，黑色液体从地下涌出，汇流成川，人们用它点灯，并且作为供品送给唐朝皇帝。

1958年，中石油东疆指挥部数千工人打破了群山的寂静，这里成了塔里木第一个被开发的油田，但20多年间，它的最高年产量只达到8万吨，1987年，油田因为资源枯竭而终止开发，工人迁出，时人曾感伤地记述，“依奇克里克却只像是一颗彗星一样，带给人们刹那的光辉之后就倏然坠落”。

2005年4月11日下午8时，天空依然明亮，记者在依矿的入口被阻止进入，心情却是难以抑制的愉悦——入口前竖立着一块巨大的告示牌，醒目地书写着《依奇克里克入矿须知》，落款是“库车金禾石油化工技术服务有限公司”，时间是“二〇〇三年六月二十八日”——这里仍在开采的消息似乎意味着数千公里追寻的答案将触手可及。

三天后，金禾公司的负责人同意与记者见面，从他的叙述中，这个荒凉之地的另一段历史被揭开。

依矿全面废弃两年后，国家从各地调集2万名石油员工，成立中石油塔里木分公司（2000年后为塔里木油田公司），开始大规模重新开发塔里木油田。1990年代中期，中石油投入了10多亿元，重新勘探依矿矿区，但最终在1998年再次撤出。依矿两次被放弃，原因一样——这里油源有限，地质条件过于复杂，开采成本过高，不适合大规模作业。

中石油撤出后，留下了286口油井，其中一部分一直在溢出石油，地方政府因此提出了“收油”的要求。事实上，早在1987年，新疆石油管理局和新疆自治区政府就与库车县约定，给予了他们这一权利。他们分别发文，同意“将依奇克里克油矿及矿区可利用的房屋和部分油井，采取签订定期协议的形式，无偿提供给库车县人民政府作为收油之用”。

从1993年起，库车县政府就开始与地方民营企业合作，委托他们“收油”。1990年代中期，这片油区内实际上是由中石油与民企两方的员工在共同作业，但两方都所得甚少。

金禾公司是后来者。而他们的介入，起于一次饭桌上的闲谈。1997年，现今金禾的负责人在阿克苏（库车属于阿克苏地区）做棉花生意，在餐桌上听人谈起依矿。“我从那时开始留心，一直在观望。”他对记者说。

1998年中石油再次撤出后，他开始渐渐坚定投资的信念，2000年他开始与地区政府和县政府接触、谈判，正式签订合约则在两年后，从动心到成为投资者，前后5年。

金禾与政府的合约期限是十年，公司成为依矿的实际管理者。由于油层较浅（大部分在七八百米），每口井的投资在100万元左右，私人投资者纷纷闻讯而来，目前，金禾聚集了100多位私人小井主，开采了83口油井。

小井主们在外都被视为金禾的员工，而在内部，他们更多的是合作而非雇佣关系，每个人都与公司签订承包协议，投资按80%、20%的比例分担，收入也按此比例分成，原油由公司统一登记、销售，个人不得销售。

当地出租司机介绍，库车原有的内地人群中，陕西人、甘肃人、河南人的人数居前三位，这刚好与小井主的人群构成相当，其中陕西老板最多，大约有六成的油井属于他们。“亲戚传亲戚，老乡传老乡”乃是信息传递的主要方式。

根据政府统计，2003年，依矿产油6000多吨;2004年，产量达到2万吨。

幸与不幸的投资者

采访中，记者仍不断听到各地投资者前来的消息。在库车县经贸委，一位不愿意透露姓名的官员与记者的交谈就曾被温州商人的询问电话打断。使人略感诧异的是，他的语气中并没有鼓励之意——“还是要慎重考虑风险，100万、200万的钱投下去，运气好的当然会赚，可是也很可能一眨眼就没了。”

不是每个人都有好运，各种不幸者的故事也在库车流传：一位煤矿矿主，投入了200万元，至今只采出8000元的油；一位东北的女井主，将70万元的积蓄全部投入，滴油未出，几乎崩溃，公司只得垫支路费劝其回家……

但显然，在巨大的收益的诱惑下，更多的民间投资者仍有强烈的冲动，在南疆乌恰县投资1300多万元于天然气供气的温州人支宝会坦率承认："只要政策允许，我们肯定要投石油、天然气的开采，这里的利润是最高的。现在大家都在等待。"

同样有丰富的石油，为什么在克拉玛依没有私人开采石油，而在库车就发生了？

表面的理由显然是库车有依矿这个废弃的整装油田，而克拉玛依没有。但更深刻的差异在于两个地方的政府。

克拉玛依完全是一个因石油而建的城市，在很长时间内，并没有地方政府，只是在直属中石油的新疆石油管理局内有一个政府办，虽然现在已独立出来，但当地的市委书记、市长分别是石油管理局、油田公司的负责人。"实际地方的色彩仍然模糊，地方利益和中石油的利益仍然联结在一起，"当地经贸委的一位官员坦言，"唯一有可能拿出来与民营企业合作开采的，是边际废弃油井。"石油管理局内部称之为"低效井"。

"再低效，在现在的油价下，这些井的收益也比社会上大部分行业赚钱，我们再没钱，开采这些井的钱还是拿得出来的。"一位当地油田的人显然不认为民资在克拉玛依有机会进入上游。

在库车，另一种逻辑在推动着事件的进程。地方政府挤入石油上游的动力甚至强于民间资本。

油气开发之前，库车是一个传统的南疆农业县，2000年县里将未来发展方向定位为石油化工城，从此，整个城市因石油而改变。"就这三四年时间，库车几乎换了样子。"一位库尔勒的司机感慨。

但对政府官员而言，更多的变化仍有待发生。主管石化工业的副县长夏汉对记者介绍说，1999年，地方的财政收入仅5000多万元，到2004年，这一数字已升到了3.2亿元，"可钱还是不够用。政府日常要支出、农业要支持、历史欠账也要逐年还。关系到库车未来的化工工业园，也要投入，一期投5亿元仍无法达到客户要求……"

中石油、中石化直接留给地方税收的，是增值税的25%和资源税，企业所得税、个人所得税则不在地方缴纳。

相比之下，地方化工企业的利税成为地方最有可能的收入来源。当地政府主管部门一位不愿意透露姓名的官员介绍，2001年引入了三家民营石化企业，如果满负荷生产，每年的产值将有10亿元，利税至少有1亿元，“目前他们只能满足20%的产能”。

在石化工业区内，相邻的两家化工企业因出身不同而面貌迥异：中石化的塔河化工公司，高耸的烟囱不间断地排放着白烟，显示着生产的有序，而其邻居——民营宏桥石蜡厂内却冷清空荡，从新年到现在，他们只能开工一个月，其他民营化工厂的情况也大同小异。

生产不足的原因在于原料不足——石油油源为中石油和中石化垄断，他们控制了上游，“只能是我们要一点，他们给一点，像乞丐一样”。从自治区的官员到民营化工厂的经理，都用同样的话语形容自己的感受。更有甚者，辛苦争取来的原料，价格却可能高得无法承受——2004年，国有公司的原油最高报到3170元／吨，“我们无论如何也接不下来”。

在现有的制度安排下，油源＝财政收入＝地方的未来，争取油源成为了地方政府必然的选择。

库车的幸运是他们有了依奇克里克，自治区政府的一位官员透露，当年他曾问过地方官员：“你们拿到了油井，资金和技术怎么办？”他记得对方的回答是，“不难，把私人油老板引过来就可以了。”

金禾公司适时地在2000年出现，赢得了政府的信任。谈判中，地区负责人提出的首要条件是“一滴油也不能流出库车境外”，依矿所产的石油全部按照地区油管办和县经贸委制定的计划定向销售，买方就是地方民营化工厂，价格则随行就市，鉴于库车是民族聚集区，需要支持，地方政府要求依矿原油的价格适度低于国有石油公司的价格，这个幅度约定为20%。

这两个前提条件金禾公司乐于接受。“我们是合作伙伴，应该彼此体谅。”公司负责人说。

2004年，依矿的原油成为了三家库车民营化工企业的生命线，供应了他们一半的原料。“如果没有依矿，我们大概都要关门了。”一位负责生产的化工企业经理说。

据悉，4 月初在西安举行的西部投资洽谈会上，西部各省无一例外重点推介石油化工行业，但官员们私下里都承认，原料问题是致命的瓶颈，没有人能解决，普遍的心态是：“投资来了，就像孩子落地了，总不能让饿死吧？大家一起使劲，也许就有解决的可能。”

石油中下游开放后，必然提出开放上游的要求，而没有前者，上游的开放便是虚言——如果市场上没有其他买家，民营企业即使开采或进口回原油，只能交给国有石油公司，这样的开放又有何价值？在不可能同时突破时，大部分民企首选更容易进入的中下游领域。

在石油上中游环节部分解决问题的库车成了其他地方政府艳羡的先行者，临近的叶城县和兵团都曾组团来库车考察。“大家都想取经。”库车经贸委一位不愿意透露姓名的官员说。

窄门内外

对于诚心而来的客人，库车只能报以苦笑。“客人们了解情况后，心都凉了。”一位不愿意透露姓名的官员说。

现在的依矿处境微妙。2003 年开始批量出产原油，同一年，中石油塔里木油田公司开始不断投诉，认为金禾公司逾权开采石油，要求严肃处理。其间，法律诉讼的方式也被尝试。

这样的情形也许并不在地方政府和金禾公司的意料之外，只不过隐患变成现实而已——1987 年库车县政府所获得的权利并不充分，当年的两份批文中，文字显然经过精心考虑：“收油、部分油井、定期协议”等字样，为可能的变化留下了足够的弹性，而解释权毋庸置疑掌握在中石油手中，而它显然可以选择在适当的时候行使自己的权利。

阴影其实始终存在：政府内部有意无意地避谈依矿；矿区守卫对陌生人抱有强烈戒心；公司选择雇人每天清理土路——即使知道修建一条更坚固的路面从长远而言更为经济；公司从未接受记者采访……诸多细节显示着先行者的缺乏安全感，他们似乎感觉到，自己并没有完全进入石油开采这道窄门之内。

相较于2004年塔里木盆地560万吨的原油产量，依矿的2万吨原油少得微不足道，显然，并不是竞争压力迫使中石油作出回应，而且，依矿的原油全部由库车县主管部门的油管办计划销售，并未流向其他地区，也谈不上扰乱市场秩序，显然，争论回到了原则问题上——作为民营企业，金禾公司无权开采石油。

争论的焦点不出意外地集中在了“收油、部分油井、定期协议”几个字眼上，油田公司认为，当年的文件中保留了他们在依矿勘探开采的权利，这仍是他们的勘探区；再者，金禾公司有打井勘探的行为，已超出“收油”的范畴，而且，文件中约定库车县政府应与油田公司签订定期协议，而期限显然应经他们的同意。

在国家并未放松对石油勘探开采的控制之时，塔里木油田公司投诉的理由显然成立。只是，这样的安排是否合理，却需要更高层面的判断。为协调沟通，2004年下半年，金禾公司的负责人频繁在北京和新疆之间往返，“坐飞机就像打出租车”。

当年，国家十部委联合下发《关于印发进一步开展整顿油气田及输油管道生产治安秩序专项行动工作方案的通知》，矿产资源部也派人调查，最终，“为维护民族地区的稳定”，各方得到了一个折中的处理结果：地方政府在10月下发文件，重申“禁止任何单位和个人在依矿进行石油钻采活动”，同时维持现状，保持现有油井的收油作业。

今年春节后，所有钻井架全部撤出，依矿只余下了磕头机和油罐车，留在矿上的人员从高峰时的700多人降到了不足200人，河谷再次显得沉寂。“依矿这次看起来是遇到了麻烦，国家要严管了。”一位当地司机说。

比起陕北地区所有的私人油井全部收归地方政府所有，金禾公司和私人井主们知道自己仍然是幸运的，目前，他们开始了和塔里木油田公司的谈判，“我们希望与他们合作，在这片地方合法地开采石油”。只是，接下来的问题是，“利益只有那么多，只能两方分享，如果与油田公司合作，政府怎么办？”对于公司而言，这仍然是个难题。

当依矿的投资者为合法的开采权而苦恼不已时，他们并不知道，与新疆紧邻的青海柴达木盆地，另一群合法迈入窄门之内的私人井主则陷入了另一种困境——在花土沟这个同样不为外界知晓的荒僻边区，一百多口油井的私人业主，从2004年11月到如今，没有收到国有石油公司一分钱的油款。这里的业主得到青海油田的授权，被定义为“石油风险投资”，合法地进行边际小油井的勘探开采，所有产出的石油必须由国有油田公司收购。

记者千里追寻的这一案例，在国内正逐渐成为民资进入石油上游环节的一般模式——在现有政策下，尽管民营企业不能独自勘探开采，他们可选择与三大国有石油公司或地方政府合作，承包那些采收率已经很低的边际油田，目前国内已有几十家这样的公司，分布在新疆、内蒙古、青海、陕西等西部地区，所有这些油井，每年开采的原油不足1000万吨。

石油勘探开采是一个风险巨大的领域，能源咨询公司Wood Mackenzie去年底的研究表明，全球10家最大的上市能源集团在过去3年里发现的油气，其商业价值远远低于花在勘探上的资金，勘探一直未能产生回报。

国土资源部2003年检查的875个勘查年检项目中，55%未完成最低勘查投入，其中36%的项目没有任何实物工作量投入。这样的情形下，民营资本将可能成为国有石油企业的补充。

库车县官员提出了疑问：“为什么不能把国有石油公司无暇顾及的边际、废弃油井留给地方？”

民营石化老总则提出了另外的问题：“为什么只看到火炬在烧，而看不到我们这些萤火之光？萤火之光如果遍地撒开，也会是一片光明。”

各种迹象表明，国家正在准备给出回答。

今年2月，国家公布“非公经济36条”，明令石油与电力、电信、铁路、民航等垄断行业将向非公经济放开。

就在记者寻找依奇克里克的途中，4月7日、4月13日，商务部连向28家民营企业发出“进口油牌照”，似乎预示着石油“对内开放”的过程将要提速，市场普遍期待，也许，石油上游的开放将很快进入议程。也许，先行者的困扰将随着身份的合法化而消解？

离开新疆之后，克拉玛依传来了新的消息，新疆石油管理局正在与民营投资者洽谈合作，准备邀请民间资本合作开采当地的边际油井，油井数目可能在200口以上。

证券咨询灰幕

■ 黄 河

在以缺乏经验的中小投资者为目标的“咨询生态链”里，从咨询公司及其合作者，到有合法资质的节目制作单位，再到一些地方媒体，甚至短信发送机构，都被一条或明或暗的“利益之链”紧紧地绑在了一起，形成了一个关系紧密的“利益共同体”

命运游戏

进入7月份以来，严雨已经不止一次陷入失望乃至绝望的情绪中。

电话里，严雨的语气平淡而疲惫，他说他已经很久没有睡过一个好觉。

一切都是从半年前的那个电话开始的。

像周围的许多人一样，严雨也在业余时间炒炒股，几年下来小有斩获，因为炒股，所以严雨平时也会看一些电视中的股评节目。而其中深圳某证券咨询公司制作的股评节目是他的最爱，据电视里的老师说，因为他的会员都是提前布局，获利至少10%。2004年他的会员达到了翻番的收益。

在连续收看了一个月的节目后，被低迷的股市弄得心烦意乱的严雨终于拨通了电视里所留的联系电话。

接线的先生说电话来得正好，今天股市大涨，赶快交钱办手续还能赶得上操作。严雨怯生生地问了一句：“是否可能连6000元的会费都收不回来？”回答是："当然不会，肯定赚钱！"

6000元不算大数，严雨咬咬牙也就交了，"顶多当这两个月炒亏了，我还承受得起"。

在接下来的两个月里，严雨按照咨询公司的短信操作了数只股票，略有亏损。同时不断有公司的业务员打电话来劝说严雨加入"高级会员"，因为"普通会员是做长线股票，获利比较慢；高级会员做短线获利快得多"。

为了说服仍然处于亏损状态的严雨，业务员还在电话里介绍了所谓"高级会员部总监"的张某和秦某给严雨认识，同时一位自称该公司"首席分析师"的黄天也加入了说客的行列，表示严雨只要加入高级会员，就可以由他来亲自指导操作。

黄天当晚发短信给严雨，说自己的会员今天买的是某某股票，第二天该股票果然涨停。在严雨打电话给秦总监要求成为黄天的会员时，秦总监神秘地告诉严雨："我给你透露一下吧，黄天自己有资金在运作（指做庄），你要跟他操作必须严格保密，不能泄露消息。"并保证加入高级会员后，严雨的资金能够"三个月翻一番"。

被一连串口头承诺与"奇迹"冲昏头脑的严雨随后分两次再汇出3.2万元的会费。但这位"首席分析师"指导下的结果却是大亏特亏。

接下来的情节变成了一场闹剧：发觉自己中了圈套的严雨打电话到咨询公司投诉，一番周折后被推到投诉部。投诉部的王经理"义正词严"地将严雨批评了一番，大意是黄天只是业务员，并非什么分析师，你怎么一点分析能力都没有，他们这么做明显违反证券法，公司会严厉处分黄天云云。

听完教训的严雨随后提出退还会费的要求，王经理的说法又出现了180度的大转折，表示公司本身并未违反协议，只是"业务员有点夸大"，所以会费不能退还。

万般无奈之下严雨找到了自己做律师的亲戚，想看看能否通过起诉讨回损失。律师研究完合同文本后，表示很难，"且不说官司的输赢，光出差取证的成本就够折腾的"。尽管如此，这位亲戚还是按其意愿向咨询公司发了律师函，希望能提醒公司注意。

当严雨再打电话到该公司时，得到的回答是黄天已经被开除了。

严雨的命运由此陷入一个“死循环”，在经过两个月反反复复的质问、投诉以至哀求无效后，严雨最终想到了死……

“话术”陷阱背后的利益链

在接到有关投诉资料后，记者以严雨朋友的身份拨通了该咨询公司的电话，一番周折后，前文提到的王经理接听了电话，听完记者介绍严雨的情况后，王经理的解释跟以前大同小异。

“我认为，严雨是不了解咨询公司的情况，公司虽然提供建议，但是并不包亏的。他说当时业务员对他如何如何说，但我们的协议上写得很清楚，公司并没有违反协议。”

在记者的追问下，王经理承认黄天并非什么“首席分析师”而只是个普通业务员，并表示已经对其作了“严厉处罚”。

但在记者获得的资料中，严雨填写的一份申请书上却明明白白写着：“本人申请在保证信息绝对保密的情况下，正式加入贵公司会员，并指定由首席分析师黄天老师直接指导操作。”

“这是典型的‘话术’诈骗，每个受骗者的遭遇都一样。”中央电视台资深证券评论员老姜（“老姜信息”及多项证券栏目主持人）在接受记者电话采访时气愤地表示。

据老姜介绍，他在去年年底连续做了几期关于证券咨询欺骗的节目后，收到的观众投诉信件就有几麻袋，仅在节目后由节目组转给证监会的就有几百封。

“这些受骗者跟严雨遭遇的情况一模一样，表面上说没有承诺，但实际上都有口头承诺，回报还很高，否则不可能拉到那么多会员。”老姜表示，这些设局者的操作模式也大同小异，先在电视上引诱你打电话入会，然后在电话中说得天花乱坠，通过口头承诺让投资者汇款，收到汇款再把合同传真给“会员”。

“等你收到合同时，为时已晚，只要是汇出去的钱，就很难再拿回来了。”

等到会员觉得上当了，要找对方打官司时，很好，把合同拿出来，照合同办事。而在这些已经经过“法律顾问”们字斟句酌的协议里，找不出一句关于投资回报的承诺。

这其中的关键在于接电话的业务员能够掌握一套专门针对潜在顾客的“话术”，能够在还没有任何回报，甚至连合同都没见到的情况下，就能将本打算问问情况的投资者“忽悠”晕了。

“像被催眠一样，迷迷糊糊地就把钱给汇过去了。”严雨这样回忆当时自己的心态。

而在记者随后的调查中发现，这一套看似不起眼的“话术”圈套，跟一系列精心策划的“盈利模式”结合起来后，最后产生的竟然是令人瞠目结舌的暴利。

据知情人士介绍，前文提及的深圳那家咨询公司去年收入超过1亿元，利润高达6000多万元。而这家公司盈利的秘诀就是媒体炒作加上会员制荐股。而深圳证监局信访办去年收到咨询公司会员怀疑受骗的投诉就多达140余起，2004年收入排名前三位的中介咨询机构恰恰是被投诉最多的。

一方面投诉频频，另一方面此类咨询节目却仍然在电视、网络等媒体上大行其道，甚至将各地方台自办的证券类节目全部挤出市场。其中的奥妙就在于“利益转移”。

记者在采访中获得的一份合同记录表明，在以缺乏经验的中小投资者为目标的这一“咨询生态链”里，从咨询公司（及其合作者），到有合法资质的节目制作单位，再到一些地方电视台，甚至短信发送机构，都被一条或明或暗的“利益之链”紧紧地绑在了一起，形成一个关系紧密的“利益共同体”。

这份由某著名证券节目制作公司内部人士提供的合同记录显示，该节目制作单位一方面以合作或收取现金的形式，与包括上述那家公司在内的十多家咨询机构合作开办栏目；另一方面则以广告互换的方式将节目交给内地数十家电视台播出，而互换所得的广告时段，再卖给不同的咨询机构。同时在为短信服务商提供由咨询公司发出的短信内容时，所得收益再进行分成。据粗略统计，仅与咨询公司合办节目一项，该制作公司每年的收益便高达数百万元。

而这一系列收益的最终埋单者，无疑是那些既观看节目，又加入会员并订制短信的中小投资者。

该人士介绍，在深圳注册的证券咨询类公司大约有四五十家，但能在该节目制作单位投放节目的只有十来家，“它们都是有资质的”。其他公司或个人再以租用牌照或承包的方式，与这些“有资质”的咨询公司进行合作。

而记者在深圳市工商管理部门了解到的情况表明，目前，工商管理局对证券咨询方面的注册成立并无特别的审批程序。同时对于这些公司的会员制管理，如收费标准或资格审查等方面，也没有明确的规范。

变形的会员制与迷惘的分析师

当天下午，记者再次拨通该公司里黄天的办公电话号码，在一位女士的帮助下，竟然奇迹般地找到了黄天，记者表示经朋友介绍，想“跟黄老师操作股票”，黄天简单询问情况后，告诉了记者一个新的手机号码，让记者下周开市后跟他联系。

周一早晨9时12分，从黄天的手机发来一条短信：某某公司再次提醒您关注，某某置业、某某街，非会员无买卖点勿追高，提前布局下只“有望涨停”黑马，咨询本机。

开市后记者打开股票行情系统，吃惊地发现这两只明显呈现庄股走势的股票竟然已经被连续拉高了数天，如果此时买入，无疑要做一回“冤大头”了。

“这就是它们的另一个暴利之源，所谓的咨询机构或分析师与庄家合作，让他们的会员来接庄股的盘，这已经不是欺骗了，明摆着就是一种屠宰！”老姜说。

据业内人士介绍，这种跟庄股的合作里边还有不少“玄机”，因为许多会员制的咨询公司都有不同的会员级别，这种级别的区分一般取决于会员交纳的会费多少和资金规模。

会员中的最外围的一般称为“短信会员”，他们往往是在股票被庄家拉升以后才能收到信息，就像记者从黄天处收到的短信，按此操作只能做个“埋单”的冤大头。

短信会员之上就是所谓的高级会员，他们的资金一般在十几万到几十万之间。庄家在拉抬某只股票中途，就会通过机构通知这些会员，利用这些会员的资金为庄家“抬轿”，同时会员本身如果手脚快些，也能赚一点。

高级会员之上才是真正的核心会员，资金量一般在百万级以上。庄家一般在启动时就会告诉这些会员，因为他们的资金是真正具有推动力的资金，可以替庄家减轻不少前期拉抬中的资金压力。

如果操作顺利的话，核心成员一般在一两周内就能获得数百万的收益，而咨询公司则既拿庄家的提成，又收会员的会费，两头通吃。

“作为证券咨询业来说，会员制本身有它的优点，但走到今天这一步，已经彻底变形了。”老姜这样告诉记者。

对于这一变形的过程，咨询业内的人士感受更加深切。一家著名证券咨询机构的副总经理在向记者谈及她这几年来的体会时，用得最多的一个词就是“迷惘”。

“有时感觉很伤心，但这种伤心还不是像客户那样因为投资损失，而是因为从事这种职业，对职业本身的迷惘。”

这位从1992年便进入咨询行业的资深分析师告诉记者，从1996年开始，证券市场中就出现一个越来越明显的趋势,那就是“弱势群体的比例越来越大”。

在她的记忆里，1996年以前因为市场很小，当时的投资者一方面显得更加专业，另一方面也属于“手里有闲钱”的一批人。

但在经历了1996年和1999年的两波牛市“狂潮”后，越来越多下岗、失业的人士开始把股市当成了最后的希望——她认为，从那时开始市场就陷入一个误区，那就是没事的人、找不到工作的人，或者老人去炒股票，股票市场中的弱势群体规模越来越大。“这一批人在市场上挺多的，虽然他们的资金数量不大，但是一个人可能就影响了整个家庭，一旦亏损，离婚的、自杀的都有。”

由于公司的名气和她的资历，常常会有一些内地机构请她去做投资咨询讲座，她注意到从1998年以后，在讲座最前边坐着的，听得最认真的，大多数都是老人。“我有时候忍不住就会提醒，股票真不是什么人都能做的。请我去讲课的人就很着急，你这不是替我赶客户吗？”

她认为，今天在咨询业内留下来的一批“老人”，更多的是凭着一种信念在坚持，“因为我们相信这个市场会有恢复的一天，而我们这个职业也永远存在着市场需要，并且最终能够对社会产生一些正面的引导作用”。

与此同时，她也并不讳言市场上确实有一些机构和“大户”，即使在市场低迷的今天，也能凭着超级短线的炒作获得暴利。

“但他们已经不能跟普通投资者相提并论了。”这家至今没有加入“电视营销”大潮的咨询机构副总说。

“灰色地带”的无奈

从周一到周五，虽然大盘指数持续上升，黄天陆续推荐的数只股票却在推荐后一两天内全部下跌。对此，他在电话中的解释是：“大盘虽然在拉升，但个股风险很大。因为都是些庄股在拉升，我们也介入一些庄股，这些股票下跌前我们就会通知会员抛出。”

就在记者采访期间，黄天所在公司的王经理打来电话，表示严雨向深圳证监局投诉的材料已经转到公司，并约记者前往公司见面。

当记者次日下午与朋友依约来到位于某大厦16楼的公司总部时，在一间类似传呼或声讯台的大厅里看到，近百名公司员工正在各自的电话机前与客户交谈。同时还有十几名年轻人坐在大厅旁的沙发上，据他们说是前来应聘业务员的。

王经理表示，违反公司规定的业务员已经被开除，而跟他合伙欺骗严雨的秦总监和张总监（其中一个是业务经理），“也做了同样的处理”。

而关于退还会费的问题，他表示公司领导在咨询了法律顾问的意见后认为，黄天的违规甚至违法行为只属于其“个人行为”，公司不承担任何责任，“如果业务员要去杀人放火，难道也要公司承担责任？”王经理胸有成竹地反问记者。

“你想想公司每天的支出那么大，几百个业务员的长途电话费，再加上十个电视频道的播出费用，每家每年都上百万元，还有专家的工资，业务员的提成，打开门就要钱。你亏损了说退就退，那公司自己的亏损怎么算？”

王经理表示，从个人角度而言，他也很同情严雨。他希望记者转告严雨，既然损失已经造成了，“就要像个男子汉那样承担起来”，同时也希望严雨不要再四处告状或者投诉了，“作为个人而言，你从资源和时间上都跟公司耗不起”。

“这种做法的本质是欺诈，而不是什么投资技巧。而他们之所以敢这么做，就说明他们的目标群体就是那些容易上当受骗的边缘人群。”老姜说。

而在严雨的律师朋友发出的律师函中，同样提到：“如林先生所述属实，贵公司轻则构成民事欺诈，重则涉嫌诈骗。”

但在记者向公安部门了解有关法律规定时，却意外地得知，如果受骗者以“诈骗罪”罪名向公安机关报案的话，很可能无法立案。

“严雨的损失可以分成两个部分，”公安部门的一位人士向记者解释道，“一是炒股的亏损；二是他所交纳的会员费。而从诈骗罪的立案要件来说，必须包括财物转移和所有权变更使得‘非法占有他人财物’这一结果发生。而严雨损失的这两部分都无法套上其中的规定。”

“当然，如果抛开当事人的经济利益，只考虑这种现象对社会秩序的危害的话，可以参考证监会发布的行政法规《禁止证券欺诈行为暂行办法》第七条和第八条，严重的话可以考虑刑法第181条规定的‘编造并传播证券、期货虚假交易信息罪’和第二款‘诱骗投资者买卖证券、期货合约罪’。但这就涉及到其行为的危害性到底是行政违法还是刑事犯罪的问题，要结合证券监管机关的意见具体个案具体分析了。”

但据司法界人士介绍，“编造并传播证券、期货虚假交易信息罪”这一罪名从制定至今，尚未有过真正定罪的案例。“因为从司法角度而言，像证券市场这样的专业领域，司法部门的立案与定罪都要以相关监管部门的判断和处置为前提。也就是说，只有证券监管部门把有关人员或机构以此罪名移交公安机关，公安及司法部门才会进入立案程序。”

记者就相关问题向证监会新闻处发出采访提纲，截止到发稿前尚未收到回复。

就在采访结束之际，黄天于7月30日下午发来短信：“新一轮中级行情已确立……下周将建仓一支冠军个股（超越飞乐音响），优惠仅剩最后两天。”

当记者回短信表示有意入会后，黄天于次日一早发来的合同上，甲方名称赫然写着“深圳某某公司”，与严雨收到的一模一样。而就在三天前，该公司王经理还言之凿凿地告诉记者，黄天已经跟其他两个负责人一起“被公司开除了”。

与此同时，严雨依旧不屈不挠地进行着他讨回会费的尝试。

8月1日，王经理给严雨打来电话，要求在严雨写下对该公司的“感谢信”和不再到有关部门投诉的“保证书”的情况下，“出于人道考虑”退回部分（大约两万元）会费。

“我没有更多奢望，只希望能讨回会费，减少一点损失。”严雨在电话中告诉记者，医院已经安排他明年上研究生，这意味着未来两年里他除了只能拿基本工资外，还得再交2.4万元的学费。

但是，写“感谢信”和“保证书”的要求又让严雨非常踌躇。

严雨只觉得自己似乎做了一场噩梦，可是面对着残酷的现实，他甚至不知道自己应不应该，能不能够醒过来……

记者手记：谁在教育投资者？

作为一名多年报道证券市场的记者，我的感受是：对于市场低迷所需要的“市场信心”，在某种程度上既不取决于管理层救市的“决心”，也不取决于机构投资者的“投资理性”或“价值认识”，而恰恰在于已经被边缘化了的中小投资者们的切身感受——他们才是真正的民意的主流。

公司治理的结构可以调整，金融体系的漏洞也可以弥补，但是在长期的虚假信息欺诈之下被扭曲了价值观的人群，他们的情绪却会蔓延到他们的家庭乃至整个社会。

正如一位咨询机构的副总所说，中小投资者在市场中的边缘化，同时也导致直接为他们服务的咨询机构的边缘化。而黑嘴和恶庄的加入，使得这一服务链变成了一个吞噬自身的恶性循环。

在香港证券市场有着多年监管经验的前证监会副主席史美伦，在上任伊始就不断强调“中小投资者教育”，直到她离任时，耿耿于怀的依然是“没有资源、时间做投资者教育”。这是一个成熟市场监管者清醒的无奈与遗憾。

然而，史美伦未能做到的事却被一些急功近利，甚至利欲熏心的所谓“策划高手”们做到了——他们通过合作与承包的方式，打着合法经营的幌子，利用日新月异的传播媒体，在电视、报刊和网络中不断散布着他们所谓的“投资秘诀”。

这类秘诀的核心理念就是：证券市场是个充斥着欺骗与谎言的大黑幕，要想发达就得跟着他们“黑吃黑”。而在这些信息的不断“洗脑”下，许多刚刚进入证券市场的投资者从一开始就带着被扭曲的价值观走上了邪路。

就在7月12日，由中国证券业协会召开的证券分析师委员会会议上，中国证监会副主席庄心一指出，当前证券市场正处于改革和发展的重大转折时期，证券分析师要在“新的时代背景下重新进行自我认识和自我定位”，同时证券咨询业自身也需要规范和创新。

而在记者看来，这种“创新”更多地应该体现在监管和教育方面，那些不顾证券咨询业的基本规律与伦理底线的所谓“营销创新”，只能继续套死一批又一批绝望的股民。

作为中国证券市场的管理者，有必要对目前的中小股民生态状况进行一项全方位的社会学调查，对他们的社会角色、认知模式及投资理念进行准确合理的定位。

在此基础上，通过政策的指导和资源的合理倾斜，利用现有的正规咨询机构对中小投资者展开一系列真正意义上的“投资者教育”——应该看到，对于中小投资者来说，现有的证券咨询机构仍然是他们接受投资教育的主要渠道，如何善用这一渠道，将投资者导入正确的市场和投资理念，需要管理层的精思细酌。

同时通过公安、工商及其他执法部门的联合监管，严厉查处那些继续侵蚀证券市场价值基础的违法犯罪分子，彻底改变目前已经走向畸形的市场生态环境。

或许这才是真正意义上的“创新”。

世行集团阴魂不散 融资骗局卷土重来

■ 王小乔

3年前，《南方周末》曾经揭露一个名叫王永君的人利用美国世界银行集团的名号进行融资诈骗。3年后，《南方周末》又发现一个名叫李崇瑞的人利用美国纳斯达克交易所的名号进行诈骗。本报的调查结果表明：这个李崇瑞就是当年的王永君。

这个骗子只是目前盘踞在北京市繁华商务区的上千个骗子中的一个典型。这些骗子开办的公司大多是：来头大、头衔多、在黄金地点办公、内部装修豪华但品位低，还宣称拥有大量的战略合作伙伴。

他们在国内中小企业融资困难的大背景下，利用中国企业家金融知识的欠缺以及工商信息的封闭，活动日益猖獗，手法日益隐蔽……

1月21日，姚元抱着最后一丝希望，发出商务函解释后，就再也没有收到美国纳斯达克上市融资服务公司北京代表处的任何消息。至此，他终于明白，自己受骗了。

“这是一家非常高明的骗子公司。”4月20日，姚元在电话中不无伤感地对《南方周末》记者说。

姚元是一家西部公司的董事长。2006年3月，他为开发一个新项目成立公司，并开始四处融资。2006年5月，当时姚元的助手在一个招商网站上看到美国纳斯达克上市融资服务公司的宣传后，主动发了一封自荐信。

电话没过几天打来了。这家美国公司对姚元的项目表示了极大的兴趣，并承诺可以先投资然后再帮助海外上市。“这套说辞打动了我，未来海外上市是我特别看重的。”姚元回忆最初接触时，虽有戒心，但这家公司承诺会给他投资近10亿元。他动了心。

冲着这个美妙未来，姚元数次前往北京与该公司接洽。2006年7月份，姚元终于决定在《中外合作意向书》上签字。意向书明确了投资金额，也提出了投资前提——完成律师调查和项目分析报告并获总部批准。

这时就产生了各种名目的中介费。美国纳斯达克上市融资服务公司指定律师调查要委托给北京浩东律师事务所，费用4万元；制作《项目投资安全与增值潜力分析报告》指定给亚太创富投资顾问公司，费用20万元。

姚元心有戒备，向业内朋友打听这个程序和价格是否合理。“得知基本合理后，我仍提出自己找律师事务所和评估公司。这个要求被拒绝了。争执不下间，他们让先做律师调查，并承诺共同承担律师费。”姚元说他当时就做了个让步。

2006年9月，北京浩东律师事务所律师邢立民前去姚元的公司考察。邢立民详细察看了项目所在地、营业执照、公司章程等文件。在姚元看来，一切既规范又严谨。

浩东律师事务所开具的《资信调查报告书》也充分肯定其公司“具有实施法律所规定的经营条件，且前期准备工作已基本完成”。美国纳斯达克上市融资服务公司收到律师报告后马上给姚元发去了《专案立项通知函》，称将予以专案立项。

“我比较相信律师的公正性，这两份文件给我吃了定心丸，诱导我一步步走了下去。”姚元告诉记者。

恰在此时，这家公司又告诉姚元，它刚刚参与协办了北京市发改委主办的“中小企业境外上市融资培训”，这使得姚元更加坚信不移，“北京市发改委，还能跟骗子合作？”

一切顺理成章，双方于2006年11月签订了《中外合作合同书》，签合同的当天下午，根据合同约定，姚元又拿出了20万元制作分析报告。这一次，他没有任何犹豫。

变故突如其来。分析报告刚刚递交，这家公司就发来一份商务公函，提出了4点意见，要求姚元在10个工作日内提供另外4份文件，否则终止合作。

姚元惊觉不妙："一开始我就强调，根据法律，中外合作企业的立项手续必须双方共同提供证件、共同申请。怎么临到最后，却让我们自己申请？"

这家公司再次来函称，"双方对'合作'的理解有误，是在已有项目基础上合作，而非建立新的合作企业。鉴于你方无法按时提供，决定终止合作。"

这就等于给姚元的融资梦判了一个死刑。"他们以合法的身份和程序，诱导我们支付了大量中介费用，最后却以不合法的、他们早知我们无法实现的要求为由而终止合作，这实质是诈骗。"回想整个融资过程，姚元后悔不已。

姚元并不是第一个受害者。张子泽是一位曾在美国工作数年的福建华侨，他在安徽有一个项目，2006年6月开始与美国纳斯达克上市公司北京代表处接触。"可能因为我屡次提及各类融资诈骗，所以前期他们并没有让我做律师考察和分析报告。"张解释道。但当这家公司通知他融资成功，并且"为了保证第一笔融资款的安全"必须做担保时，"身经百战"的张子泽马上意识到这可能仍是个骗局。

虽然只被"骗"了7000元，但因为"咽不下这口气"，张子泽从2006年12月底开始在网上开博发帖，披露"骗局"。

铺天盖地的帖子攻势下，一些企业终止了合作，一些企业加入了斗争，他们都曾花费10万元到30万元不等，但无疾而终。这些企业的经历，更坚定了张子泽的判断。

神秘的美国公司

美国纳斯达克上市融资服务公司是否真如姚元和张子泽所断定，是一家精心伪装的骗子公司呢？

2007年4月18日，《南方周末》记者来到该公司的办公地点——外交公寓12号楼3层，"外交公寓"是几个容易让普通中国人浮想联翩的字眼。正是这个富有意味的办公地点，加上豪华大气的装修和似是而非的名号，让中小企业家们深信不疑、前仆后继地掏出腰包。

但此时，这家公司大门紧闭，牌子也摘了下来。门内可见前台上方悬挂着中国国家领导人和布什的头像，两侧插着中美两国国旗，依稀可见当初的气派。一眼望去，其他房间空空如也，办公人员只剩下一位前台小姐和一位后勤工作人员。他们告诉记者，公司的商务代表平时不坐班。

如今，这家公司的官方网站 www.nasdaqbj.com 已经无法打开，提示信息为网址过期。所幸在搜索引擎上还是留下了这家公司的丰富信息。看起来，这似乎是一家实力雄厚、业绩卓著、异常活跃的公司。这家公司的中方代表名叫李崇瑞，自称是美国国际 WTO 大学教授。

他们在一些招商网站上这样介绍自己："公司成立于 1988 年，注册于特拉华州，在纽约和洛杉矶都有办公室，员工有近两百人，掌控 18 亿美元基金，2006 年进入中国。"

同时该公司还发布了一系列如"在人民大会堂举办与华信软件集团赴美上市的签约仪式"之类的新闻来宣传自己的业绩。在很多推广网页上，这家公司都将纳斯达克交易所的网址和自己的网址列在一起。

记者在随后几天的调查采访中，很快发现这家公司存在许多疑点。

记者在与美国纳斯达克交易所联系后得知，2006 年年底，在获悉这家美国纳斯达克上市融资服务公司的一些做法后，美国纳斯达克交易所法律部曾要求他们不得以纳斯达克的名义开展融资活动。"我们与这家公司没有任何合作关系。"纳斯达克中国首席代表徐光勋强调。

2007 年 4 月 18 日，记者与华信软件公司联系发现，所谓美国纳斯达克上市融资服务公司与华信软件签约赴美上市完全就是谎言。据华信集团证券部总监宫兆英回忆："发布会时他们不请自来。之前我们曾洽谈过海外上市事宜，但他们介绍的上市程序与常规相悖，令人起疑。而且他们声称是纳斯达克交易所的代表处，但我得知纳斯达克当时根本没在中国设办事处，于是建议董事长终止洽谈。"

2007 年 4 月 20 日，原《南方周末》高级记者庞瑞峰在美国调查发现，美国纳斯达克上市融资服务公司注册日期是 2005 年 7 月，并不是所谓的 1988 年。特拉华州也是美国最容易注册公司、优惠政策最多的一个州。他发现这家公司无论是唬人的名号，还是运作的手法都与他 3 年前报道的美国世行集团融资黑幕如出一辙——2004 年 9 月，本报先后发表了《美国世行集团融资内幕调查》

和《再揭美国世行集团融资黑幕》。

之后，记者在律师和行业人士的帮助下，又发现这家公司更多的疑点。

“整个过程极为荒唐。”中咨律师事务所律师蒋红毅细读了相关文件后说，“这个《中外合作合同书》是为了签订正式合同而事先所做的约定，但对正式合同的一些基本要素，如注册资本、出资方式等却只字未提，所以无法对双方产生约束。一旦产生法律纠纷，双方都不需要承担任何义务。”显然，姚元并不清楚其中的奥妙。

“一般情况下投资方只有在委托第三方做过律师尽职调查后，才能确定投资金额。”嘉富诚国际资本有限公司董事长郑锦桥告诉记者，“随意确定投资金额非常荒谬。”嘉富诚是一家从事私募和海外上市财务顾问的公司。

对于双方共同负担律师费这一点，大成律师事务所高级合伙人于绪刚则指出：“一般的做法是双方各自委聘律师，或者谁委派谁出钱。不可能我委派你出钱，或者共同出钱，因为律师永远只能代表一方的利益。”

张子泽今年初在网上发帖时如此总结这家公司的骗术：先让企业误认为他们就是纳斯达克交易所的中国代表处，再“以真乱假”，通过一套看似正常的融资或上市程序，一步步地让企业向指定的第三方公司支付律师考察费、分析报告费、担保费等，最后提出一些不合理甚至不合法的要求，企业无法做到后，以此为由中断合作。

移花接木

2006年12月份，张子泽又发现www.nasdaqbj.com上的名字改成了“世界企业上市融资集团”。张子泽向该公司商务代表王乐询问原因，他说：“没错，业务扩大了，我们就改名了。现在美国纳斯达克上市融资服务公司是我们的子公司。”

但2007年4月16日，记者采访世界企业上市融资集团董事王希庚时，对于王乐的说法，他坚决否认。2007年4月28日，记者在第二次采访中再次质疑时，王希庚一再强调“这两家公司绝对不是一家公司，有工商登记为证”。

无从查证的是，这两家公司在工商登记层面的关联。但他们之间千丝万缕的联系和共通之处，却是有迹可循的。

他们同在特拉华州，通过同一家公司注册，申请驻京代表处时，填写的母公司注册地址亦完全相同。

世界企业上市融资集团的网站 www.welgl.com 上，公司地址是朝阳门北大街 6 号首创大厦，但王希庚名片上留的网址 www.ekonomic.com 上的公司地址则与美国纳斯达克上市融资服务公司完全相同。该网站的域名注册信息也清晰地记录着：登记人 Xigeng Wang，登记地址是秀水西街 1 号外交公寓 12 号楼 3 层。

2007 年 4 月 29 日，在记者向王希庚质疑地址问题的第二天，那个网站下的那行地址消失了。

即便如王希庚所言，两家公司在工商登记上不存在任何关系，世界企业上市融资集团仍然存在诸多可疑之处。

原《南方周末》高级记者庞瑞峰在美国调查发现，这家世界企业上市融资集团的注册日期是 2006 年 11 月 24 日，仅仅比其北京办事处的登记日期早了一个月。难以想象，一家美国公司成立仅一个月，就在华尔街和纽约设立了办事处，招聘了 200 名员工，又将业务拓展到了中国。

2007 年 4 月 28 日，王希庚就此向记者表示："我们公司已经开展相关业务十几年了，也参与过数个中国企业海外上市的案例，只是最近一两年才开始使用目前的名字。"

至于之前曾经使用过的名字是什么，王表示："不知道，即使知道，也不能什么都告诉你。"

谎言层层剥落

随着记者调查的深入，如抽丝剥茧般，谎言层层剥落。

奥瑞金公司，是王希庚宣称曾经参与的数个海外上市成功案例之一。4 月 23 日，记者联系到其上市总协调人和财务顾问公司——北京传隆投资有限公司。

对此，该公司明确表示：奥瑞金的海外上市，可以确定世界企业上市融资集团及李崇瑞、王希庚均未参与其中。

上海上信实业也出现在世界企业上市融资集团的成功案例之中，作为其上市总协调人和财务顾问公司，商链投资有限公司董事长林申同样明确表示，两者无关。

记者在接下来的采访中还发现许多更滑稽的现象。

世界企业上市融资集团的英文网站所留的地址是特拉华州州立大学，而联系电话竟然是华盛顿州的电话。

与3年前美国世行集团类似，母公司网站上依然充斥着 played a very imported role 这一类蹩脚的英文。

2007年4月21日，在认真阅读了世界企业上市融资集团的宣传册后，大成律师事务所高级合伙人于绪刚评价道："这是一份粗制滥造的材料。其中对海外上市的介绍是错误的，甚至具有教唆性。他们缺乏资本市场的常识，难以想象如何为企业提供上市融资服务。"

于绪刚随手点出几个例子，中外合资企业所能享受的税收优惠政策是两免三减半，宣传册上写的是"免三减二"。他们还这样介绍海外上市的优点——企业用国外上市的概念，可在国内产权交易市场大量买卖原始股或转让股权。

"使用海外上市概念在国内买卖原始股是一种欺诈行为，这是在教唆企业从事违法犯罪活动！"于绪刚对此非常愤慨，"即便这不是个骗子公司，也将把企业带入歧途。"

最大的秘密终于浮出水面，原《南方周末》高级记者庞瑞峰在见到美国纳斯达克上市融资服务公司中方代表李崇瑞的照片之后，竟然发现这个李崇瑞正是2004年美国世行集团诈骗案的主角王永君。随后，记者又将李崇瑞的照片寄给被美国世行集团所骗的江苏省高康冻干食品公司总经理陈平和其原生产部经理邵爱萍，他们也共同证实李崇瑞就是王永君本人。

世界银行、纳斯达克交易所，一个个中国中小企业耳熟能详的知名机构，成为不知应该称其为李崇瑞还是王永君的"摇钱树"。下一个被骗的，又会是谁呢？

一锅被搅坏了的粥

值得警觉的是，这并不是个案。

记者在采访时得知，目前有数千家企业聚集在北京市繁华商业区，租借一个豪华办公室，取一个响亮的名字从事此类融资诈骗。“仅仅是海外上市财务顾问，目前就有近千家公司在做，但正规的公司连10%都没有。”商链投资有限公司董事长林申告诉记者。

在互联网上，更是随处可见对此类骗局的揭露和控诉，大量的中小企业倾注了金钱和时间，最终却失望而返，有的甚至因此倾家荡产。

“结果是，企业一提到财务顾问、提到融资，就想到骗子。如果是我们主动与企业联系业务的，经常会被质疑动机。长此以往，这个行业的公信力将荡然无存。”嘉富诚国际资本有限公司董事长郑锦桥对此表示担忧。

为了帮助北京市招商局识别融资骗子，2005年，大成律师事务所于绪刚律师曾为他们做过外商直接投资中的风险规避的讲座。其中总结了融资诈骗的几大特点：来头大、头衔多、在黄金地点办公、内部装修豪华但品位低、大量的战略合作伙伴。

西南水电大跃进

——“八个三峡筹划开建”

■ 曹海东

在能源价格大涨的背景下，各大电力公司在西南各大江河的干流上开工建设大量的水电站，其总装机容量相当于八个三峡工程，这种大跃进式的开发方式不仅严重破坏当地生态，还将导致一系列隐患……

在中国西南地区，一个宏伟的计划正在酝酿实施中：等同于约八个三峡工程的水电装机容量的水电站群即将在长江上游涌现。

中国西南地区，包括川渝、云南、贵州和西藏，是水能蕴藏量最为富足的地区，占到全国水能的70%。96年前，中国的第一座840千瓦的水电站——云南昆明石龙坝水电站就在这个区域建成投产，当年没有人意识到中国能在自己的版图上创造出今天的奇迹。

这种奇迹还在继续。截至2006年年底，我国水电装机容量已达约1.29亿千瓦，这一数据仍然在增长——2010年全国水电装机容量将达到1.9亿千瓦，2020年将达到3亿千瓦。在世界能源价格不断攀升的态势下，习惯了使用石油、煤炭的国家开始谈论水电等可再生能源。

相比于2003年引起全国关注的“跑马圈水”运动，《南方周末》记者调查发现，现在的西南水电开发布局已经基本完成。西南各大江河的干流、支流上的水电站或投产或正在建设之中，而国电、华能、华电、大唐和三峡公司等各大电力集团、民营资本以及地方政府成为了这里水电开发的主力军。

水电专家刘树坤告诉《南方周末》记者，现在长江上游的干流、支流水电开发，各大水电公司采取的方法就是利用水流落差、水能分布，在全流域实行“梯级开发”模式，“这是最大限度地利用水能资源”。在投资上，采用“滚动开发”的模式，一般都是一条江划分给某个电力公司，规划完毕后，实行“滚动开发”。

这种发挥最大发电功能的水电站兴建，导致河流的干流、支流的上、中、下游之间不时因为水资源发生矛盾。记者了解到，四川某地就是因为市里和省里对一条江河的开发意见不一，导致该市的饮用水都存在潜在危机。

日前，《南方周末》记者从成都出发，从东至西沿途考察了长江上游的水电开发。在这片充满奇异色彩的西南版图上，记者发现，岷江、大渡河、雅砻江、金沙江等江河干支流上都有大批水电站在建设之中。很多江河的支流被水电站截断成一条条干枯的河流。以青衣江为例，已经完全被电站截流，河道全部是碎石滩。

据《南方周末》记者统计，现在这些河流的干流上在建和规划的水电站装机容量近1.4亿千瓦，接近八个三峡工程的装机规模。

疯狂的水电站

水电站的出现已经影响了当地居民的生活。37岁的张久福一直盼望着，希望政府能够让他们从这片被铁塔高压线包围的地方搬走。距他家大约一公里左右就是正在施工的锦屏二级电站——雅砻江上最大的水电站。锦屏二级电站工程总投资近300亿元，总装机480万千瓦。

锦屏二级电站直线距离17公里之外的就是另外一个装机360万千瓦的巨型水电站——锦屏一级水电站。其建设的坝高将达到305米，创造世界第一高拱坝的纪录。

所以在金沙江下游集中五个——锦屏一级、锦屏二级、官地、二滩、桐子林，在地图上可以看到——总装机约1470万千瓦的水电站。发源于青海省巴颜喀拉山南麓的雅砻江在锦屏山附近绕了一个大弯，正是这一绕，让这里形成300多米的落差。

如果雅砻江下游的水电建设顺利，其中游、上游还有规划中的16个梯级水电站正在等待开发。它们的总装机达1447万千瓦。从四川晏宁县城出发，经过半天车程，即可进入雅砻江流域，山路被来来往往的施工车辆压得颠簸不平。路边随处可见二滩水电开发公司的大幅宣传牌——加速推进雅砻江水电开发。

《南方周末》记者随着工程车辆进入半山腰守备森严的锦屏二级电站，在长达2000多米长的隧道中，各种交叉口星罗棋布，灯火通明。在厂区的枢纽工程施工现场，《南方周末》记者看到，巨型混凝土网扣在山体上，据同行专家介绍，此举是为了防止山体滑坡。

更令人震撼的是现代化的推土机往来于引水隧洞，与周边郁郁葱葱的山体相比，这些隧洞更像一个张开血盆大口的怪物。据了解，这些隧洞造价即达70多亿元，是世界综合规模最大的水工隧洞工程。

很难想象，在这些崇山峻岭之间，这些水电公司在创造着一个个世界第一，钢筋、水泥成了这条河流、这片山脉永久的记忆。更难以想象的是强大的“人定胜天”的思维让水电公司在蜿蜒的山脉中打洞将江水引入到隧洞中，以求最大规模产生发电效益。

可以看到，在现在被很多人誉为绿色电力——无污染，不需消耗能源，不增加二氧化碳排放——的水电正在备受各大水电公司推崇。

除了雅砻江之外，《南方周末》记者从成都出发，沿岷江西行，还有大批水电站在建设中或待建中。岷江上游拟建以及建成的梯级电站就有10个，中下游还有7个梯级水电站在规划中。更甚者，岷江上游的水电开发触角一直伸到了国家级人与自然保护区——米亚罗。1库7级的水电站设计规模发挥了最大发电效益。

地质学家杨勇估计，岷江的干支流的水电站约有60座以上，“开发率超过了80%”。

大渡河也好不到哪里。目前，其上游上个世纪90年代建成的水电站直逼西线调水水源地。目前在大渡河干流上的水电站共24级。在“飞夺泸定桥”上游几公里之外，一个现代化的施工场地正在进行之中——泸定电站。在大渡河支流上，设计的水电站有瓦斯沟1库7级、梭磨河8级、小金川17级、田湾河2库4级、南桠河7级、官料河7级。

这些数据式的游戏在金沙江等江河上继续上演着。金沙江下游有12级水电站，加上中游的虎跳峡八级电站，已经让人瞠目结舌。

若按此规划，这些水系的开发强度已经超过了国家发改委公布的四川、云南在2010年达到25%以内的开发强度。《南方周末》记者的调查表明，目前西南河流的支流基本是干涸的，裸露沙石，干流水位降低、河水流速减缓。

西南水电势力图

在目前高强度的西南水电开发之中，一幅拥有强大实力的水电势力图已经形成。在那一面面“推进水电开发”的宣传牌后面掩盖的就是巨大的利益。

长期关注河流生态的环保组织云南大众流域的负责人于晓刚告诉《南方周末》记者，水电上马一方面解决了地方政府税收，同时也解决了当地高耗能企业的用电问题。

在《南方周末》记者获得的一份资料中显示，水电站建设期间需要向当地税务部门缴纳建筑安装税，建成后还需要缴纳其他税费。以100万千瓦装机的建设规模，大约5年的建设周期为例，怒江全州可以收入1亿元建筑安装税，建成投产后每年可以带来7000万元到1亿元的税收。

同时，西南地区拥有丰富的矿产资源，譬如怒江州就有铅锌矿，但是电力的短缺成了一大制约，为此怒江州就提出了“矿电强州”的思路。

怒江州的一位领导干部告诉《南方周末》记者，大水电开发要符合国家政策，但是在大水电没开发之前，“怒江可以开发小溪流”。事实上，过去的几年内，怒江州一直试图能够通过国家对13级电站的开发批复。

而那些水电公司愿意进入到这个地质条件复杂、施工困难的区域建设水电站，且投资几十亿元甚至上百亿元，是看中其中具有的获利空间。

长期从事勘测的四川省地矿局区域地质调查队工程师范晓称，水电公司获取水电资源的代价极低，“生态环境、移民成本都是很小的，尤其生态成本基本可以不用考虑”。而另一面，电力公司也不用发愁用户——本地矿产资源企业的消耗，“西电东送”，特别是向外诸如越南等地输电。

可以发现的是，对于这些重大的水电项目，国家银行系统也会给予大力支持。一般来说，一个水电站的贷款规模可以达到工程款项的70%，相当于只要有30%自有资金即可。据了解，如果是私人或者民营水电站，贷款比例还可以更高。以金沙江溪洛渡、向家坝水电站为例，国家开发银行给长江三峡工程开发总公司即贷款200亿元。

除了银行，地方政府也会以投资公司的身份出现在水电开发公司的行列中。以金沙江中游水电开发为例，2005年即组建了由华电、华能、大唐集团公司、华睿投资集团公司，以及云南省开发投资公司一起合股的金沙江中游水电开发有限公司。

据水电业内人士介绍，那些做勘测规划的院所，也在各个方面为水电公司规避一些项目审查。比如，按照正规程序，只有等可行性研究报告批准后才有可能动工，但实际情况是做报告之前，工程已经开工了，"先上车后买票"。

此前，在四川水电开发刚开始热起来的时候，四川省即出台文件要求，开发水电必须要取得开发权，否则不得委托设计单位做前期工作。但是效果并不理想，毕竟这些项目很多都是更高级别的机构才能够批复。

不过，这些还不是让业界学者最为担心的。目前，水电巨头们已经不满足于在云、贵、川等地开发水电，开始和西藏自治区就水电开发形成战略合作，目前，他们开始初步在澜沧江西藏境内以及雅鲁藏布江中下游规划水电站。

"这叫做不留一滴水的水电开发。"杨勇颇带几分夸张地说道。

外资审批窝案调查

■ 王小乔

“郭京毅案”仍在扩大化，继邓湛之后，商务部条法司行政法律处处长、工商总局外商投资企业注册局副局长相继被拘，下一个落马的会是谁?

●“只要有审批的地方，就有寻租的空间，即便只是个简单的登记注册。”

●2003年之后，外商投资审批的法律意见基本由郭京毅给出或审批，由于郭长期把持这个领域，他的一句话往往能决定项目生死。

●2006年限外令后，外资不能进入中国房地产业。某外资基金找到郭京毅后，郭予以放行，得到回报480万元。

●避免类似腐败案，现行审批制度必须彻底改革。

连番落马

因两位主管外商投资审批的司级官员相继落马而风声鹤唳的商务部再起波澜。

《南方周末》记者获悉，10月23日，商务部条约法律司行政法律处处长杜宝忠被北京市西城区检察院采取强制措施。翌日，杜被正式逮捕。

消息尚未来得及公布，媒体就披露出又一名主管外商投资领域的司局级官员“出事了”，而且是商务部以外的部委。10 月 27 日下午，国家工商总局外商投资企业注册局副局长刘伟被有关部门刑事拘留。

知情人士透露，杜宝忠以贪污罪被逮捕，并涉嫌受贿。刘伟被拘的原因目前则尚不得而知，知情者认为极有可能也是受贿。

不过，圈内人普遍认为，无论刘伟还是杜宝忠，都与两个月前爆发的商务部巡视员“郭京毅案”直接相关。

郭京毅先后分管过条法司 9 个处室中的 3 个，包括行政法律处、投资法律处、WTO 法律处，是杜宝忠的顶头上司。

而郭京毅与刘伟之间的密切关系，早已是圈内公开的秘密。他们认为郭京毅案发后，刘伟的出事几乎是必然的，“否则就见鬼了！”一位知情人士这样告诉《南方周末》记者。

8 月 13 日，商务部条法司正司级巡视员郭京毅因涉嫌受贿被“双规”。同时涉案的还有郭的大学同学、北京思峰律师事务所主任张玉栋；郭的前属下、思峰律师事务所合伙人刘阳。思峰律师事务所与商务部隔长安街相望，主营外资来华投资咨询业务。

9 月 26 日，郭案为媒体报道后不久，已经退休一年多的商务部原外资司副司长邓湛（时任商务部下属的中国外商投资企业协会副会长）被直接逮捕。除了负责外资司日常的外商投资审批工作，邓湛在任期间还主导推动了直销行业的立法和直销牌照的颁发。

10 月中旬，《南方周末》得到有关部门的消息，郭案将尽快侦结并转入司法程序，但月末再度落马的两位官员，似乎正将该案从部门腐败升级为跨部门的外资审批窝案。除了相关部门之外，一些涉外律师事务所也被纳入了调查范围。

目前，相关领域的官员和律师们纷纷开始猜测，谁会是下一个人、下一个部门、下一个律师事务所？“触目惊心！”有关领导谈及郭京毅案时用了这样的字眼，并认为这是“一起犯罪持续时间漫长、涉及单位和人员众多，涉案金额巨大、影响特别恶劣的案件”。

有审批就有腐败

一位熟悉刘伟的人士告诉《南方周末》记者，相比郭京毅在办公室里自行安装液晶电视的高调行为，刘伟为人颇为低调。

两人都是40岁出头，都是各自领域内专业能力较强的干部，都是前程似锦。郭京毅是商务部条法司司长和即将成立的反垄断局局长的有力竞争人选之一；而两三个月前，工商总局刚刚任命了6名正局级干部，刘伟名列其中。

拥有吉林大学法学院法学博士学位的刘伟，擅长国际贸易法，同时还兼任中国国际经济贸易仲裁委员会仲裁员。

尽管圈内人都知道两人关系熟稔，连别墅都“买”在了一起。不过，郭京毅案爆发后，据一位其间接触过刘伟几次的部委人士回忆，刘似乎一点没感觉到自己会出事。

的确，对于不熟悉外商投资审批流程的行业外人士来说，刘伟分管的工作似乎没有太大的寻租空间。刘所在的国家工商总局外商投资企业注册局，主要负责拟订外商投资企业登记注册管理办法；承担外商投资企业的登记注册工作；监督外资企业的经营行为，并进行年度审核。“但是只要有审批的地方，就有寻租的空间，即便只是个简单的登记注册。”一位从事外企投资和并购业务的律师曾深受其苦，“办理登记的时间限制是从企业交齐所有文件开始的，如果今天告诉你缺这个文件，明天说要改那个文件，就能拖上十天半月，最终影响合同约定日期”。每一次文件出问题，计时器就要清零重计。这时你可能就需要做些事情了。

登记注册尚且如此，决定一家外企能否进入中国的关键部门——商务部的外商投资管理司和条法司的权力之大，可想而知。

寻租十余年

根据邓湛和郭京毅的公开简历，最晚从2003年开始，这两位商务部历史上级别最高的落马官员就已分任外资司和条法司的副司长，直到2007年邓湛退休、2008年郭京毅被双规。事实上，大学毕业之后两人就来到了这两个部门，从干事、处长及至副司长，浸淫 20 多年，从未离开过外资审批岗位。

“恰恰是外商投资审批流程中的巨大模糊空间，让这两位有想法的同事找到了合作的空间。”一位熟知内情的人士一针见血地说。

第一个寻租空间见于初始材料的审核环节。当外企把申请材料报呈外资司后，外资司会第一次书面征求条法司的法律意见，然后汇集本司审核意见，要求外企按中国法律补充材料。

“问题在于，补充材料的要求至少五六次，甚至十几次 + 也是常见的，而且有些材料你可能永远也通不过。”一位常与商务部打交道的律师点出了个中玄机。

郭京毅大学毕业后一直在条法司外资法律处工作，后又升任主管该处的副司长，十余年间，条法司此项法律意见基本由郭给出或审批，由于郭在这个领域的“绝对权威”，他的一句话往往能决定项目生死；邓湛在任外资司司长期间，分管外资司的一处二处，同样在所辖行业拥有“生杀予夺”的话语权。

在基本通过第一次材料审核后，外资审批就进入到实质性审批阶段。在这一阶段，外资司将起草正式批文，并会签条法司，之后再对外颁发正式的批复文件。因此，要想“会签”流程顺利通过，就必须同时取得条法司和外资司处级、司级领导的签字。

这时，就用上了与刘伟类似的另一个寻租之道——拖延时间。

即便不是郭邓二人直接经手的领域，他们同样可以影响。邓湛 1982 年从北京科技大学毕业后就进入对外贸易经济合作部（商务部前身）工作，郭京毅 4 年后从北京大学法律系毕业，也一直在外经贸部法律部门供职。在同一个领域浸淫 20 多年，他们深知什么事情通过谁能做到什么程度。

聪明的外企和律师们同样心知肚明，在投资并购界之外名不见经传的思峰律师事务所也因此得以为跨国 500 强企业中的一半提供法律服务，收取每小时 600 美元的律师费，国外顶级律所合伙人的最高收费也不过如此。

显然，郭京毅的触角并不仅仅伸到了外商投资审批。圈内人普遍认为，直接导致杜宝忠被捕的，应该是在 2005 年贵州饭店诉商务部案中涉嫌受贿。当时杜宝忠跟随郭京毅同往贵阳处理该行政诉讼案，同行的还有张玉栋、刘阳及其他相关部委的官员。

知情人士透露，早在 1996 年商务部下属的长城律师事务所改制之时，邓湛、郭京毅、张玉栋、刘伟已经熟识，并商议建立一个“公社”。当时的张玉栋尚为长城律师事务所律师，刘伟则时任国家工商局局长秘书。自此，“公社”开始慢慢渗透到外商投资审批之中，每一个案子，律师的收费从几万到几十万不等，再通过转让房产汽车等方式分予官员。而与官员关系的深厚，又成了相关律师所获得外企委托最为重要的原因。

“十几年如一日的审批腐败，既伤害了政府公信力，也搅乱了律师事务所和咨询公司正常的市场秩序！”所有这些，让接受《南方周末》采访的政商人士感慨不已。

欲壑难填　插手并购

十几年如一日的细水长流，似乎仍不能满足郭京毅们的胃口。2003 年升任条法司副司长之后，利用审批体制的巨大模糊空间和对要害岗位的把持，郭京毅们开始插手金额更大的外企并购案。

郭京毅被“双规”后，舆论普遍导向为“立法腐败”，可能涉及的法规指向了 2003 年《外国投资者并购境内企业暂行规定》和 2006 年的《关于外国投资者并购境内企业的规定》(又称 10 号文)。

2003 年规定的主要起草人为思峰律师事务所的合伙人刘阳，当时他是郭京毅的属下，供职于条法司外资法律处，法规公布之后，刘阳留学国外，回国后加入思峰；而 2006 年的 10 号文，据说基本框架是在张玉栋的书桌上完成的。

不过，这种说法没有得到《南方周末》采访的大部分律师和相关部门官员的认可。在他们看来，10 号文由六部委联发，不可能六部委一起买通；况且任何一部法规涉及的都是针对一个群体的管理规则，群体贿赂立法者修改法规几乎完全不具可操作性。

“更准确的说法应该是，通过立法，郭为未来创造了一个可以插手的空间；通过原则性的模糊规定，为未来对条文的解释和执行留下更大的裁量空间，实际上就是利用审批权寻租。”一位律师这样总结道。

这个被创造出的空间，有业内人士认为是把原本灰色的“红筹模式”阳光化，并纳入商务部的审批权限之中。

这是一种境内公司为了实现海外上市或者在境外融资，在境外设立一个代为持股的公司，再返程收购境内公司的模式。

1990年代中期这种模式已经开始出现，但始终缺乏国家监管，直至2003年的商务部暂行规定要求境外公司返程收购时，要向商务部报批。10号文随后又增加了股权收购方式，更加灵活。

一直以来，业界普遍评价暂行规定规范了这一模式，是立法的进步。但当商务部赋予了自己审批该模式的权力后，碰到具体的案例，司法解释的空间就变得无限大。

根据有关法规，外资不能进入中国房地产业。但当外资基金找到郭京毅后，郭予以放行，并解释为该外资并购的是集团公司。该集团公司并非房地产企业，只是旗下拥有房地产公司而已。郭由此得到的回报是480万元。

事实上，知情人士透露，近几年来引发舆论高度关注的数起外资并购案，几乎都是聘请思峰律师事务所作为法律顾问，律师费用均高达几百万元。

有趣的是，两年前的一个引起轩然大波并最终失败的外企并购案，外方的第一次申请就没有通过郭京毅，等到第二次申请时联系了郭，但未及成功郭即被"双规"。

插手并购案后，郭等人的收入剧增，这从思峰律师事务所的关联公司思峰投资公司就能看出。2005年前该公司营业额最高不过11万元，却在2005年翻了20倍，2006年又翻了5倍，达1098万元。

除了收受贿赂，郭京毅还通过在合适点时买卖并购公司的股票获利。2007年郭京毅接手一个并购案后买入股票，由于并购双方事先得到了比较肯定的答复，股票在二级市场暴涨，待到郭签字之前卖出该股，股价已经足足翻了4倍。

审批积弊

尽管未如郭京毅和邓湛般高调、贪婪、腐败花样繁多，但刘伟被拘，却真正揭开了外商投资审批窝案的关键，并且将郭京毅案的腐败实质与积弊多年的外资审批体制紧密联系起来。

当一家外企通过了商务部的严格审批，又顺利地在国家工商总局外商投资注册局登记注册，等待它的仍非坦途。它还要到外汇管理局资本项目管理司备案登记，才能将用于投资的资金汇入国内，开展工作，同时也要在国家税务总局相关司局予以备案。如果恰好投资的产业属于《产业指导目录》里的限制类，金额又超过了5000万元，还要在报呈商务部之前走一下国家发展改革委员会国外资金利用司的程序。

所有这些，都看似琐碎不重要，却不可或缺；如果再凑巧碰到郭京毅、邓湛、刘伟类的官员，你所需要付出的，就不仅仅是时间和精力了。

在目前的审批制度下，涉及到政府部门的任何一个环节，企业都有可能碰到类似的情况。

根据《南方周末》的多方了解，在外商投资审批领域，业已形成了一个圈子，圈子里人员固定，人员在各部门的岗位也长期固定且缺乏监督。

业内人士介绍，不同部门的官员，甚至往往心有灵犀般今天你唱红脸，明天我唱白脸，形成一个外界不易看破的利益小团体，上下其手，寻租设租，中饱私囊。

一些律师，则在官员和企业之间搭建了一座桥，让腐败行为更加隐蔽，而且同样形成了一个圈子。核心层的律师事务所，比如思峰律师事务所，表面上是外企的法律事务代理，实际的主要工作是勾兑与各审批部门官员的关系，然后以律师费形式收受企业贿赂，再与审批官员利益均沾。外围一些的律所，往往继续扮演中介的身份，通过认识核心层的律所获得客户信赖。更外围一些的，则想办法避免各式各样埋藏地雷的审批环节，或者作技术性变通。

这个现状，让一些处于中间层的律师也非常无奈。一位从事涉外投资并购业务的律师这样说道："我现在最大的困扰是，如果不参与到官员们的寻租圈子中去，我的律所还能不能发展下去？未来的核心竞争力在哪里？"

显然，如果要杜绝类似的腐败案，现行审批制度的改革势在必行。业内人士向《南方周末》表示，改革审批制度不能简单理解为取消审批权，在中国目前的市场环境下，考虑到环保、健康、反垄断、产业安全等因素，部分审批环节仍然必不可少，但审批体制必须从结构、流程、在岗人员监督等方面进行彻底改革。

第贰辑 趋势观察

原富与原罪

「有可以不说的真话，决不说假话。」岭南老报人的一句话，被一张报纸拿来实践了25年。话没有什么稀奇，类似的话，康德早说过；意思没有什么稀奇，读学阶段就在灌输；修辞没有什么稀奇。比起「知其不可而为之」、「先天下之忧而忧，后天下之乐而乐」显得朴素。然而，以之为圭臬，却成就了一张报纸的气象。有人说，是特殊的时代成就了说真话的《南方周末》，此话可能只说对了一半。《南方周末》确要感谢这个奇迹般的时代提供的丰富机会，从民国时期的「厚黑学」到当代的「潜规则」，学者都在阐述对历史的理解，说真话需要足够的勇气。今天，更显真话的珍贵。真正成就《南方周末》的是一份朴素的信念：相信未来，并着手创造未来；珍视真善美，并着手护持真善美。真正成就《南方周末》的是一种执拗的坚持：扎根中国，深入人民；放眼世界，纯粹新闻。这是理想主义者的执着。其中并没有多少创造，这样的理想主义，不过是中国千年不易的知识分子情怀与操守；这样的理想主义，不过是启蒙时代以来，人类的优秀分子共同的价值与行为取向。但就是秉承这样的理想，使《南方周末》从「服务改革、激浊扬清」到「让无力者有力，让悲观者前行」，从「深入成就深度」「记录时代进程」到「在这里，读懂中国」，25年一路走来，几代报人，薪火相传。成功时有泪水，风雨中常微笑。由此，

财富中国的清明上河图

■ 余力　舒眉　吴传震　肖华

12 月的一天，500 多位大户、官员、小市民、白领、知识分子一起坐在深圳书城冰冷的台阶上，倾听着“做个成熟的投资者”的讲座，两三个小时里，人群鸦雀无声，几乎没有人走动。工作人员说，一个月的系列讲座，场场如此。“能不认真吗？那可都是钱哪！”一位旁观者悄声感慨。

几栋高楼之隔，深圳证券交易所的深绿玻璃幕墙在冬日阳光下略显黯淡，一排高耸台阶之上的大门，远远望去，就像是藏在绿化植物后面一个若隐若现的局促洞口。台阶前几步之遥，铜牛在奥迪、奔驰、宝马之间沉默地抵颈向前，步履匆匆的行人，没有一位将目光在这个著名的财富象征物上稍驻片刻。

不远处，文具店里的小姑娘不停忙碌，以换取每月数百元的工资，卖花大婶则挑着满担鲜花不停地吆喝：“姜花，10 元 3 把。”

这个城市 26 岁，开始进入它的成年期，而发源于此的中国股市，今年 17 岁，正在经历着一次据说是前十年没有、后十年也不会有的牛市——虽然，明年是否依旧，许多人心里开始有些拿不准。

空前牛市，还被用来形容楼市，尽管曾经狂飙突进的房屋价格，在这个城市已经开始现了颓势，有些后继乏力。

深圳不再特殊，它只是资本潮汐在今年溢过的一个又一个中国城市之一。这个携巨大能量而来的潮涌，将人们卷入、吞噬或推向高地。没有人可以忽略它的出现，无论是否置身其间，无数中国人的生活，已经与过去不一样了。

多数人的追逐

潮涌之初，人们多少有些观望、犹疑而战战兢兢，但追逐财富的本能还是吸引了诸多试水者。

1月，在广州做“小本电器生意”的王先生初涉股市。他来自小城，新婚不久，已经购置了一套不大的新房，小两口略有积蓄，在朋友的鼓励下，他开始学着买进卖出股票——上一年，他的许多朋友已经在股市中大有斩获，许多人新添了轿车或换了房子。

A股从2005年6月的1000点附近开始启动，2006年已经超过2000点。年初的市场已经颇有人气，1月9日，A股总市值首次突破10万亿。这个月，新增证券账户300多万户，是2005年全年新开户数的两倍还多。和大部分新手一样，王先生心思单纯，基本的念头是：“别人都从股市上赚了钱，我为什么不行？”

虽然这时已经有许多他很陌生的大学问家，罗杰斯、左小蕾、谢国忠等，纷纷指出，股指涨得太快，市盈率太高，泡沫正在形成。但朋友们的分析更让他听得明白，他也更相信：过去几年，中国经济那么好，股市一直没反映出来；去年年底股权分置改革基本完成，阻碍上涨的最大石头移开了，股市有什么理由不上涨？更何况今年十七大会召开，明年还有奥运会，国家一定不会让股市跌下来的。

1月底，成思危关于泡沫的讲话出来，股市在随后的一周跌去15%，王先生虽然在恐慌之下卖了股票，但没想过离场，他相信还会涨回来的。

指数不仅涨回来了，而且到了历史高点——2月26日，大盘首次站上3000点。原来股市并不那么危险，王先生首次体会轻松挣钱的快感和股市的魔力，而总理温家宝在两会期间说他每天都看股市，更让王心里有底了，他开始专职在家依据朋友提供的消息炒股，很少打理原来的生意。

越来越多的新散户蜂拥而入。如评论所说：“当人们阅读报纸，得知其他中国人是如何变得富有的时候，要阻止人们涌入股市几乎是不可能的。”不仅仅是来自传媒的刺激，更多的人从身边亲友的成功中获得了动力。

4月之后，除了对财富的渴求之外，恐惧开始把人推向股市——从猪肉开始，大米、面粉、食用油等食品价格开始令人不安地以两位数上涨，银行里的存款开始贬值——到股市去、让钱增值，许多人本能地选择了这个“安全策略”。

4月30日一天，108万新散户进场，接近2005年全年的新开户总数。5月8日，长假后的第一天，又有42万人进入，中国股市的散户开户数达到9400多万。第二天，A股成交金额近4000亿，超过了包括澳大利亚和日本在内的亚洲其余所有股市成交之总和，指数首次突破4000点。

越来越多的现金追逐着少量股票，价格上涨不可阻挡。上涨、上涨……所有的预期都在指向一端，似乎只有天空才是极限。任何一个有利的市场传言，不论真假，都会触动迫不及待的神经，预期立刻成为现实。

天方夜谭般的“奇迹”纷至沓来。

2月至3月，在连续不断的涨停板中，一家名为杭萧钢构的企业股价由2元多暴涨至30多元，公司市值由原先7亿多元暴增到70亿元，两个月创造的市值相当于过去13年的10倍。

而上涨缘由则是公司声称获得了一份超过300亿元的巨额订单，好事者在网上写道：“最为幽默的是，这份具有中国特色的巨额订单既不是来自安哥拉政府，也不是来自安哥拉企业，而是来自一个叫中国国际基金公司的企业。而据调查，这个又是中国又是国际的基金公司，是香港一个小老板公司的子公司下面的一个孙子公司注册的重孙子公司。据说公司唯一能够正常运行的，就是一部传真机的电话号码，香港政府公司注册处的文件上注明公司的规模共100股，每股面值1元，加起来就100元，相当于2两茅台酒的价钱，杭萧钢构就是从这个面值总计不过2两茅台酒的小公司获得了安哥拉300多亿元的巨额订单。”

2两茅台酒支撑的信息在数十天创造了数十亿元的收益，却是现实。

制造或真或假的重组或资产注入消息，显然比让企业生产出有价值的产品要容易太多。只要有足够多的人相信，资本魔方就会转动，巨额财富唾手可得。

一位平庸的前证券咨询人员找到敛财秘笈：5月，他的“带头大哥”博客吸引了3000多万的点击量，成为国内最热门的博客。为了获取更多“消息”，许多散户付费加入他所建的QQ群，少则三千，多则三万。警方拘捕他之后，发觉他非法获利700多万元。

少数人的权力

这个市场从来不缺赌徒、幸运儿、骗子、精明的投资人和傻瓜。下面是一个“幸运儿”在今年依靠股市发迹的故事。

2007年初，北京一家投资公司的幕后老板罗迪就觉得今年要转运，比如他一直想撇开的“女朋友”终于同意和他分手；几年前欠债不还的哥们突然从美国连本带息把钱给他补上了；他在北京随意购置的三套别墅过了一个春节，房价翻了一番。

更好的运气在4月终于登门了。还是北京的柳树刚抽芽那会儿，一位海南的商人慕名来找罗迪（他有钱这一点广为人知）借钱，这位客人是一家上市公司的董事长。罗迪一直想在国内投点钱，就三下五除二收购了这家公司10%的法人股。

后来，事情妙得让他有点受不了。就在罗迪向这家上市公司投资的第二个星期，这家公司的股票开始随着大盘一路高涨，从4块钱一股涨到了12块钱每股，一个月不到，罗迪的投资翻了三倍。

罗迪迅速回过神来，这家公司股票的上涨关键恰恰就是罗迪自己。是他投资这家公司的消息支撑了股价上涨，在股市上，这叫企业重组。要想让股票继续上涨，他还得做点什么。他很快与一些证券公司勾搭上了，这些公司的高手们给罗迪指了一条路，以这家公司为平台不断收购新的资产，继续拉高股价，行话叫“资产注入”。他们告诉罗迪，至于这些资产究竟怎么样，姑且不论，只要你在不断收购，股民就会买账。

股民果然买账了，在这家公司宣布将并购北京某大型连锁超市的消息后，还有在一些罗迪安排的股评家和财经记者的忽悠之下，纷纷购买这家公司的股票。连着三个涨停，股价每股轻松地超过16块钱。

有趣的是，罗迪自己不买股票，他也不让他的家人买卖股票。毕竟，他自己的故事就说明：“这个市场的风险太大了。”

这个市场上，风险和收益并非一定成正比。除了吸引了掌握数以万亿资金的打新股大军之外，市场上还活跃着另外一群无风险套利者。他们的目标很简单——在新股上市之前挤进战略投资者或定向募集机构的队列中。这竞争异常激烈，深厚的关网系和足够大的资金量成为关键。

一家宁波地产商的投资总监陈鑫说，当年他们迫于面子勉强持有了一点宁波银行的股权，“大家都是圈里人，人家来求你拿点了，就象征性地拿点吧”。结果怎么样？2004年每股1元的股权，到今年7月宁波银行上市时，价格是19.49元，到了8月份，已经涨到32.16元。

前年，他们公司就专门成立了投资部，把股权投资当作一项重要的生意来做。今年，听说光大银行又出了5亿股的股权转让，8月，陈鑫专程来到北京，谁知，刚下飞机，他就被电话告知，来晚了一步，1亿股光大被别人抢走了。

陈鑫懊恼异常，这次账上准备了几个亿，来到北京之后，才发现自己没戏——这里不同于浙江，在国字头的资金面前，自己虽然财大但“气”却粗不起来。

不过，他并没有气馁，光大没有了，他又和财务顾问公司谈起了徽商银行、济南商业银行等目标，只要在圈子里，总有机会。

另一个游戏规则更令人目眩——你不需要买股票或股权，只需要持有股票就好了。4月22日，来自广东顺德的杨惠妍正值25岁。她此前还不太出名，尽管有了一些资产，但在富豪阶层她依然是新人，还没有上过福布斯富豪榜，只有她家乡的少数人听说过她，知道她的家族开发了当地最大的楼盘。许多在飞机上碰巧坐在她身旁的人，也不会觉得她令人印象深刻，可能觉得她是一家公司的文员或者一位腼腆的中学教师。

然而这一天，她以664亿元人民币的身家成为中国首富。664亿元，这个数字是三年前中国前十大富豪身家的总和，她一个人的财产就相当于她老家顺德财政收入近30年的总和。

财富狂潮将杨惠妍推上了巅峰，她的家族企业在香港上市时，投资人申购新股冻结的资金甚至超过了中国工商银行上市时的规模。和杨惠妍一起被推上巅峰的还有中国资本市场的先行者们。他们在这轮股市暴涨中也成为一匹匹新的黑马，郭广昌、汪立成和鲁冠球这三位沪浙民企教父是这一小撮人的代表。他们家族控制的财富总和超过5000亿元，他们成为当之无愧的寡头，用老话来说，就是大资产阶级——由金融与产业高度媾和而生。

人人都爱巴菲特

全民狂欢的盛宴中，内幕消息的肆无忌惮、或拙劣或精明的操纵、垃圾股鸡犬升天，意味着崩塌的危险：这样的狂欢使得股市沦为赌场，它的基本功能——评估企业前景，将资本配置到利用效率最高的企业——将不复存在，整个市场将走向不归路。

于是，“5·30”风暴来了，它在股海中刚一咆哮，就吓得许多散户纷纷抛掉船上的货物，急忙向陆地驶去。

但在股海深处，有一支庞大的舰队正在风暴中缓慢前进，它就是传说中的私募基金舰队。短短几年时间，这个舰队规模急剧膨胀，如今它已经拥有上千条船。

领头的是一艘名叫“东方港湾”号的大船，船上满载着茅台、招商银行和万科这样的好资产。这条船来自深圳港，2003年它第一次下海时，中国股市还波澜不惊，随后它航行到香港、东京和纽约这些世界级的股市，赚得巨额财富。前年，中国股市涨潮，它又杀了回来。

船长是个叫但斌的中年人，16年的股海历险生涯，已经造就他的胆魄和洞察力，也把他磨炼成一个狂热而又坚定的投资分子，他骄傲地断言：“整整两代中国人的命运将在未来20年里分出个胜负，决定胜负的砝码就是投不投资以及如何投资。”

但斌的偶像是鼎鼎大名的巴菲特船长，就是那位你要付出数十万美元才能和他吃上一顿饭的沃伦·巴菲特——他也是每一位私募基金经理的偶像，这不仅因为但斌皈依了巴菲特倡导的价值投资理论，更因为他与巴菲特有同样曲折的青年岁月。

1990年，他大学毕业后在河南的一家工厂做钳工，经常半身浸泡在污泥中连续工作6个小时，第二年到珠三角谋生，因为非常偶然的机遇，让学体育出身的他成为一名分析师。2000年，他从国泰君安到大鹏证券资产管理部工作后，深藏在内心的价值投资方法被唤醒，特别是在大鹏证券因做庄五矿发展、广电网络和国投原宜等股票而破产之后，他从原来的技术分析派转变为价值分析派。

他的成长更是时代赐予的机遇。正如他敬佩的平安保险董事长马明哲、汇丰前董事局主席庞约翰一样——马最初是一名司机，而庞则是一名轮船工，他们都是顺应时势，然后通过不断奋斗成就一番事业。不过，但斌更应该感谢的是中国资本市场。

现在，但斌做股票买卖的手法与巴菲特如出一辙：找到最好的公司，然后一直持有它。像巴菲特购买可口可乐股票一样，他从茅台30元起就大量买入，这次“5·30”风暴来临，他丝毫不惧，反而大量吃进茅台的流通股，毕竟他信奉的是长期价值投资，这意味着他的投资行为不应顾虑短期的市场波动，这不，他办公室电脑连股票行情都查不了。“东方港湾”号后面的船也是如此，它们一边对散户逃跑的举动报以冷笑，一边把散户抛掉的优质股票打捞到甲板上。无论如何，它们都由经验丰富的水手们驾驶着，是这片海洋上真正的主人。

宠儿的烦恼

“5·30”之后，中国股市几乎再没有什么和原来一样了。基金经理们接管了市场，主导了随后的蓝筹行情。

这是年轻天才的全胜时期。那是怎样的年轻人形象呢？大学毕业没有几年，硕士学位，不到30岁，或者30岁出头，常常穿着深色的西装，宽宽的，颜色鲜艳的领带随意飘动，浑身散发着自信，自以为是，语速极快，业余生活都干什么？“看报告，睡觉。”很干脆的回答。“还有呢？”“我喜欢去VICS酒吧跳舞，总要扭两下，让身体活动一下。我喜欢打乒乓球，不过同事嘲笑我是土人，他们更愿意去朝阳体育中心打高尔夫。”

他们是城市的新贵，保守估计，他们的年收入水平，含奖金分红至少在300万元以上。今年买车的基金经理很多，他们大多开着新款的轿车，去固定的加油站免费加油，这是大多数公司的福利之一，甚至有些公司也让家属享受这样的待遇。

有趣的是，从数量上看，年轻人已经统治中国股市。天相投资公司统计并向客户报告了令人吃惊的事实：基金经理的平均年龄是35岁，比美国的同行们平均年轻9岁。其中1/3的人管理基金的经验不到一年，一半以上是两年以下，接近3/4的人经验不到3年。

虽然这个行业的待遇颇高，但是这些宠儿们并不十分满意，跳槽率高得惊人，今年前三季度基金经理变更268次，折算全年是172次，一共300多只基金，也就是差不多每个基金都变过一次。选取一年以上的基金作为样本，基金经理平均任职期限是1.3年。

和许多同龄人相比，小杨算是幸运的。但在幸运的主旋律中，也有些不大不小的烦恼。

比如身段日渐笨拙，主要原因是出差调研少了，大部分时间都呆在办公室看资料、开会，严重缺乏锻炼——用时尚的话，叫做亚健康。

比如赶上一两个月基金业绩不好的时候，领导便会找小杨谈心，平日里在走道遇上了，也会关切地询问，把行业、个股都扯出来说一遍。搞得小杨恨不得绕道走——干这行的，业绩摆在众人眼里，放在自己的心里，正常人谁不想做好呢，做砸了出门找工作都难。当然，板块轮动，过一段时间，基金回报遥遥领先的时候，又是另一回事了。

今年来，还有件挺烦心的事儿，就是公司把小杨管理的基金三番五次地拆分、大比例分红——能使的手段都用上了，只有一个目的，把净值降到一元附近，吸引投资人申购，扩大基金的规模。

为这事，小杨很不开心，但有什么办法呢，只好隔三差五地大规模买卖股票，资产配置和选股布局被一次次扰乱……

为这事，刚才领导还找小杨谈话：公司还小，生存是大计，别人都在拼命地做大规模，咱要是不做，规模上不去，就会落伍，会被淘汰……都不容易，年轻人，要从大局出发啊。

小杨嘴上只好应承，摆出一副大义凛然的模样。出了门心里却嘀咕：那也有不拆分不大比例分红的公司，人家不也活得挺好……

李刚（化名）的烦恼要大于小杨。他从乡村考上大学，5年前收入比在媒体工作的女友还低，在证券业低迷时曲折跳槽到证券公司。他不愿意说自己今年赚了多少钱，但告诉记者他身边一些同事赚了上千万元。他承认“我们遇到的是一个前所未有的时代，前所未有的市场，以后也很难再有。我们很幸运，能成为这个市场里的重要参与者”。

今年春天，股市一路欣欣向荣，人人都是股神，基金经理就成了鸡肋。在论坛、基金吧里，只要基金出现一分一毫的波动，或者有一天没跑赢同行，甚至没有任何原因，他们都会被骂得体无完肤。“嘲笑，挖苦，谩骂，各种各样你想得到的和想不到的人身攻击都有，在那里我们没有任何人的尊严，甚至我们的家人也要一起遭受侮辱。”“但是即使我们分享了繁荣，基民们却看不到我们为此付出的牺牲，也永远不满足我们为他们带来的收益，并永远耿耿于怀于一时的波动。”

这样的谩骂在“5·30”之后渐渐少了，许多散户“一夜回到解放前”，不得不重新投向基金的怀抱。“那些开骂的人知道了，我们才是股神。”在那时，李刚踌躇满志，“没什么我们做不了的事。”这位三十出头的年轻人掌管的基金在短短几周里迅速膨胀到数百亿元。

随后5个月里，这个神采飞扬的年轻人遭遇了迅速膨胀、大规模赎回、再次大规模申购，这些跌宕让他头上爬出了几根白发，脸上多了几分沉稳。

他看到监管机构拼命想加强对基金业的监管，但监管人员谈完公事后，转头就会问有什么股票可以推荐，这让他从心里感到悲哀，这是一个怎样的国家？“尽管我们住着几万一平方米的房子，吃着最高档的饭菜，穿得起最昂贵的衣服，但我们心里总是怀着恐惧和不安，不知道明天会怎样。”他和许多同事一样，都在想办法办理移民，“要为自己留一个出口。这里只不过是我们的战场，而不是家园。”

他已经打算离开这个行业，回到校园里去“做些研究”。“这个重要时刻我们参与过了，也学到了该学的，够了。接下来，生活总要恢复正常的。”他说。

房子的故事

2005年，胖胖的东北人于辉从广州到北京来寻找机会，他从事的是IT行业，原来他和几个兄弟联手搞了家软件公司，做了几年，一方面竞争者越来越多，行业利润薄了，另一方面，他也觉得卖软件很难赚到大钱，所以一有机会，他们就把这个公司卖了。从毕业到2005年，奋斗了8年，也算小有积蓄，他在广州买过3套房，但是广州的房地产一直是不温不火，很多房产的价格还在1997年之下。

空闲之余，他转了转北京的房产市场，由于考虑到要在北京安家，他经常去房产博览会，这一转，他发现了北京的高档物业真便宜，比如，在东二环、东三环之间的海晟名苑，每平方米售价 1.2 万，140 多平方米的三室一厅的月租金也有 1.5 万左右，这样算下来不到 10 年，光靠租金收入就能收回买房的成本。这个位置靠近使馆区，他去使馆区转了一圈，发现周边的高档公寓的出租情况一直很好。

没有丝毫犹豫，他马上出手定了两套房子。

以这样的思路，在 2006 年他又买了一套燕莎后小区的房子，因为希望多从银行贷款，享受优惠利息，他用父母和妻子的名义都买了一套。他选房的思路很简单，就是租售比要合理。

目前，他在北京的两套物业出租，光是租金每个月可以收到 3 万多元，还了 3 套房子的银行贷款 2 万多元，还有 1 万元的盈余。日子很轻松，自打这个投资成功后，他开始非常留意各地的房地产市场，也去上海看过，“租金收益太低了，1 万出头的房子收不了多少钱，不值”，他抱怨道。

唯一懊恼的是，2005 年在北京没有多买几套，房子的增值情况很好，海晟名苑和燕莎后的房价都已经翻番。

2007 年，广州的房子涨得有点让他看不懂，虽然也是才涨了一倍，比起北京的涨速要差远了，但他总觉得广州市场的虚火很旺。“从长远看，投资房地产还是不错的，只是最近市场有点高，别追了。”他对记者说，“我有两个朋友，是对海龟夫妇。年初从美国回来，千辛万苦地带了 200 万，男的想创业，女的比较保守，要买房。怎么办呢？每人一半，结果男的搞了一家化工公司，还亏着呢，女的买了套房，已经增值了 70%，我们一有空就拿他们两个开玩笑，这年头，自己赚钱远没有钱生钱来得快。”

25 岁的打工者李志刚，在深圳 5 年了，目前在一家工厂做电工，老婆在东莞一家外资饼干厂工作。夫妻每月收入 5000 元左右。今年 5 月，他们回老家长沙买了两套小二手房，首付 5 万，贷款 15 万。“听说深圳的房子拼命翻倍在涨，我知道我们永远不可能在深圳安家。想想深圳什么都走在老家前面，赶紧先在老家买。”

两套房子每月能租 1000 元。夫妻两双双再下南方，各自住集体宿舍。“现在心态很不同，觉得干什么都踏实，都有劲儿。工友们都很羡慕我们。”

当房价乘着火箭，向月球起飞之后，工薪阶层离自己的房子也越来越远。但有许多人可不这么认为，长江流域的南方人就干起了坐地生财的买卖。

今年4月开始，江苏、安徽许多乡镇上突然涌现出许多现代化的楼房，这些都是当地的镇民自己盖的，一些城市中买不起住房的人和从农村到乡镇生活的农民从镇民手中买下了这些远低于市场价的房子。这个现象最早发端是安徽滁州一带，等当地人尝到甜头之后，这种自发开发房地产的行为就以光速在长三角的许多乡镇传播开来。

你不得不佩服中国人的智慧，北京的一些企业就把长三角这些城镇上的做法发扬光大，它们到北京附近的农村在农民的土地上开发了一栋栋商品房。由于这些房屋的建设与销售不符合法定的程序，媒体索性给这些房子取了一个小产权房的名称。

中产阶层的悲哀

6月到10月中旬，在基金主导之下，大盘从3600多点一路狂飙到6100多点，金融、地产、酿酒、有色金属、钢铁等大盘蓝筹股疯涨，投资者疯狂抢购。圈内人士将之形容为抢银行、斗地主、贪酒、好色、大炼钢铁。

2007年还未结束，在全球市值最大的前十家公司中，中国已经十有其四。

但在“5·30”后入市的新股民，大多被套，未能分享神话般的财富增值。散户王先生的股票账户在“5·30”后开始亏损，在随后蓝筹行情刚赶上趟儿，又迎来了蓝筹泡沫，还是亏损，10万元的积蓄赔了不少。他希望让妻子过上更好生活的承诺看来需要更长的时间才能实现，好在妻子并没有责备，岳父也开导他，“就当买个教训吧”——但他仍不能解开心结。妻子告诉记者，听到亲友在股市挣钱的消息，他会郁郁寡欢几天，听到有人在中石油上赔了不少，他会说，“嗯，这个世界还是公平的”。

从年初到六七月间，在占买楼比例40%的炒房客的推动下，深圳楼价暴涨，将京沪等曾经的房价高地变成了洼地，并催生了一系列新地王，地价高于房价的现象也不复罕见。而深圳的上涨一路传递，如股市的板块一般，广州、北京、上海楼市渐次轮动，追逐着各自看不见的上限。一个中等以上收入的专业人士，居住在都市，如果今年既未炒股，也未购房，他将有怎样的感受？

5年前，小李从美国麻省理工学院归来，节约下来的奖学金加上此前的积蓄一共有40万元。那时候北京的房价是4000元/平方米。

从那时开始，小李开始了他长达5年的看房历程。2005年冬天，犹豫了两年的小李终于交出2万元订金，在北京通州以每平米5000元的价格订下一套三居室的房子。在正式签合同那天，他约了两位同事帮忙参考，不料两人却一致认为他挑了那个小区最差的一套房子。想进行调换，售楼小姐却说已经没有别的可换了。

合同没有签成，订金无法退还，更糟糕的是，小李没有想到，关于房子的梦想由此一再缩水——在接下来的两年里，北京的房价以两位数的速度不断上蹿。现在，两年前被他放弃的那套房子，也涨到了每平方米近万元。仍在奔波于北京各个楼盘间的小李，从单身变成已婚，和妻子与他人合租一套两居室的房子，所看的房子从三居室变成了两居室。“这5年，我都白干了。”

而基金经理李刚妻子的同窗好友小王则感受到了生活方式的巨大差异。2001年她俩一起在南方一家媒体实习。两个穷学生，每顿只能吃最便宜的快餐，有一次“奢侈地”在餐馆吃饭，一条鱼端上来没过十分钟就从头到尾只剩一条完整的骨骼。

12月，她们坐在深圳新兴的购物场所COCOPARK的一家香港火锅店里，回忆当年的那条鱼。这一顿火锅的价钱，是当年那条鱼的几百倍。

两人都在媒体行业，收入差别不大。基金经理的妻子所有收入都是零用钱，可以随心所欲地花，而单身的小王则需要计算每月的支出：供楼款、日常支出和奢侈性的支出——她把打出租车、旅行和听音乐会都计入了最后一项，需要克制；而好友今年已去国外旅行几趟，她的忧虑来自对生活意义的寻找，“有了钱更自由，也更不自由了”，她需要“让自己变得更强大、更自由，有更多选择权”。

小王全身心地专注于报道她所热爱的现实世界，无暇关心股市，而好友则认为，如果不能理解财富如何集聚、形成和发挥作用，就不能真正理解我们所处的时代。小王深受触动，在心里提醒自己，当发现自己对财富存在偏狭的愤懑之心时，也许就是要离开旁观者的角色，进入现实的时候了。

华东师范大学心理咨询中心主任叶斌说，中产阶层处于一个持续的变动期中，每个人的欲望都充分被唤起，大家都想抓到机会，快速改变自己的命运，因为保障制度的缺陷，对于未来，没有稳定的预期。每个人虽然看到希望，但又充分感受到一种不确定性，所以只好尽量抓住眼前的每一个机会。因此会有焦虑和恐惧。

随着股市和楼市的上涨，来咨询的人群中和财务有关的越来越多。他常说做心理咨询也要懂炒股，否则没办法和很多病人沟通。

今年“5·30”之后，来了一位病人，才二十几岁的男孩，在股市亏了有八九万元，一年的年薪没有了。他是外地人，想要在上海安家，买房子全部要靠自己，而他又希望先立业后成家。所以八九万元的损失对他心理影响很大，亏了之后，他整日失眠、懊恼不堪，和每个身边的人都重复：“哎呀，我不应该听别人的话，现在套牢了。”像祥林嫂一样。

在资产潮汐中，运气、冒险的性格可能比学识和勤奋更有助于成功。仍在形成中的中产阶层，如果不在财经领域内，可能会很痛苦地发现自己与原来社会层次逐渐扩大的距离。“中间的落差就是痛苦来源，而这种痛苦又比真正的穷人更深。关键不在于变穷，而是无法接受落差。”学者林万亿说。

当潮水退去，沙滩上将留下什么

与1980年代末日本资产价格上涨时一片乐观不同，今年以来的中国财富潮汐中，“唱衰者”着实不少，众多顶极大牌的名字赫赫在目：罗杰斯、格林斯潘、李嘉诚、巴菲特。

他们提醒，这样的市场已有泡沫之忧。事实上，众多西方分析人士将中国的股市和楼市上涨视为“自成一体的、全球迄今唯一未破的泡沫”。

但在一片不赞成的目光下，中国股市虽从高位下挫，但依然徘徊在5000点上下，而楼市虽有深圳和广州的下跌，北京却始终未现颓势。

国内资深货币政策专家余永定11月在英国《金融时报》撰文指出：“就38万亿元存款相对于总额8万亿元的流通股而言，储蓄存款由银行转入证交所推高股价的潜力巨大……不断涌入到股票和房地产市场的投资阻碍了对资产的理性估值。股票价格上涨潜力远远没有耗尽。盛宴可能会持续很多年，直到最愚蠢的买家购买了最昂贵的最后一张股票，股市才会开始崩盘。”

世界上从不存在只涨不跌的资本市场。问题是，当潮水退去，沙滩上将留下什么？在泡沫中成长起来的世界级企业，还是满目荒芜、无力承担损失的人群，抑或要求政府救市的请愿队列？

“我不担心。”一位美国投资顾问公司的合伙人郁飞说。他经历了中国1999－2001年的互联网泡沫，那时圈子非常狭小，所有的人去同样的地方——通常只是北京、上海、深圳，看同样的项目，提同样的问题，甚至说同样的话。但依然给今天中国互联网产业的繁荣留下了可能性。

去年，他从哈佛商学院留学回国，最深的感触是“国内的多元化令人吃惊”。这一年多里，他每天都在接触不同的信息，足迹从内蒙的赤峰到云南的曲靖、新疆的和阗。“我其实并不真的关心指数。相比证券市场，现实中有更多激动人心的项目。这是未来的基础。”

他由衷敬佩当年的先行者——“当我们绝大部分人只去深圳时，他们选择了内蒙古和山西。所以他们在当下获得了巨大回报。”而当下资本市场里的资金几乎要漫溢出来，只要有一部分脱离了投机，转向价值创造，都意味着巨大的机会。以他的观察，这个过程仅是开始。

向西25000里：非洲梦、中国梦

■ 邓　瑾

不知不觉间，中国在非洲的存在已令人无法忽视，非洲大陆与中国已互为彼此的梦想。今年5月，有望成为美国首位黑人总统的民主党参议员巴拉克·奥巴马说："走访非洲时发现的一个惊人事实是，美国在非洲的缺席与中国在非洲的存在同等醒目。"

在那遥远的地方

现在正是苏丹的旱季，平均气温40多摄氏度，高的时候超过55摄氏度，摸一下汽车都会烫出水泡。在苏丹南部寸草不生的荒漠中，中石油的工人们正在野外作业。他们从头到脚把自己裹得严严实实——安全帽、长衣长裤、手套、皮靴、墨镜，剩下的脸用毛巾包住——不让一丁点皮肤见到太阳。

"根本没汗，全蒸发了。"刚从那里回来的中石油员工贺骞对《南方周末》记者说。

野外作业的艰苦和10年前并无二样。1997年，中石油集团控股40%的大尼罗河石油公司成立，开始开发西方国家退出的苏丹南部的石油。从那以后，中石油的员工们就一拨一拨地开赴那个遥远的地方。"那里的艰苦，在国内根本无法想象。"中石油六公司管理人员张同高说。

他1999年在那工作的时候，员工们所需要的任何日常用品，牙膏、肥皂和饼干等，都要从首都喀土穆——当时的首都就像中国西北地区的一个小县城——空运过来，一周两三次，“根本没街可上”。

而现在，肯吃苦的中国人已经把生意机会瞄准了中石油的后勤事务。“现在我们营地上的伙食、打扫卫生这样的事，都是中国公司承包的。”贺骞说。他2001年在那工作的时候，这些事还都是公司员工自己干。

这只是这两三年去苏丹淘金的中国人的一部分。随着叛军与政府军签订两年半的和平协议，结束了长达21年的血腥内战，苏丹南部开始修建道路，商店也重新开张。金合欢树下的货摊上摆放着待售的苹果、红指甲油、牙膏、火柴盒、肥皂、床垫、锁具、箱子、鞋以及当前卖得最火的中国产“凤凰”牌自行车和用来插在自行车车把上的一束束假花。

在苏丹，活跃着越来越多的中国人（据说有3万人）：他们开餐馆，办农场，开加油站，卖中国货，在首都修建各种各样的高楼大厦包括新的总统官邸。中国人渴望分享这个饱受战乱的国家迎来的新消费时代。

上月底在约旦安曼举行的中阿合作论坛上，苏丹财政和国民经济部部长Ahmed Magzoub说，中国在苏丹石油产业的投资累计已经超过了60亿美元，在工业和农业上非石油类的直接投资达到3亿美元。中国是苏丹最大的境外投资国。

而在西方国家眼里，苏丹仍是一个从商禁区。上月，在由美国《外交政策》杂志及和平基金会所评选的2007年失败国家指数的报告中，苏丹被认为是世界上最动荡的国家，紧随其后的是伊拉克。

在另一个别的国家因为太过偏远、配套基础设施投资太大而退出的地方——西非加蓬原始森林深处、与世隔绝的贝林加地区，另一家中国企业正准备大展宏图。

中国机械设备进出口总公司计划投资30亿美元——相当于加蓬这个非洲富国一年的财政预算——来开发贝林加这块世界上最大的未开发的铁矿。该项目今年动工，三年内完成，配套设施包括建造一条用于运输铁矿石的长达560公里的铁路、一个集装箱港口和两座水电站。

加蓬总统奥马尔·邦戈称贝林加铁矿石项目是“世纪项目”，并明确表示希望这个项目为加蓬人民创造成千上万个就业机会。

目前整个贝林加地区处于原始状态，当地居民包括生活在附近雨林的矮人，只能靠打猎、捕鱼或种庄稼为生。在那个几乎被世界遗忘的地方，没有路，没有电，没有供水系统，也没有像样的学校。

路透社在近期的一篇报道中说，那里的人们正热切地盼着中国人的到来，渴望中国人能够改善他们的生活。“加蓬东北部热带雨林里的矮人可能很快就要学中文了。”该报道这样写道。

6月初，《纽约时报》上海分社社长 Howard W.French 从埃塞俄比亚飞北京，他发现这架埃塞俄比亚航空公司的飞机上几乎坐满了中国人：有头发开始发白的劳务工人，有做小生意的投资者，也有衣着光鲜的公司高管。在14个小时的航程中，他们互相聊着在赞比亚采矿、在尼日利亚搞建筑、在安哥拉做公共工程、在象牙海岸开种植园的经历。

“中国人现在看非洲看到的是机会，是希望，是一片可以充分施展其个人能量和商业能力的肥沃土壤。”French 说，“而西方看非洲，看到的总是一个问题学生、一个病人，一个失败就像诅咒一样不定什么时候就降临的瘟疫地带。”

5月中旬，有望成为美国首位黑人总统的民主党参议员巴拉克·奥巴马在结束为期两周的非洲之行后说：“走访非洲时发现一个惊人的事实是，美国在非洲的缺席与中国在非洲的存在同等醒目。”

芝麻开门：从贸易到投资到集群投资

郑和下西洋或许是有记录的中非之间最早的直接贸易。当明朝的宝船把中国的瓷器、茶叶、丝绸运到非洲的时候，他们换回来献给明成祖的是象牙和长颈鹿。

而现在，集装箱把中国的服装鞋帽、箱包百货、五金家电送到物资短缺的黑非洲，而非洲输往中国的是铜、锰、石油、木材和铁矿石等多种原材料。

西方国家在非洲开发采掘了上百年，但是直到现在，撒哈拉沙漠以南的黑非洲普遍工农业基础薄弱，农产品和工业品都要依靠进口，因此价格昂贵。大米每公斤平均要卖到2美元以上，一般的蔬菜也要好几美元一公斤。中国产的日用消费品和五金家电等在非洲需求量很大，价格一般要比国内市场高出几倍甚至十几倍，最低的利润也在25%至30%。

巨大的商机吸引着中国商人大批前往淘金。

“2003 年以前，是个人去非洲就能赚钱。”《最后的金矿：无限商机在非洲》的作者李践红说。他在非洲工作了四五年，并采访了大量华商。

2003、2004 年后，越来越多的中国商人和中国货蜂拥非洲，于是价格战打响，利润大减。“从那以后，也有人会赔钱了。”李践红说。

贸易商们对非洲的兴趣很快转向了投资。事实上，非洲是目前全球公认的投资回报率最高的地区，投资回报率高达 30%左右，相当于发达国家的 4 倍多。这部分得益于自 1990 年代中期以来非洲接近 6%的 GDP 增长，以及迅速成长的中产阶层。早在 1996 年，中国政府就鼓励中国企业走进非洲。那年，外经贸部部长吴仪出访非洲，决定在非洲成立 11 个投资中心，并以此为据点辐射全非洲。这是中国企业“走出去”的一个战略部署。

次年，11 个中国投资开发贸易促进中心在埃及、肯尼亚、尼日利亚和赞比亚等 11 个国家相继成立。这在某种意义上意味着中国对非洲战略的一种调整，从单纯的无偿援助，过渡到援助和投资并行，谋求双方的合作共赢。

“现在想去非洲的人，个体户与贸易贩子已经不是主流。相反，具有相当实力的矿业企业、建筑工程企业、汽车制造企业、家用电器企业、农业开发企业等正在对非洲跃跃欲试。”非洲投资网总经理王文明告诉《南方周末》记者。

王原来是外经贸部西亚非洲司的官员。1999 年创办非洲投资网，致力于为中非企业间的交流搭建平台。他刚刚带领一个中国民营企业家代表团结束了对苏丹、突尼斯和埃及的商务考察。

通过考察，企业家们发现非洲确实是一片投资热土。有很多行业对中国人来说已经是很简单的事情，非洲却几乎没有人做，或完全没有发展。比如全苏丹只有一家制砖厂，比如突尼斯首都附近有大批肥沃的土地荒废，完全没有农业开发的迹象。“难怪这些国家的蔬菜、水果、大米等的价格往往是国内的 5 倍以上。”王文明说。

这已经是王文明今年第三次带团对非洲进行商务考察。前两次考察的国家有津巴布韦、马达加斯加、坦桑尼亚、卢旺达和布隆迪。

在和各国政府机关打交道的过程中，王文明发现最大的变化就是：大多数非洲国家有关招商引资的资料都已经有中文版本，不少非洲国家的投资促进局还要设立 CHINA DESK，专门负责中国的投资事务。

“非洲国家现在普遍认为中国有强大的投资能力，是最有可能帮助非洲的国家。”王文明说。

这个观点也不断被非洲国家领导人一再提起。在今年6月德国举行的G8峰会后（这次峰会继续把非洲问题设定为会议的主要议题之一），参加了这次峰会的塞内加尔总统瓦德在《纽约时报》撰文，呼吁西方国家对非洲的发展援助不要光说不做，以前作过的承诺应该想办法兑现。

瓦德总统还呼吁西方富国要像中国和印度一样对非洲投资，把非洲看成是充满机会的大陆、平等的合作伙伴，而不是援助者和被援助者的关系。

“中国（对非洲）的吸引力可以归因于非洲对西方的幻灭。西方的布道以及为非洲开出的不断变化的药方，西方在挫折面前总是喜欢用文化来解释非洲的失败而缺乏自我反省，这些都让很多非洲人感到愤怒。”《纽约时报》的French 说，“而反观中国，她免除债务、给非洲商品减免关税、提供越来越巨额的贷款，而且通常都说到做到。”

“非洲现在最需要的就是基础设施和能消费得起的能源。”瓦德总统在上述文章中说。

而这两项非洲最迫切的需求，正是中国公司多年来着力的重点。现在中国公司修建的高楼、体育馆、医院、道路、桥梁、铁路等可以说是遍布非洲。这其中的代表有1970年代坦赞铁路以及去年中土集团签署的尼日利亚铁路现代化改造，该项目的投资高达83亿美元。

中国公司在竞标非洲国家能源和原材料项目的时候（位置好、容易开发的矿藏资源基本都被西方国家控制），往往是提出包括出资修建配套基础设施等一揽子方案，正如为了开发加蓬贝林加的铁矿，中国需要修建配套的铁路、港口和发电站。西方国家通常不愿意做，所以中国公司才能在多个矿藏项目上竞标成功。

为非洲提供“能消费得起的能源”，最典型的项目莫过于中石油在苏丹的石油项目。这个项目集上游的勘探开发和下游的炼油加工，外加一条从南部油田到东北部苏丹港全长1370公里的原油管道，一举使苏丹从一个石油净进口国变成了石油净出口国，并且实现了石油工业上、下游的一体化，而不仅仅只停留在原油出口。石油工业的大发展，也使人口只有3000多万的苏丹走上了经济快速发展的道路，这几年的GDP增长都超过了6%。

中石油在苏丹的石油项目，因此也成为新时期中非合作项目典范中的典范。苏丹石油工业的成功，也成为中石油进军其他非洲石油国家的名片。

为什么你们不多来一些

今年2月4日，中国在非洲建立的第一个经济贸易合作区——赞比亚中国经济贸易合作区——由胡锦涛主席和赞比亚总统姆瓦纳瓦萨共同揭牌。这标志着中国政府开始鼓励中国企业“集群式”走进非洲。

在商务部批准的第一批8个境外中国经济贸易合作区（相当于把中国的开发区搬到其他国家，区内中国企业既可享受当地政府的优惠政策，又可获得中国政府的财政扶持）中，有三个是在非洲。另两个分别是尼日利亚广东经济贸易合作区和毛里求斯天利经济贸易合作区。

在非洲建立3－5家境外经济贸易合作区，是去年11月中非合作论坛北京峰会上胡锦涛主席宣布的援非8项措施中的一项。措施中还包括设立50亿美元的中非发展基金，鼓励和支持中国企业到非洲投资。

上月，该基金正式亮相，初期规模为10亿美元，主要对中国企业在非洲投资的企业和项目进行投资参股，帮助企业解决资本金不足的问题，同时获得应有投资收益。中非基金是目前国内规模最大的一只私人股权投资基金，也是国际上最大的对非洲投资的单只基金。

“我在苏丹见了很多当地人，无论是政府官员还是民间老百姓，他们都说中国人来得太少了，尽管他们也承认中国人已经很多了。”非洲投资网的王文明对《南方周末》记者说。

“因为苏丹想和中国合作，他们觉得正是因为中国的帮助，苏丹才变得逐步富裕一些。他们总是问我：为什么你们不多来一些人，多做一些项目呢？”王文明接着说。

下月，王文明又将带领一批中国企业家奔赴非洲，这将是他今年第四次率团对非洲进行商务考察。

中国制造：半坡上的变奏

■ 余力　舒眉　黄河

从去年下半年开始，整个中国制造都在经历一场大考。是有一些企业关门，但远非成千上万，上规模的企业出事的很少，倒闭的大多是既无技术实力又无资本实力的中小企业。如果这次大考能过，将来Made in China就会是品质的代名词。但是现在，大部分中国企业还在半山坡上艰难地行进……

风霜雨雪

几公里的狭长丘陵谷地里，聚集了3000多家制鞋或鞋材企业，它们分布在朝向各异的民宅或厂房里，这些建筑看起来像各种比例的水泥方块，杂乱地簇在蜿蜒的公路两旁，被绿色的田野包围，更远处，起伏的丘陵郁郁葱葱。

首次来到吉隆镇的人，很难不被眼前的景象震撼。这里属于广东惠州，20年前还是一个乡村小镇，但现在或许是全世界鞋厂密度最高的地方。几乎有楼房处就有几十家鞋厂。

虽然在两年前如愿拿到了“中国女鞋生产基地”的牌子，但这里的鞋厂绝大部分只能称为家庭作坊，几台鞋机、二三十个工人，就是一个厂。这里最大的企业，到了东莞，只能算中等规模。

3月底，当知道有记者来访，几位当地鞋业的头面人物聚到了一起。几小时的聊天中，苦恼、无奈的表情交替出现，笑容难觅。“我们现在是风霜雨雪都遇到了，就是没有阳光。”说话的鞋厂老板数起手指头，原材料价格上涨、人民币升值、出口退税减少，还有劳动合同法。旁边的人提醒，电价涨了、缺工也得算上。“风霜雨雪”加起来，成本上升差不多30%，是利润的几倍，价格又提不上去，“没订单，还主动一些，手上有订单的，做多少亏多少”。

可开工厂的，又不能不开工，要不工人都走了，拿了合适的订单也做不了。几台机的小作坊还好，随时可以关门，大厂只能硬着头皮做。即使这样，还有麻烦——工人不够。

吉隆镇上的当地人只有不到5万，但外来工人有15万，每年生产6亿双女鞋，80%出口。这里的月工资已经到了1600元以上，比“珠三角发达地区”高出了200－300元，可因为是农村，前两年开始工人慢慢短缺。成本上涨的麻烦甚至比不上缺工的麻烦。

到处都缺人。在座的一个老板，去年刚投产了镇上最大的鞋厂，现在开工不足20%，“只要有工人，我还是有把握能做下去的”。镇上的鞋业厂商会去年组了一个团，到内地几个省份去招人，悻悻而归，“内地的政府很客气，但名为劳务，实际是想招商”。

现在很多小厂关闭，他们看到的“只有黑暗，没有光明”。

怎么活下去？

迁移？“怎么迁？我们都是吉隆的农民，几个人、几十个人用钳子做鞋，一步步走过来的。身家都在厂房、设备上，现在卖也卖不出价。走也走不动。”

升级？大部分吉隆的鞋厂还处在从作坊向流水线升级的过程中。建了流水线的大厂“只能谈生存”，用什么升级？

拿定价权？“你告诉我，我们这些草根小企业怎么去拿定价权？去年年底，龙永图在东莞说，中国制鞋企业要拿到定价权，我几乎听不下去。他自己试试！”

更大的麻烦还在后头。劳动合同法执行后，工人和老板的纠纷肯定不断，现在许多工人动不动就是“我告你”，接下来几个月要忙着应付纠纷了。

确实没有一个好消息。难道这个奇迹小镇只能从此没落？对着几位神情凝重的草根老板，记者不忍心问出这个问题。但一个老板的喃喃自语，还是让人心生安慰，“我们当年怎么走过来的，就怎么走过去”。希望，向来属于自救者。

大考来了

100多公里外的深圳，“气压”远没有吉隆那么低。“现在MIC（中国制造）面临一次大考，不是一般的升学考试，是高中升大学的考试。”深圳荣恩公司副总经理方至刚对中国制造的处境有着自己的判断。方至刚1986年就来到东莞，管理一家台资鞋厂，是第一批到大陆的台湾人。他一生只做了一个行当——制鞋。

当初他来到大陆，正是由于台湾鞋业因成本全面上升而整体外迁。“与20年前的台湾相比，现在大陆的成本大冲击，我看到的是更坦荡的路。”

他认为，这次成本冲击将带来行业整合的机会，是好事——一直以来，有太多的小企业打价格战，把市场行情搞乱，他用“宵小”形容它们——现在，行业里真正有能力的企业将有可能在合适的舞台上发挥得淋漓尽致了。“行业会更健康，MIC会打得更响。曾几何时，MIC是低等品的代名词，如果这次大考能过，MIC将来就是国际品质的代名词。”他说，从这个意义上，他欢迎这次冲击。

他认为，该转移给客户的成本就要转移，MIC应该勇于提价，“如果外国人不接受，就让他们离开中国市场好了”。

他现在所在的公司是一家本地公司，但已经是全球第五大运动鞋贸易商，在福建泉州有自己的生产线，今年出口价格已经提高了20%以上，现在订单忙得做不过来，工厂负责人不得不到东莞来招工。

方至刚唯一的担心是，成本上升过快，可能会让一般健康的企业都消化不了，只有真正强壮的企业才能过关。

在东莞，另一个台湾人叶先生也执同样的看法。他在一家台湾大鞋厂任主管，同样“这辈子只做了制鞋一个行当”。叶认为，大陆目前的成本上升比当年台湾的情形还要剧烈，“这么多种成本同时涨，从来没见过”。40年前，日本人把制鞋业交到台湾人手上，20年前台湾鞋业整体转到大陆，“再过10年，台湾人要把棒交到大陆人手里了”。现在，制鞋业里，已经很难见到30岁左右的台湾人了。

台湾鞋业人最大的遗憾是只有加工，没有品牌。不是没有尝试过品牌，但“我们这一代是背书长大的，没有想象力，而且市场小，台湾政府又不支持”。

叶先生认为，大陆人有可能弥补这个遗憾，“大陆自己就是一个大市场，现在成长的一代又很年轻，比我们束缚少，如果政府支持，就能有自己的大品牌”。

至于当下这一关，他担心与外国采购商的价格博弈僵持期会太长，“最好不要到别人让步时，自己先倒了太多”。

制鞋属于劳动力密集型产业，受此次成本上涨冲击最大。显然，价格博弈正朝有利于制造方的天平倾斜——根据海关统计，今年前5月，东莞出口的鞋子，平均单价上调了27.3%。

东莞企业大量倒闭的传闻，去年就不断传出，广为传播。受访的东莞政府官员认为，是有一些企业关门，但远非成千上万，倒闭的大多是“体质较弱”的中小企业，上规模的企业出事的很少，整个行业出问题的现象还没有出现。

官员表示，他们现在的关键词不是“生存”，而是“提升”，更关注的不是挽救体质弱的企业，而是如何帮助活下来的企业提高技术含量、品牌价值，使面向生产的设计环节更多地转移到东莞，让东莞变成高质量的全球制造基地。

千万不要低估中国制造的实力

现在，目光转到了千里之外的浙江台州。

台州企业家有着最好的课堂，周围企业起起落落，几乎每天都是MBA课程的现实版，每个人都在认真地讨论生意，无论这个生意是什么。

一位经常来台州调研的PE（私人股权基金）管理人员告诉记者，千万不要低估了中国制造的实力。人们印象中的鞋业、纺织和玩具不能代表中国制造，过去中国制造大多数是赚点加工费（这样的企业不在少数），但现实中产业在升级，老板们的眼界在开阔，好的企业和行业总是层出不穷，给人们带来惊喜，也带来信心。

台州市商业银行的客户经理则说，今年以来银行的利润依然很好，从基本面看，企业大多还是可以维持的，倒闭掉的往往是那些失去了认真、寂寞地做好一个产品耐心的企业——前两年，机会太多，以至于很多企业家很难专注于某个领域，并在自己领域做出卓越的成绩。“一个企业的倒闭就像地震中建筑物倒塌一样，是由于多种因素。”

台州市发改委主任郑荐平说，在台州，目前技术密集型的产业很不错，资本密集型的则一般，劳动密集型的就不好了。

虽然转型和升级不是那么简单，但台州正在这条路上。比如，做工艺品的可以转做汽车装饰件；塑料也一样，原先做牙膏脸盆，地摊上到处都是这类台州货，全国铺天盖地，但现在已经基本转到做上下水管、汽车摩托车塑料配件等。更高级的医药也一样，一开始做化工，之后做原料药，再后来就到成品药了。“至于低端的制造业，则只能转移到中西部去。”

台州经委主任张锐敏则承认，台州企业确实出现了困难，表现在增幅下降、效益滑坡、投资萎缩。“但我觉得下滑是合理的、正常的，不下滑才不正常，说明这个地方生存在真空里，或者说在作假。”

但台州企业的生存能力，比其他地方的企业更强。整体出问题的就只有缝纫机行业。由于纺织和服装行业普遍不景气，因此缝纫机行业出现整体性萎缩。

张锐敏谈到，之前被广泛关注的飞跃公司资金链出问题一事，一部分原因是由于研发投入过大，又遭遇银根紧缩而产生。

电动缝纫机的芯片原来都是从日本进口，提价权在人家手里，有时候为了芯片整个缝纫机无法组装生产。所以他们投入两亿多元人民币，和中科院合作研发芯片。搞研发，银行不可能贷款，只能用资金宽松时的流动资金。这两亿元投到那里去，还没产生效益，就遇上银根紧缩，资金链就绷紧了。

现实中，明显可以看到，真正有技术创新能力的，而且这种技术创新能力已经形成市场能力的，有品牌的，基本可以克服成本上升的影响。附加值比较高的企业，提价的能力就强，现在对他们来说是机会。

海正药业就是这样一个企业。它连续 52 年没有亏损记录、持续增长，被认为是台州的骄傲。

在1970年代，它刚踏足医药领域时，就开了国内企业上门买技术的先河——花 9 万多元购买了一种新药成果进行生产。现在，他们在产品的储藏开发、新产品研发的先期投入非常坚定。“现在我们每年的研发投入占到销售额的 8%，去年我们达到了 9% 多，发达国家也没有这么高的比例。”海正的管理人员很骄傲地总结，海正的经验是：风浪来了，靠临时调帆、调螺旋桨都晚了，应该在没风浪的时候就把动力都储备足了。

海正药业的董事长白骅 62 岁了，现在每天早上 6 点到厂里，晚上 10 点多回家，对于他，生活中唯一的乐趣除了工作还是工作。

这样的专注和热爱，或许正是中国制造的能量之源。或许正是因为在台州看到太多同样的热爱和关注，那位 PE 管理人员才会毫不吝啬地把信心给了台州。

民工哪去了

在各处的采访中，记者被同一个问题困扰：民工哪去了？许多受访者也向记者提出了同一疑问。

中国经济出现下行信号，这是中央高层都认同的判断。现在许多中小企业日子不好过是事实，一些企业压缩生产线甚至破产也是事实，这意味着，必然有一部分人失去了工作，市场上劳动力的供给会相对多起来。可是，为什么到处都在缺工，甚至比以往更甚？

记者曾就这个问题向一位研究宏观经济的美国教授请教，他凝思许久，给出了答案："中国经济在几个月里实现了升级。"

这当然是开玩笑。经济学家给不出解释，那么现实中呢？

去年 11 月，东莞常登鞋厂宣布结业——并非倒闭，只是台湾老板对未来预期不好，主动退出了这个行业，传言说，老板回台湾从政去了。

今年 3 月底，记者来到已关门的常登，整洁的厂区里只有几位负责销售原厂设备的人员，其中一人告诉记者，"常登关门了，没有伤害到任何人"。

老板给的赔偿很公道，7000 名员工也按不同工序分批遣散。让人印象深刻的一个细节是，其他工厂纷纷在常登门口现场招工，甚至有的工厂派了大巴来接人，这里的员工不仅没有失业之虞，相反成了争抢对象。

而在 7 月，记者的同事在东莞的华坚集团门口也注意到，有大量从其他工厂来应聘的生产线工人，甚至有的是整条生产线上的人一起过来。

在江西的上高，由于裕盛、旺旺等大型企业前来投资，使这个著名的劳动力输出大县（每年6万人外出打工）出现劳工紧缺，两年时间里，他们从劳动力输出地变成输入地。

过去当地的企业自主招工一般都能招满，但2006年裕盛投产后，裕元、匹克、旺旺等用工大户就不得不依靠政府组织招工。每年劳动部门向各乡镇下达招工指标，在春节前后乡镇干部逐户上门做工作，劝说外出打工人员进入本地企业工作。

从2006年到2008年两年间，上高县便劝留了近3万劳动力在本地就业，同时将原来留在农村的近1万农民通过培训转化为企业员工。

但这仍满足不了需求。上高政府不得不多管齐下：一方面向四川、湖南等劳动力资源大省派驻劳务机构，吸引外地劳动力前来上高打工；另一方面则在上高设立了省级职业培训基地，以吸引周边地区人员前来培训，并留在当地就业。

为了方便本地劳动力的就业，上高县开通了环绕全县的公交系统，本地农民除了白天上班之外，晚上和双休日还可以做些家务和农活。

在政府的努力之外，企业的用工制度也发生了变化，对工人年龄的要求从过去的35岁以下放宽到了45岁以下，同时在每年的农忙季节视生产情况给员工放假，以吸引更多的农村劳动力前来就业。

汝州之惑

■ 肖 华

《诗经》反复吟唱的汝河流淌千年，见证华夏文明的发源与繁华，看过兵马嘶鸣民生凋敝，也看过重新奋起的希冀与热望。现今，它的身畔，沉默是今晚的鑫源丰。

9月23日夜，汝河之畔的河南汝州市汝南工业区，占地千余亩的鑫源丰工厂里只有黑暗和沉寂，和着秋虫呦呦。几排错综相连的巍峨设备脚下，一台有些锈迹的翻斗车呆举着大半斗石块，像一只伸向半空的手。

两个月前被暗访的副省长怒斥之后（相关报道见本报9月21日A3版《追问河南副省长》），这个未批先建、赶了一年工的项目就此戛然而止。

不久，河南省两次上报国家发改委，在按中央要求进行的地方亿元以上新开工项目清查中，宣布停建两批共37个项目。鑫源丰赫然列于名单之首，此时它距建成投产仅一周。

已投资3亿元的这项工程是汝州有史以来最大的项目，一旦投产，每年上交当地利税将超过此前这个县级市的全部进账。

如果没有这场宏观调控，它也许会是汝州最耀眼的一棵摇钱树。但如今，作为河南清查单上的一项，它只能瑟缩在郑州——一个最近宣称要建成“东方芝加哥”的城市——百里之外，在一块铁路与高速公路交织而成的空地里，面对不可知的未来。

在当下的中国，鑫源丰远非“独怆然”的孤例，它既非首个品尝失落的工业项目，亦非最后一例。中国这个愈来愈巨大的经济体，在愈来愈接近现代标准的外表之内，是一个结构分散、由大大小小地方经济单元组成的混合物。东方巨龙辽阔的身躯上，每一寸肌肤都正沿着不同纹理飞速生长，希望与疼痛相生相伴。

“富可敌市”的项目

不难理解鑫源丰之于汝州的意义，当汝州如同河南的其他城市一样，在历史的千年起落中蓄积压抑已久的激情之时。

许多个世纪前，距洛阳、汴梁（今开封）均不远的汝州，水陆辐辏，沃野千里，曾经冠盖如云，以“多金”被管仲向齐桓公推荐，至北宋则被选中生产汝瓷那样华美无双的稀世珍品。

但正因地理之便和富足，这里也成兵家必争之地：武王伐纣、岳飞抗金、李自成起兵、红巾军、白莲教……战祸连年，加上水旱蝗汤，汝州一度哀鸿遍野，“夫卖其妇，父鬻其子，人相食”。

1400年间，曾经盛世繁华的汝州沦为中国最贫穷的地方之一，其中的无奈、悲伤与不甘，一位汝州诗人已有精确描摹：“但看旧来歌舞地，唯有黄昏鸟雀悲。”

直到1990年代乡镇企业初现生机之时，积弱已久的汝州才藉着一些小煤矿小水泥厂光景稍好，一度成为河南百强县之首，甚至传出村支书买点钞机数钱的轶事。但这只是昙花一现。随着矿务局长起家的时任市委书记被枪决，加上随后的经济紧缩与全国关停“五小”行动，汝州重新跌落，2000年时地方财政连工资都发不出来，全国公务员每次调薪在这里被戏称为“空调”。

“如果你不知道河南有多落后，就不会明白我们有多痛苦；如果不能体味这种痛苦，就无法想象发展的愿望有多强烈。”一位28岁的河南姑娘对记者说。她激动得有些结巴，声音发颤。

这种普遍的情感在汝州尤为汹涌。

现在的市委书记从乡干部起步，19年来从未离开这里，眼看着经济多年停滞、财政收入从百强之首一路跌到排不上号。前两年省里领导来视察，当街问道，怎么汝州一点变化都没有？不难想象汝州官员的感受。

而此时，2002年以来新一轮经济发展周期的到来在全国各地——尤其是东部沿海——制造了越来越多的GDP神话。

充满着压力与诱惑的时刻，“富可敌市”的鑫源丰项目出现在视野中，很快成为汝州招商引资“抢”来的重点工程。

这个氧化铝项目原打算在三门峡市或宝丰市落户，汝州闻讯主动出击，热情相邀。尽管目前已没有人愿意谈论当时为了引资付出了怎样的代价，但不难想象“抢夺”的艰难——各地都投身于招商引资的激烈竞争之中，在没有太多优势的河南竞争尤甚。

不管过程如何艰难，最终的结果是，鑫源丰落户汝州，成了后者为繁荣而押上的一个大赌注。

增长联盟

就像昆山牵手台资，随着新一轮经济崛起而出现在中国大舞台上的，是无数个增长的联盟——其中一方主角是急切的地方政府，另一些则往往是各色资本，尤其是那些受到诸多政策掣肘的资本。

鑫源丰正是这样一个联盟的产物。事实上，工业化的浪潮卷过哪里，这种联盟就延伸到哪里，星罗棋布的工业园便是殷勤的邀请函。尤其是在财政薄弱的中西部地区，联盟往往被看作是增长的唯一希望。

两年前，长期以来作为商品粮基地存在的汝州，第一次提出了“工业强市”的口号。加上入选河南省管县试点，得到进一步放权让利，更激发了这个城市的增长热望。

当全国各地新项目新工厂如雨后春笋之时，汝州的“春笋”却屈指可数。小小一个县级市，产业链远未形成，配套设施难说完善，外资瞧不上，国资不想瞧，高新技术不愿来，自主创新做不了，唯一之计便是资源。

一个自唐开始制陶，明代中期大量采煤，当年乡镇企业留下的仅有的一点工业基础也莫不与资源有关的地方，矿产资源正是仅有的工业支柱。2003年前后，除了淀粉厂等一两个农业项目外，焦炭厂、电厂、水泥厂的高塔烟囱次第林立，纷纷开工。

2004年，汝州新开工亿元以上项目12个，固定资产投资增速达122.5%，地方财政收入增速64.2%。就在这年，这个打辆出租车不用10元钱就能转完所有街道的小县城里，“街道宽了，路灯亮了，路边花坛也多了”。

但令当地人耿耿于怀的是，偏偏在利润最为暴涨的氧化铝上，汝州却落了空。号称“百里煤海”的汝州既有煤又有电，也有铝土矿，具备生产氧化铝的一切要素却恰恰没有氧化铝厂，只能眼睁睁看着氧化铝300%的暴利而将挖出的矿石廉价卖到其他城市。

同样耿耿于怀的，还有几百里外的河南神火集团。

神火集团是国家520家重点企业之一，集煤、电、电解铝、铝加工为一体，拥有上市公司G神火。它一直苦于其产业链最上端的原料氧化铝在中国尚被中铝公司一家垄断，不得不长期受制于人。

早在2002年，董事长李志经就以人大代表身份上书中央呼吁打破垄断，并曾为拓宽进口渠道百般努力，但收效甚微。近两年氧化铝价格一路飙升，不少企业千方百计挤进这个封闭的行业，仅在河南当地就有四五家开工建设，神火也心动不已。

一个有铝土矿，一个缺氧化铝，新联盟迅速形成。然而，它们的结晶却因为国家产业政策之故迟迟无法落地。

鉴于徘徊在氧化铝项目的资本激增，去年9月，国家发布铝工业产业政策中要求严格氧化铝项目建设，新建项目需经国家发改委批准。业内人士的共识是，在垄断企业干预和国家担心经济过热的双重因素下，批准的可能性微乎其微。

一出“狸猫换太子”由此上演。

在2005年初设立之时，鑫源丰名为神火化工有限公司，由神火集团及其两个子公司出资2000万成立，前者占股99%。

国家发布产业政策不到一个月，神火化工更名鑫源丰，经营范围变为“4A沸石的生产与销售”；所属行业从铝冶炼业变为“化学试剂和助剂制造”；神火集团的股份降至20%，大股东让给神火集团工会（占股74.9%），剩下的则属于13个以自然人身份出现的鑫源丰管理层。

氧化铝就此变成了化学试剂生产，前者需严格审批，而后者只需自动登记。

汝州市环保局也由此松了口气，一个鲜为人知的细节悄悄透露了这一点：设立之初时其出示的关于该项目符合国家产业政策的一张手写证明，变成了更为正式与详细的文件，尽管两者都盖着公章。

一个“相当于再造一个汝州”的项目，带着各种复杂的期待，终于在增长联盟的精心呵护下破土动工。

赛跑逻辑

那一刻，处江湖之远的汝州，没有人察觉到，宏观调控的气流已日渐迫近——微观与宏观经济的逻辑碰撞正折磨着中国经济的肌体，随着生长的加速，疼痛一天天清晰鲜明。

从内蒙古到湖南，从安徽到贵州，全国各地莫不如汝州，在富裕起来的东部地区的示范效应下，以前所未有的热情迎接着新的增长。相同的逻辑，使得庞大的资金涌向各地的项目。

铁路和港口开始被过多的货物阻塞，疲惫的电网即使超负荷运转也难以让工厂们满意，铜、铁等几乎所有原材料的价格都一涨再涨，世界既期待又害怕中国越来越大的胃口。

各地的繁荣开始带来深深的担忧。许多人担心过于迅速的增长背后隐藏危机（“上升愈快，跌落也愈快”是在各国增长史上常常应验的魔咒），泡沫可能在酝酿，伴随其后的可能是难以控制的银行坏账和衰退。

“宏观中国的持续性已到达至关重要的临界点——经济过于依赖投资和出口。然而微观中国却继续向前迈进——受到来自地方层面的自主性发展拉动。”知名投资银行摩根士丹利的首席全球经济师史蒂芬·罗奇在今年上半年3个月里3次造访中国，随后在他的研究报告《反宏观：中国的重大矛盾》中写下如是结论。

如同一个注脚，鑫源丰正和各地数以万计的新项目一道全力跟时间赛跑。

汝州所属的平顶山市今年召开“两会”，汝州市委书记吴孟铎在会上强调，要着力实施工业强市战略，“确保鑫源丰10万吨4A沸石等项目按期投产”。

没过多久，平顶山市环保局发现了这个项目违规，立即叫停。3个月后再次检查，看到的是鑫源丰正加紧施工。平顶山市环保局决定停批汝州所有建设项目。

但就在第二天，汝州市诸多官员来到鑫源丰为其“打气”——当地媒体公开记录了那一场景，“市委书记吴孟铎听说企业7月5日将投入试生产时，高兴地夸赞公司工作效率高，项目建设质量好，生产技术先进”。

当鑫源丰反映电价高于外地时，吴孟铎当即要求随同领导及时解决，并强调企业投产后，不能有断电现象发生，还要求汝南办事处“尽量为企业创造良好的发展环境”。

眼看平顶山环保局无能为力，两周内省、国家两级环保局相继出手。省环保局向鑫源丰下达停建通知，并致函当地政府，要求监督落实。而国家环保总局派出调查组直下汝州，认定该项目“违法事实清楚，性质恶劣”。

然而，道道“金牌”下，鑫源丰却埋头日夜赶工。当地出租车司机告诉记者，那时候“那个厂好像没有白天黑夜了，叫车的人也不分白天晚上”。

只要跑赢时间，就能得到生存，这是邻县一个活生生的例子。那个2004年投产的氧化铝项目，同样未批先建，同样曾被国家环保总局紧急叫停，但此后不久即补办了手续，得到追认。

只是，这一次，汝州头撞南墙。

在固定资产投资增幅连续两季度超速后，中央从6月中旬起连发一系列文件，要求清理地方新开工项目，随后派出督察组赴各地检查，首当其冲的项目便是氧化铝——全国上半年电解铝产量比上年同期增长18.1%；而氧化铝增速高达50.6%，全球将在今年填满需求缺口并出现过剩；而目前国内还有29个项目在建，其中11项是今年新开工的。

低气压一天天凝聚，终于大雨倾盆。7月18日，刚刚分管环保两个月的河南省副省长张大卫带领大批媒体突然造访，当场怒斥汝州环保局长“养猫不抓耗子”，并且敲山震虎——“谁给你们的胆量，简直胡闹！”

工地上的喧哗戛然而止，只有汝河不动声色，安静如常。

省里的哲学

一个赛场暂时沉寂，而另一场游戏则刚刚开始。

“过了这么多年，河南这回总算学聪明了，”谈起鑫源丰，一位河南省官员说，“真正很好地协调了宏观调控与发展地方经济之间的关系。”

这是河南从以前宏观调控带来的伤痛与停滞中得出的智慧。在过去，中央的命令一传到河南，全省几乎马上“一刀切”。最典型的莫过于1990年代末，时任总理朱镕基痛批国企改革“一卖了之”，《人民日报》随后发表相关文章，所举例子正是河南一家企业。自此河南国企改革全面停顿，直到近两三年才重新启动。

令他们委屈的是，往往是先行一步的东部地区先把火烧起来，中央开始调控，而这时中西部刚刚动手，兜头迎上落下来的巴掌。

吃一堑长一智，河南氧化铝行业先于国家开始调整，鑫源丰合乎逻辑地出局。

自建国以来，人口第一大省河南之于中国的意义，很长一段时间里就是“天下粮仓”——这里出产着全国1/10的粮食，有时甚至是1/6。而河南财政的人均一般预算收入，直到去年在全国还排名28位，支出则由倒数第一上升到倒数第二。

做一个粮仓，还是一个省？这是困扰河南多年的问题，在2003年有了答案——那一年，河南提出“中原崛起”，全省战略确定为“工业化、城镇化、农业现代化”。至今年上半年，河南城镇投资累计增速连续38个月在30%以上。

农业大省由此转身走向工业大省，开始在农业这块“存量”不动的情况下，做工业这块“增量”的大文章。最具优势、利税额最大的铝业自然是其中重要一环。

河南铝土矿的蕴藏量居全国前列，氧化铝、电解铝产量全国第一。但长久以来，中铝公司垄断着全国95%以上氧化铝份额，河南省内电解铝企业只能获得所需氧化铝的40%左右，其余缺口均需高价进口。

近年来，氧化铝价格从1700多元/吨飙升到6000多元/吨，并维持高位运行，河南电解铝企业一度80%亏损，哀鸿一片。国内23家电解铝企业曾联合宣布减产，以抵制高价进口氧化铝，不料第二天中铝应声宣布每吨涨价数百元。

氧化铝超过300%的高额利润，加之长期被卡住咽喉的痛苦，使河南决心铁腕整合资源。

为这一决心推波助澜的，是山东异军突起带来的压力。今年初，山东魏桥与在平两家新建工厂进口印尼铝土矿提炼氧化铝，使得铝土矿蕴藏并不丰富的山东氧化铝产量陡然翻了几番，一举超过河南夺走氧化铝第一大省称号。

就像中国面对国际市场时的反应一样，看到人家一个厂的产量几乎抵得上自己半个省，河南倒吸一口冷气。而山东两个大厂投产不久，氧化铝价格就一路回落，更让他们看到了市场话语权的重要。

同时，河南省内对铝土矿的争夺日渐升温，小矿小厂资源浪费已成切肤之痛。

于是，今年夏天，河南宣布在关掉92个小矿之后进一步整合铝业，明确将全省现有资源——93个探矿权——向中铝、三门峡东方希望、三门峡开曼、新安铝电四家集中。而三门峡义翔、平顶山汇源化工、登封中美这三家则在与前述四家或者其他电解铝企业整合后，允许按现有规模生产。

这意味着包括后备资源在内的河南全省的铝土矿悉数分尽，附带的条件是，这些企业2002年以来新增氧化铝产能必须全部供应省内电解铝企业。

除了中铝之外，其他企业大多都为这两年河南招商引资或是地方兴建的项目，他们之中有的早年就拿到批文只是一直困于资金问题未能建成，有的是先生孩子但后来终于补上了户口。

鑫源丰没有能跻身省重点扶持的企业之列，就像过热行业里许多地方企业不在国家倾力扶持的重点企业之列一样。

汝州的悲剧由此生焉。然而，谁能预言，这一个尚未完结的悲剧之后，还会有多少正在发生或者即将发生的疼痛？

9月23日深夜，空气中飘荡着农民焚烧玉米秸的烟草味道，黑暗中的鑫源丰一片静寂。宽阔的马路对面，为鑫源丰输送燃气的焦化厂内，煤气无处可排，被点成火炬，映亮一角夜空。

保卫劳动合同法

■ 邓 瑾

不请自来的闯入、趾高气扬的威胁，上海美国商会和20余家美资企业在一次劳动合同法研讨会上的表现深深刺激了参与该法起草工作的刘诚教授，在他的努力下，一场劳动合同法保卫战于半年前在美国打响。令人意外的是，这部中国法律在美国赢得了热烈的支持，并且促成了中美工会间的第一次正式交流。

中美工会首度握手

一场中国劳动合同法（草案）的保卫战半年前就在美国打响。

美国劳工组织、国会左翼成员及美国主流媒体纷纷谴责在华的一些美国著名跨国公司及其协会，称他们试图通过强硬的游说活动对中国正在审议中的法律草案施加影响，以限制新法赋予中国劳动者的新权利。

如今，这场旨在提高中国劳动者特别是中国工人权利的保卫战，又达到一个新高潮。

上周五，随着美国两大全国性总工会之一"变则赢"（Change to Win）代表团开始在中国的破冰之旅，美国工人的声援之手第一次正式跨过太平洋与中国工人相握。

"我们的确认为劳动合同法是好事。美国公司任何使法律缩水的尝试都应该阻止，我非常反对他们的做法。”美国著名工会领袖、国际卡车司机协会主席詹姆士·霍法上周五在上海的新闻发布会上说。

霍法说“变则赢”还计划在北京和美国商会——该组织是国外劳工组织宣称的“血汗工厂游说团”中的一员——讨论美国公司对中国劳动合同法草案的抵制事宜。

应中华全国总工会的邀请，“变则赢”代表团正在中国进行为期10天的访问。该工会联合会的成员包括美国最大的行业工会“服务业员工国际联合会”在内的多个大型行业工会，共代表大约600万名美国工人。

不过，对中国工人拟议中的新权利的声援，以及向一些跨国公司及其协会施压只是“变则赢”这次访问中的议题之一。

真正让这次访问具有历史意义的在于“破冰”，因为这意味着美国工会改变了几十年来对中国工会的抵制政策，中美之间的另一场冷战结束了。

“我们落伍了。尼克松1971年就来了，我们2007年才来。”“变则赢”的执行总监Greg Tarpinian坦言。

“我们觉得是时候抬起埋在沙子里的头，和这个大国接触了。”霍法说。

这次中美工会之间跨越几十年恩怨的握手，源于双方面临的共同难题：在资本无疆的全球化时代，弱势的工人该如何更好地保护自己的权益？在一个资本合作越来越全球化的时代，代表工人利益的工会和劳工组织是否也应该有更多全球性的接触和合作？

随着美国对中国的贸易赤字不断刷新历史记录，美国劳工组织普遍认为是中国通过不公平的贸易措施，“偷”走了美国人的饭碗。因此他们已经成为美国国内一支有影响力的反华政治力量，要求美国政府和国会在诸如贸易和人民币汇率等问题上制裁中国。这些组织的代表就是美国两大全国性总工会的另一家劳联产联。

“变则赢”的霍法至少3年前也持同样的看法。而这次来访，主旋律则是“团结”。

5月15日，“变则赢”就出访中国发布新闻稿，标题就是“构建新一代的团结”。

构建这种团结的基础不仅在道义，更在利益。

世界上有越来越多的劳工组织开始意识到，全球有大约25%的雇员在中国，中国作为世界工厂，其工人的工资水平和劳动条件决定着发展中国家——也越来越影响着发达国家——工人的工资水平和劳动条件。

因此他们称，捍卫中国工人的权利，在某种程度上说就是捍卫全球工人的权利，阻止全球工人工资和劳动条件的"探底运动"。

美国行动

如果不是因为去年10月13日《纽约时报》头版的一篇报道，正在审议中的中国劳动合同法（草案）的修改基本还只是个国内事件。

实际上，在国内有关该法的讨论史无前例地大众化。自2006年3月劳动合同法草案向社会公开征求意见后，短短1个月就收到意见19万件，远远超过物权法草案公开征求意见时1万多件的反馈。同时在中国法学界，所谓的"资方代表"和"劳方代表"对该法的争论已经白热化。

在《纽约时报》那篇题为《中国法律草案将加大工会权力、结束劳工侵权》的文章中，作者写道："美国商会——其成员包括戴尔、福特、通用电气、微软和耐克等诸多美国大公司——为了逃避新法赋予工会和劳动者的新权利，正在积极游说，劝说中国政府修改甚至放弃拟议中的新法。"

文章也提到一个叫做"全球劳工战略（Global Labor Strategies）"的劳工组织于文章发表当天发布的报告《中国长城背后》，详细阐述了这些外企协会的抵制行为。

"全球劳工战略"事后称，《纽约时报》这篇文章参考了《中国长城背后》的很多内容。

文章发表后，《纽约时报》收到了大量反馈，其中一些读者来信被刊登在3天后的报纸上。

"全球劳工战略"更是收到了全世界如潮的来信，美国和全球工会组织、墨西哥保税加工出口厂的积极分子、贸易游说组织、外包倡导者、中国学者和立法者甚至美国银行，纷纷向"全球劳工战略"询问更多的信息以及怎样参与进来。

他们中很多人写信给沃尔玛和其他公司，美国商会遭到谴责，西班牙语版的《中国长城背后》在墨西哥加工出口厂里散发，而所有这些仅仅就发生在文章见报后的3个星期以内。

这个话题的影响并没有止步于公民社会,美国立法机构国会也在采取行动。

2006年10月31日，美众议院民主党议员 Lynn Woolsey 以及其他25名议员联名给布什总统写信，“对美国公司损害中国工人最基本人权、阻止拟议中的中国新劳动合同法赋予工人新权利和劳动标准保护的行动表示抗议”。他们敦促布什总统站出来，对国际承认的工人权利表示支持。

因为没有得到总统的回应，12月，这些议员又向国会提交了一份法案，敦促布什总统对中国劳动合同法草案所给予工人权利和保护的条款表示支持，谴责那些试图限制中国工人新权利的美国公司及其在中国的分公司。

2007年4月3日,“全球劳工战略”又发布了一份跟进报告,题为“不当影响:公司在中国新劳动法之争中取得进展”，详细阐述了上海美国商会、美中贸易委员会以及美国跨国公司通过游说，使新法草案在合同签定、集体谈判、解雇等权利上做了有利于用人单位的重要修改。

目前该法草案已经过了三审，预计下月通过。

一个中国人在美国国会作证

刘诚自称是这场中国劳动合同法全球保卫战的首倡者。

这位上海师范大学法政学院法律系的教授说，去年4月24日，在他参与组织的一个劳动合同法草案研讨会上，发生了一件让人意想不到的事情，这个事情最终促成对新法草案的关注从国内走向国际。这次会议是在上海华东政法大学举办的。

当天上午，在没有受邀的情况下，二十来家美资企业的人力资源经理在上海美国商会有关人士引领下闯进研讨会现场，以撤资相要挟，要求修改草案；并且以人力资源管理理论批评草案。

根据刘诚回忆，威胁撤资的那个加拿大华人站着用英文演讲，指手划脚，趾高气扬。大家都非常生气。当天参加讨论的人来自法学界、企联、全总、劳动部等部门。

“这充分暴露了这些平常大谈公司社会责任的企业的真实意图。”刘诚说。

事后，他马上向100多位劳工、社会和经济领域的外国朋友通报了这件事。“我们要打一场劳动合同法的保卫战！”刘诚对他们说。

于是后来就有了全球劳工战略的独立报告和《纽约时报》的头版文章，中国劳动合同法草案保卫战在美国打响。

事情在今年3月又达到一个新的高潮。3月23日，刘诚受邀在美国国会进步小组（代表70名众议员）就跨国公司阻挠中国劳动合同立法问题作证。在一个半小时的作证中，他还特别强调了全国总工会在立法过程中所扮演的重要角色。

“从中国大陆去美国国会作证，而且是正面、积极的，我是第一人。”他说。

这是刘诚第一次访美。在17天的密集访问中，他分别在旧金山、波士顿、纽约和华盛顿参加活动45次。除了国会作证，他还在加州大学伯克立分校、哈佛大学法学院等地演讲，此外还拜访了参议员、国务院及国家劳资关系委员会，以及包括劳联产联在内的多个工会。

值得一提的是，在会见劳联产联领导人的时候，很多外国朋友都建议刘诚不要谈全总，因为劳联产联对全总不太友好。不过在交谈中，劳联产联的三号人物财务长理查德·特罗卡主动问起全总在立法上起了什么作用。

“一谈到这个话题就比较愉快了。我说，全总坚定地站在工人一边。他们的态度也有所转变。”刘诚说。

“美国工会对中国工会存在误解，这需要沟通。”他说，“按照美国的政治模式来理解中国，肯定不行；按照今天的美国来理解中国，肯定也不行。”

龙熊之舞

■ 刘 丁

中俄关系的历史性变局正在中国东北和俄国远东发端。遭遇了西方冷遇，同时又目睹了近代史上从不被认为是对手的中国的快速发展，素来强势的俄罗斯接受了中俄之间资源换投资的战略合作。而两国心理距离的缩短，则要指望交往日益增多的年轻一代来实现。

初冬的百年口岸绥芬河，尽管当地所有的公共标识都还是中俄双语，当地的乞丐依然会用俄语乞讨，然而俄罗斯人却明显少了许多。不少商店和饭店关了门。一个商厦门口贴着“一年2万出租摊位”的广告，而之前，这样抢手的摊位租金要到10万元之上。

一年前，这里是一番繁荣景象：街边停满了各地牌照的车，俄罗斯人熙熙攘攘，周末“倒包”的俄罗斯人更是常常挤爆了车站。

去年9月开始在全球蔓延的金融危机对俄罗斯的打击要远甚于中国。石油价格暴跌——从2008年7月的最高点每桶147美元跳水到今年3月每桶32美元的低点（现已反弹到80美元左右），让俄罗斯在普京时代靠不断上涨的石油美元堆积起来的财富和繁荣一下子灰飞烟灭：外汇储备大幅缩水，资本疯狂外逃，卢布急速贬值，政府和企业债务缠身，失业率大涨，俄罗斯经济至今未能恢复元气，俄罗斯人的购买力大幅下降。

金融危机让俄远东和西伯利亚地区的发展之梦更加遥远：自顾不暇的莫斯科已经没有太多实力可以投向这片人烟稀少但资源极其丰富的广袤土地。

中国人说，福祸相依。未曾想的是，也正是这场百年一遇的金融危机，加速了中俄两国间的一场战略合作，即中国的东北和俄罗斯的远东“配对”发展：用中国的钱和技术投资远东，换回远东的资源。

发展落差

“30年前，大连不如海参崴。而现在，大连发生了翻天覆地的变化，而海参崴却几乎没变化。”

上世纪70年代，当年轻的李恩泰被分配到绥芬河工作的时候，那里是“一条街道一盏灯，一只喇叭全城听”。没有公交车，他便从火车站一路走着去市政府报到，越走心越凉。

1987年，在中俄僵局多年以后，绥芬河成为了中俄边境上第一个重新开放的口岸，其贸易的形式是最古老的以货易货。时任中苏友好协会会长的李恩泰代表中方参与全程的谈判。

从那以后，这里很快就成为了人、货、钱的集散地，“中国倒爷”们开始把中国制造的服装鞋帽等各种商品运过边界，换回来的是俄罗斯的裘皮大衣和原木。那真是一个赚钱赚到手软的年代！

繁荣的边贸不仅催生了无数的富翁，也推动了绥芬河经济的强劲发展。金融危机之前的很多年里，绥芬河的人均生产总值、全口径财政收入、进出口总额等多项指标均位居黑龙江省66个县（市）第一位。

人均生产总值更是由1987年口岸刚恢复时期的1744元猛升到2007年的80962元，超过了北京、上海等地。

如今的绥芬河已成为一座典型的移民城市，新一代的绥芬河人都非常喜欢这个城市：空气好，干净，城市面貌日新月异，更重要的是，有活力和包容，而这些都是开放带来的副产品。

绥芬河的发展只是改革开放为中国所带来的巨大变化的一个缩影，然而在边境的另一端，发展却几乎停滞。“30年前，大连不如海参崴。而现在，大连发生了翻天覆地的变化，而海参崴却几乎没变化。”友谊木业集团副总经理刘喜照告诉记者。

从沙俄扩张年代到苏联老大哥时期，俄罗斯的国力一直都强于中国，而且近代史上几乎所有重要的双边战争，都是以中国失败告终，由此形成了俄罗斯对中国强烈的优越感。然而，中俄两国近十几年来的发展落差，给俄罗斯人的心理带来了巨大落差。“1992 年我刚到俄罗斯的时候，尽管那时苏联刚解体，物品极其短缺，但俄罗斯人还是觉得我（作为一个中国人）很可怜。”在莫斯科生活了 17 年的方涛说，“而现在，他们对我们很嫉妒。”“莫斯科的官员很不愿意和中国打交道，尽管他们又不得不和中国打交道。”方涛在俄罗斯的政界和商界有很多朋友。

他提醒说，其实很少有人注意的是，普京总统上台之初是“中国威胁论”的一个主要倡导者，只是在其西方政策没有被西方接受的情况下才转到东方，并在第二轮执政期间开始大打中国牌。

莫斯科这种微妙的心理，很明显地体现在其对远东和西伯利亚地区发展的支持上。远东和西伯利亚地区蕴藏着极其丰富的石油、煤炭、金属、木材等资源，而且这一地区对俄罗斯还具有重要的战略地位，但长期以来，该地区一直是俄罗斯的“老少边穷”地区，这里距离莫斯科的距离，无论空间的、心理的，还是经济的，都非常遥远。

几个月前，方涛在南西伯利亚的某个地方发现了一个“极高品位的煤矿”。他联系了国内包括神华在内的多家公司，但最终却没人接单。因为要把那地下的煤挖出，中国公司还得自己建铁路把煤运出来。这笔投资高得惊人。“煤如果埋在地下，就不是钱！”方涛说。

协调之惑

在上月签署的《中国东北地区同俄罗斯远东及东西伯利亚地区合作规划纲要（2009-2018）》中，205 个主要合作方案几乎都与开采俄罗斯远东的资源有关。

莫斯科对远东地区的发展始终停留在口头上，原因很是复杂，这里有一直困扰俄罗斯的所谓“西方还是东方”、“欧洲还是亚洲”的身份认同分裂，也有普京执政以来俄罗斯最高决策层到底是“向西”还是“向东”的外交战略的选择，还有这片广袤的土地本身存在的大问题：人口稀少且越来越少，资金和劳动力匮乏但却对中国的劳务和资本输出心存警惕，担心100多年前从中国手中拿去的土地最终“中国化”，等等。

随着普京总统第二任期间外交战略的转向，俄罗斯开始认真地考虑远东地区的发展，只不过这次开始谨慎借助中国力量。2007年3月，胡锦涛主席和普京总统在莫斯科第一次提出，将俄罗斯远东大开发规划与中国振兴东北战略结合起来，并“着手制定这方面的合作计划”。2007年8月18日，两国最高领导人会见时，又进一步建议：“早日启动协调两国地方发展战略，制定中俄地方合作中长期规划。”同年，俄罗斯推出了《2008–2013年远东与外贝加尔地区经济社会发展纲要》，核心就是加强基础设施建设。该纲要计划投资220亿美元，修建6600公里公路、5100公里输电线路以及2400公里的通讯线路，新建17个支线机场和10个海港。

今年5月，俄罗斯总统梅德韦杰夫在俄远东哈巴罗夫斯克召开的边境合作会议上对远东各州的地方官员说：“必须更加积极地吸引中国对俄罗斯远东地区的投资。”他表示，中国不仅是俄罗斯工业产品的大市场，同时还拥有大量的金融资源可以投资到俄罗斯经济当中。在这方面俄罗斯应当确立与中国合作的优先方向。

在熟悉俄罗斯政局的人看来，梅德韦杰夫对中国非常有兴趣。普京第二任期间“向东”转的外交努力，背后就有时任总统办公厅主任、人称“宰相”的梅德韦杰夫的大力推动。

双方高层的努力终于在上个月普京总理访华期间修成正果。在中俄签署的一系列协议中，就包括《中国东北地区同俄罗斯远东及东西伯利亚地区合作规划纲要（2009–2018）》，纲要涉及中俄两国边境地区205个主要合作方案，而且几乎所有方案都与开采俄罗斯远东和东西伯利亚地区的资源有关。

然而，中俄两国两个地区间的这个“配对”发展计划公布后，随即在俄罗斯引起热议。有不少俄罗斯专家担心，俄将可能沦落为中国的原料基地；未来10年中俄合作原则将建立在“以原料换技术”的基础之上。

能源之痛

“几乎所有的合作，俄罗斯都希望占有主动权，甚至是向中国借钱，都要中国按照俄罗斯的要求给钱。”

就在俄罗斯似有重新兴起“中国威胁论”之时，中国的知识分子却在为中俄之间签署的另一份重要协议——《关于天然气领域合作的谅解备忘录》——而担忧。石油和天然气谈判一直是中俄之间最重要的经贸合作。

中俄天然气合作一波三折。早在2006年，中俄就签署了年输送量达800亿立方米的天然气进口协议，但因双方在价格上存在“巨大分歧”，一直未有实质进展。今年6月，俄天然气工业公司还表示，由于价格上的分歧将无限期推迟建造通往中国的天然气管道计划。

据知情人士解读，这种“外交热而经贸冷”的背后，实际上反映出俄罗斯在包括能源等所有有关俄罗斯国家利益的问题上一贯的强势和不妥协作风。“几乎所有的合作，俄罗斯都希望占有主动权，甚至是向中国借钱，都要中国按照俄罗斯的要求给钱。即使这样，他们甚至都还不信守自己的承诺。”一位拒绝透露姓名的中俄问题专家说。

俄方的这种作风在中俄石油交易以及谈了十几年的中俄石油管道的谈判中早已略见一斑。2004年，当时在俄罗斯石油市场几乎可以忽略不计的国有俄罗斯石油公司，以几十亿美元的价格收购了当时已经银铛入狱的俄罗斯首富、石油大亨霍多尔科夫斯基领导的尤科斯石油公司的最大资产，一跃成为俄罗斯的石油巨头。

当时外界普遍认为，这笔收购资金主要来自中国。因为就在收购的几乎同一时间，中石油和俄罗斯石油公司签订了一项长期合作协议。合同规定，中国向俄罗斯一次性提供60亿美元贷款，作为交换，俄罗斯将在2004–2010年期间，向中国提供总共4840万吨石油。这也是中俄之间第一次的“石油换贷款”计划。

然而上述知情人士透露，直到现在，俄方都以各种理由推迟正常的还款业务。

今年2月17日，中俄双方在历经了10多年的曲折谈判后，终于签署了所谓的“世纪合同”——中方向俄罗斯石油公司和俄罗斯石油管道运输公司提供为期20年的250亿美元贷款（这是俄历史上获得的数额最大的贷款之一），而中国将获得20年内每年进口1500万吨俄石油的保障。

直到现在，双方对这项“贷款换石油”的世纪合同细节都讳莫如深。但可以确定的是，俄罗斯石油公司和俄罗斯石油管道运输公司在协议签署回到莫斯科后，与政府官员高调庆祝贷款是按照俄罗斯的条件取得成功。

另一点可以确定的是，这次250亿美元合作协议的关键障碍仍未消除。一、输油管道何时建成仍不确定；二、每年的供油量不确定，该协议所签订的1500万吨/年的供油量只是意向性的；三、仍要进行价格谈判。

中国社科院俄罗斯中亚东欧研究所俄罗斯问题专家姜毅曾经表示，中俄签订的“贷款换石油”协议仅仅是中俄石油谈判的一个润滑剂，未来俄对华出口的石油供应的价格谈判必将“艰苦而漫长”。

上月普京访华后，独立民间智库安邦咨询公司在《金融时报》中文网发表文章《中国何苦乞求俄罗斯？》。文章指出，中国在现有的能源消费中，对俄罗斯并无太强的依赖，2006年，中国从俄罗斯进口石油1500万吨，算上近几年的增量，在中国2亿吨的石油进口量中，还占不到10%的份额。再以天然气为例，在中国每年消耗的800亿立方米天然气中，只有40亿立方米源自进口。这种情况下，“俄罗斯的天然气中国是等得起的”。

文章呼吁，中国只有在国际能源战略布局中，“不把俄罗斯太当回事”，反而能从俄罗斯获得更大的能源支持与合作。

这个建议也得到了石涛的认可。他认为在与俄罗斯的交往中，中国应该向日本学习，学习日本人对俄罗斯的“强势外交”：“你想卖石油给我？你自己来。”

融合之难

远东距离东北比莫斯科更近，但双方的心却又难以接近。

“冷啊。”问起对俄罗斯人印象的时候，绥芬河市三峡经贸有限责任公司总经理李世民不假思索地脱口而出。“在中国都一个桌子吃的饭喝的酒，结果等下次我们再去的时候，他们看见我们连个招呼都不打，就像根本不认识一样。”他说。

俄罗斯人“不讲感情”，这让特讲感情的东北人极其不适应。友谊木业的刘喜照对我们说，远东地区的林区，“很多中国人是去了第一次就再也不想去第二次”。然而，相比起俄罗斯人的“冷漠”，更让中国人不能适应的是俄罗斯的警察。

三峡和友谊木业都在远东设立了合资的原木采伐和加工厂。他们介绍说，远东地区的警察“事事都管”，三天两头就来查，来了敲诈勒索。所以中国人办的企业大都要留个后门，等警察一来，就从后门逃走，有的逃到山上，有的则被迫躲进池塘。“在远东办企业，就跟做贼似的！”李世民愤愤地说。“极其没有信用”，是另一个中国人对俄罗斯人的普遍看法。

友谊木业集团曾经和俄罗斯一家原木供应商签订了一个10年的木材加工合作合同，中方提供人、钱、技术和设备，而俄方就是提供原木。哪知两年后，等俄罗斯商人把中国的这一套玩法都学到手后，就想办法把中方合作伙伴挤走了。“反正他知道那些设备你也带不走。”刘喜照无奈地说。

而出了问题之后，中国商人很少有人会通过当地的法律来保护自己的利益，而且很多人根本就不太了解当地的法律。中国商人的态度通常是“能做就做，不能做就走”。

系统性腐败，则是中国商人在远东需要共同克服的一大难题。三峡木业在摸索了几年后，才找到双方合作之门。“看着是跟一家企业谈生意，其实都是跟这个企业之外的某个人谈，这个人可能是警察，也可能是官员。他们通常是企业的真正所有者，或保护人。”李世民介绍说。

而俄罗斯人缺乏信用最典型的例子莫过于位于中俄边境的“绥芬河—波格拉尼奇内互市贸易区”。这是2002年，中俄两国政府经过外交换文确认的第一个全封闭式贸易区。

按照计划，这个全封闭式贸易区位于中俄边界线两侧，建成后两国公民可持有效证件免办签证，自由出入，集商品批发、零售、展销、仓储、运输、进出口加工、信息咨询、旅游度假、餐饮服务、文化交流、金融服务等多种功能于一体。

然而，等中国这边大兴土木，兴建了包括国际商展中心、休闲度假村、歌剧院、俄罗斯风情街、五星级宾馆等一系列设施，号称投资百亿元，而迄今为止，俄罗斯那边只建了一座教堂！

然而，对于那些讲得一口地道的俄语、对俄罗斯社会和文化有很深了解的中国人来说，中国人对俄罗斯人存在极大的误解。“说俄罗斯人不讲感情？”石涛瞪大了眼睛，不可置信。在莫斯科生活了 17 年的石涛今年刚回国。他之前在俄罗斯开公司，雇佣的俄罗斯员工多达 27 人。在莫斯科的时候，每个周末他们都被俄罗斯朋友们请去别墅吃饭，从来没有一个周末空闲过。

有一次，当石涛带着国内的朋友直接把车开到国家杜马时，他的好朋友——国家杜马的一位高级官员立刻出门，热情地和他的朋友们握手寒暄。“说实在的，做生意我吃过中国人的亏，但从没吃过俄罗斯人的亏。”石涛说。在最初和中国人交往吃过亏后，石涛在莫斯科就只和俄罗斯人来往，他的朋友很多都是莫斯科政界和商界的精英。

长春大学国际文化交流学院院长王金铃也认为俄罗斯人“重感情重友谊”，很容易交朋友。上世纪 90 年代，王在俄罗斯获得了硕士和博士学位。

石和王素未谋面，但他们都认为，和俄罗斯人交往甚至比和中国人交往要“简单”，因为没那么多心眼。

之所以石涛、王金铃对俄罗斯人的感觉与绥芬河的木企老板们大相径庭，最重要的一个原因是他们都能说非常地道的俄语。熟悉俄语，也就意味着熟悉俄罗斯的历史、文化和传统。有意思的是，他们甚至连长相都“俄罗斯化”了。石在俄罗斯常常被警察认为是本地人，而王则笑称连自己的身材都是“俄罗斯人的”，如果光听她说俄语，连长期驻俄的外交官都分不出她是中国人还是俄罗斯人。

在石涛看来，俄罗斯人最大的优点就是聪明，甚至可以说狡猾。“中国人是小聪明，俄罗斯人是大聪明。”中国人要小聪明，于是在海外都是自己人跟自己人斗，内耗不断，不惜牺牲自己人的利益，而俄罗斯的普通老百姓平时“老实，没心眼，民风好”，然而遇到大事情，绝对是誓死捍卫国家和本民族的利益，“特别爱国”。

今年 6 月份，当莫斯科突然无限期关闭了位于莫斯科东区的切尔基佐夫斯基市场，也是华商最大的市场后，有中国商人找到石涛的一位俄罗斯朋友，这位朋友在其他市场有摊位出租。中国人提出月租金翻倍，从一个月 2000 元涨到 4000 元，前提是让现在的中国租户立马搬走。俄罗斯人照做了。然后又来了一中国人，提出同样的要求，月租金翻番到 8000 元，俄罗斯人又照做了。接着又来了一中国人，把月租金提高到2万元，前提是把前一个中国租户赶走。短短数月之内，中国人自己哄抬租金，自己人害自己人，这让那个俄罗斯业主“很不理解”。

三峡经贸有限责任公司两三年前在远东采购林木的过程中，曾发生过群体械斗事件，结果有的人腿被打断，有的人肋骨被打断，场面非常惨烈。

事故的起因是当时国内木材市场极好，想来采购原木的中国人很多，僧多粥少的时候，一个由中国人组织的、有俄罗斯人参与的黑社会团体就形成了。他们控制了采购渠道，不让外人加入，即使加入，也会被要求给予分红。三峡经贸有限责任公司的员工与这个黑社会的一个成员发生口角，于是，有员工遭到该黑社会雇用的俄罗斯人暴打。“报警或找使领馆都没用，只能靠自己的力量维护自己的利益。”该公司总经理李世民说。三峡公司于是组织了一批能打的员工，以牙还牙。自那之后，黑社会就再没有找过公司的麻烦。“说俄罗斯市场乱，不全是俄罗斯人的问题，很多时候是中国人自己不规矩。”长期参与中俄边贸管理的李恩泰总结说。

市场之乱

“切尔基佐夫斯基市场上的乱象……的责任首先在于政府人士：‘保护’它们的警察局、收取贿赂的移民局，还有对所有这一切熟视无睹的卫生和消防部门，因为所有人的利益都在里面。”

今年6月29日，莫斯科当局以该市场查获走私货物和违反卫生、消防安全为由，突然无限期关闭了位于莫斯科东区的切尔基佐夫斯基市场。该市场经营服装鞋帽等日用品批发，以商品和资金流量而言是欧洲乃至世界最大的市场。在这里经营谋生的主要是中国人、越南人和中亚人。

据估计，切尔基佐夫斯基市场有七八万名华商，而这次货物和资金遭扣押的华商大约有3万名，涉及货款50亿美元，集装箱2万个。

所谓“走私”货物，是俄罗斯长期存在的所谓“灰色清关”带来的结果，即与俄罗斯海关等机构结为利益共同体的一些中介机构操纵和垄断着进口的报关程序，其他国家商人如果想出口俄罗斯，要么是走正常报关程序而不得，要么是图“灰色清关”的费用更低，而付出的代价就是没有正式的报关单据，一旦被查出，即为走私。“灰色清关”是俄罗斯的体制顽疾，与本国猖狂的官员腐败息息相关。

事情发生后，俄罗斯国家杜马安全委员会副主席根纳季·古德科夫在接受俄罗斯媒体采访时称，切尔基佐夫斯基市场违法责任在于当局。“这个市场应该关闭，但是本应该提前通知关闭日期，以便人们能够做好准备。”古德科夫说。“类似的市场是官员们的摇钱树和生意，而且不仅是低层次官员，还有相当高级别的官员。”古德科夫说，“切尔基佐夫斯基市场上的乱象……的责任不在于商贩，也不在于市场的所有者，而首先在于政府人士：‘保护’它们的警察局、收取贿赂的移民局，还有对所有这一切熟视无睹的卫生和消防部门，因为所有人的利益都在里面。”中国商人总是抱怨俄罗斯的政策随意，没有任何预见性。比如俄罗斯说要关闭这个市场已经说了很多年了，谁也不曾想，突然一夜就关闭了，事先没有任何征兆。很多华商的货和钱都没有拿出，以致倾家荡产。之后华商又互相传言，俄罗斯政府接下来要查远东地区的类似市场，提醒大家不要把鸡蛋放在一个篮子里。然而，到现在为止，这仍然只是个传闻，就像此前无数次传闻要关闭切尔基佐夫斯基市场而落空了一样。

海关关税对俄罗斯整体经济举足轻重。2008 年俄罗斯海关税收总额为 4.7 万亿卢布，占俄罗斯预算收入总额的一半以上。而今年由于金融危机的影响，1 月至 7 月俄海关税收同比下降近 40%，这让俄罗斯的财政更加捉襟见肘。

“灰色清关”导致俄罗斯关税和财政收入大量流失，严重损害了这个国家的经济力量，俄决策层一直想解决这个毒瘤。这次借切尔基佐夫斯基市场下手，除了经济原因之外，还有更深层次的俄政坛内部派别之争，但不管怎样，中俄双方已经试图从制度上解决这个一直制约两国经贸发展的瓶颈。

从这次突然关闭切尔基佐夫斯基市场看，很多华商解读为“俄罗斯打击‘灰色清关’是要动真格了”。

在此次普京访华期间，中俄双方签署了《中华人民共和国海关总署和俄罗斯联邦海关署关于规范通关监管秩序的合作备忘录》。

而对很多中国商人来说，也一直希望能走“白色通关”，以保证自己的合法权益。

除了中央政府层面的合作，一直处于中俄边贸前沿的绥芬河市政府更是推出一个以信息化手段打击“灰色清关”的尝试。

负责建设和营运这个“中俄电子商务平台”的是今年2月成立的绥芬河亿通数字科技有限公司，企业资金全部来自政府投资。该公司首席运营官李磊告诉记者，中俄电子商务平台的目标就是希望通过网上交易实现中俄进出口贸易，平台最大的特点就是可以在网上完成报关和通关，据说最快可在24小时之内办妥。

为了达到这个目的，就需要把中俄进出口过程中所涉及到的所有政府机构，包括双边的海关等部门的部分功能，全部放在这个平台上。

无论如何，这是一个大胆的想法，但联想到俄罗斯政府的行为方式，这同样也是一个有难度的挑战。

汉语热：希望在年轻一代

“现在在俄罗斯，谁会汉语，谁就是香饽饽。”

“你们教俄语的就自生自灭吧。”在一次全国性的学术会议上，一位老专家这样对俄语老师们说，这句话一直深深地刻在俄语教授王金玲的心里。

苏联解体后，随着俄罗斯经济的不景气，社会政局的动荡，俄语式微。到本世纪初的时候，全国的俄语老师总共才两三千人。有不少地方的俄语老师因为没学生，纷纷转行。

而王一直在默默地坚持，“就是因为喜欢”。她没有白等。2004年以后，随着俄罗斯经济的好转，学俄语的人开始递增。2006年–2007年，中俄两国实施了前所未有的俄罗斯与中国国家年项目。2009年–2010年，两国又举办“中国俄语年”和“俄罗斯汉语年”活动，旨在增强两国人民对彼此语言、文化、历史和传统不断增长的兴趣。

作为“中国俄语年”的一部分，俄方在中国东北三省选择5所大学建立俄语基地，俄方为教师提供进修的机会，并免费为俄语基地提供系列的教材、教学参考书以及后续的一系列文化资料，包括文学和艺术，以促进文化、学术交流，增进两国人民的友谊。今年5月，长春大学被选为5个俄语基地之一，教学点就在国际文化交流学院。“语言障碍制约了中俄之间的技术合作，”王金玲说，“中国这边既懂语言又懂技术的人少之又少。”这样的人才集中产生于上世纪50年代，那个时代中苏之间的合作和友谊也令许多人难忘。

如果说中国这边是恢复学习俄语的热情，那俄罗斯倒可以说兴起了一股“汉语热”。“以前俄罗斯学生一说出国，首先想到的是西方国家，而现在一说出国，哪都不去，就去中国。”王金玲告诉记者，“现在在俄罗斯，谁会汉语，谁就是香饽饽。”她领导的国际文化交流学院，每年都有100多名俄罗斯学生来这里学习汉语，尤其是像暑假这样的短期培训。

来中国学习汉语，每个月连学费吃住一起大概要花费人民币1万多元，但俄罗斯的家长们非常支持孩子们来中国学习汉语。很多家长们只要手中有了1万元（俄罗斯人没有存钱习惯），就送孩子来中国学汉语，有的甚至只要有了一张机票的钱就让孩子飞过来了，“非常渴望”。

每次短期培训一结束，俄罗斯孩子们全都是痛哭流涕，不愿意走，不少人很快就又回来了。

不仅是民间，官方也开始重视培养汉语人才。王金玲注意到，10月份俄罗斯总理普京访华，为他做汉语同传的就是一名俄罗斯人。在她的印象中，在这样的外交场合，这是第一次由俄罗斯人而不是中国人为俄方官员做汉语同传。

20岁的大二学生、俄罗斯姑娘Darya就是在长春大学国际文化交流学院参加了暑假的短期培训不到2个月，再次来到长春学习汉语的。“我觉得在这里学一个月相当于在俄罗斯学一年。”她说。

没来中国前，Darya对中国的印象几乎全来自成龙的电影，觉得中国的街道很窄很旧，很落后。等她一到长春，发现和想象中完全不同：晚上很繁华，到处都亮着灯；人很多，高楼也多；商店里的物品很丰富，衣服的颜色很鲜艳也很便宜，这说明“中国人过得很好很幸福”。而且最重要的是，中国人很友善，晚上逛街从来不需要担心安全问题。Darya来自西伯利亚最大的城市，也是俄罗斯继莫斯科和圣彼得堡后的第三大城市新西伯利亚，她对中国印象的反面几乎就是那座城市的特点。

记者随机接触的多位俄罗斯学生，都认同Darya对中国的观感。对他们来说，学好了汉语，就意味着有一份好的工作，而且大家都无一例外地喜欢中国。“我找不到批评中国的理由。”22岁的俄罗斯姑娘Elena说。

“捐款门”始末

■ 王小乔 潘晓凌

四川震后两周，中国普通民众对死难同胞的悲悯之情演变为企业界头顶的巨大压力，许多捐赠较少、行动较慢的企业遭到网民激烈的攻击。

中国现代化百年进程行至今日，大部分民众的产权观念依旧淡漠，无法理解恪守西方商业伦理的跨国和本土精英们的行为，也不愿尊重全球化时代的商业游戏规则。这不是狭隘的民族主义表现,而是中国和西方价值观冲突的体现。

跨国公司进入新中国30年来，尽管已经深深融入中国经济，对中国市场的认识、中国人消费习惯的把握有了丰富的经验，但对中国传统文化的理解还远远不够。

5月27日下午两点，商务部研究院二楼那间可容纳百人的会议室里，座无虚席。

诺基亚、宝洁、雀巢、西门子、IBM、现代汽车、百胜、阿斯利康……这些知名跨国企业的政府与公共事务总监、公关总监甚至副总裁同时出现在会场。

在主管官员一个简短的开场白之后，一些外企代表开始激动地上台发言，他们愤怒地向商务部的领导诉说自己企业的苦衷和委屈，所有发言都对最近广泛流传的“国际铁公鸡排行榜”表示严重不满。

在汶川大地震发生后，许多外资企业的品牌形象也发生了“大地震”。一些没有及时捐款的外企遭到网络舆论的强烈抨击，它们的产品也遭到了消费者的抵制。地震一周后，一个“国际铁公鸡排行榜”的短信广为流传，将对跨国企业的攻击推上顶峰。

“铁公鸡”之一的快餐企业肯德基在四川地区的许多分店被围攻而开不了业，没被评为“铁公鸡”的雀巢也受到牵连，它在地震第二天运往四川的1万箱食品被网民骂成“我们不稀罕的鸟粪”。

在会场上，外资企业们再次要求商务部为它们“正名”。5天前的5月22日，商务部部长陈德铭已经替外资企业澄清，指出多数上榜的跨国公司捐款都超过了1000万元，“铁公鸡”的说法不符合事实。

然而，民意仍然汹涌不止，劫富济贫的“网络好汉们”对“铁公鸡们”的初期表现不太满意。因为在5月14日“铁公鸡榜”刚出现之后，许多“铁公鸡”第一笔捐款额都还未超过500万元，在网民们看来，“铁公鸡”捐足1000万元才算对得起灾区人民。

在汶川这场震恸中国的巨大灾难发生之后，儒家文化中重义轻利的价值观念得以彰显，中国本土企业纷纷以巨额捐助践行“兼济天下”的传统观念。相比之下，恪守西方商业伦理的跨国企业们却难以理解这种行为，更忽略了这股力量的强大。

同样忽略了这一点的，还有至今未被部分民众原谅的王石和万科。当然，更多的国产品牌在这场碰撞中获得了公众的空前追捧，捐款1亿元的凉茶饮料王老吉一夜之间人尽皆知。现在，跨国公司们能做的，只能是不停地向公众告知、向“父母官”诉苦。

斗“鸡”大会

“在中国发大财而又不捐款的国际铁公鸡排行榜：可口可乐、肯德基、麦当劳、诺基亚、LV、大金、宝洁、摩托罗拉。如果你有良心，共同抵制，相互转发！”这是广为流传的铁公鸡排行榜的其中一个版本。5月19日，许多中国人都收到了这条短信。

“铁公鸡排行榜”的版本几经更替，最初的帖子现已无从查找。《南方周末》记者通过搜索引擎发现，最早的榜单出现于5月14日一个名叫PHP Wind Board的技术论坛中，肯德基、麦当劳、三星电子、森马集团、摩托罗拉与诺基亚赫然在列。帖子末尾，帖主还号召大家不断更新。

这个帖子的信息并不准确。彼时距汶川地震发生已过两天。5月12日地震当晚，百胜餐饮集团（肯德基母公司）已决定捐款300万元。5月14日，麦当劳宣布捐款100万元。5月15日，三星电子向红十字会捐款3000万元，据公关经理周先生介绍，三星管理层在5月13日就做出决策，捐款后，消息在新浪、搜狐的主页上挂了一天，“很醒目”。

但就在当日，流传最广的“铁公鸡榜”版本出笼，排在第一位的就是三星，后面分别是诺基亚、大金、LV、可口可乐、麦当劳、肯德基。帖主还呼吁：“通报这些公司，不是让大家去消费，而是要铭记心中：这是没有良心的企业！是中国人就不要给他们赚！”

不过，这一帖子没有迅即流传。5月19日，“铁公鸡榜”突然像发生核裂变般爆传于各大论坛、聊天室、MSN及QQ，据称转帖还有奖，“转发30个以上网友，你将会被腾讯公司列为爱心，你的名字将会变为红色”。跟帖中不乏为“铁公鸡”辩护的声音，但板砖往往会立马从四面飞奔而来。

“铁公鸡榜”还通过手机短信海量传播，从商务部部长陈德铭到正在麦当劳就餐的中学生，手机里收到了同一条信息。《南方人物周刊》主笔何三畏帮困惑的女儿询问信息发送者、成都中院的一位法官情况是否属实，对方复，“不知道，转发的”。

事实尚不清楚，愤怒已然集结。7家“铁公鸡”身后，还陆续出现了宝洁、戴尔、IBM等跨国公司的身影。

为了表示自己的愤慨，网民把热情转向了国产品牌，编出了顺口溜：以后喝王老吉（1亿元），存钱到工商（8726万元），还是用移动（5820万元），买电器到苏宁（5000万元），买保险买平安（3500万元），喝白酒喝泸州老窖（3000万元），买药修正牌（捐助2500万元），上网用QQ（捐助2000万元），运动穿李宁（捐助1249万元），电脑买联想（捐助1000万元），洗衣机买海尔（捐助1000万元），空调买美的（捐助1000万元），开车开吉利（捐助1000万元）……如果大家都买联想，联想将在5年内超越戴尔；如果大家都买吉利，吉利将在5年内超越大众丰田。

跨国公司顿时陷入千夫所指的境地，但网民的愤怒并没有停留在口头上。

舆论指责升级

网民们很难理解跨国企业中国区的难处。“我不可能第一时间飞到芬兰去向总部解释为什么需要这么多钱。”诺基亚副总裁萧洁云说。

《南方周末》记者采访的数十家跨国公司，无一例外表示，捐款需要与总部沟通，而且第一笔只能根据当时的灾情确定，后续的才能就严重程度继续申请。阿斯利康的中国区高级副总裁吴浣苓告诉记者，她就是在 13 日先动用了 100 万元的应急资金，同时开始向总部申请后续的 600 万元。

另一只“铁公鸡”诺基亚 5 月 17 日从 300 万元追加到 1000 万元；宝洁在 5 月 19 日追加了 1000 万元用于“希望工程赈灾教育基金”；可口可乐从 500 万元追加到 1700 万元；肯德基所属的百胜餐饮集团 19 日也从 300 万元追加至 1580 万元，28 日又增加了 520 万元员工捐款。

不在榜单上的 BP 中国 5 月 20 日从 140 万元追加到 1050 万元，戴尔 5 月 22 日从 210 万元追加到 800 万元，等等。

然而，跨国企业们的行为产生的正面效果远没有最初的负面信息杀伤力大。

网民对追加表示“欣慰”，5 月 16 日在博客上批评宝洁“广告巨人、赈捐矮子”的网民老醉，5 月 20 日又发了一篇“拔毛铁公鸡，宝洁多捐 1000 万”的帖子。老醉是这群网络好汉的领袖人物，许多网民甚至将 5 月 16 日谷歌捐款 1700 万元视作他的功劳。

随着一些网民指出“铁公鸡”们并非一毛不拔，再加上跨国公司的陆续追加捐款，网络舆论在 5 月 19 日之后不再一边倒。

但是，真正令跨国公司们始料未及的事情稍后发生了，这场斗“鸡”大会迅速地从网络和短信上的口诛笔伐转向了消费者的身体力行上。

5 月 20 日上午 10 点左右，四川南充市五星商业步行街上的一家麦当劳餐厅聚集了上百人，抗议麦当劳不捐款。餐厅的门口，被贴上了超大打印版的“国际超级铁公鸡”。

在四川攀枝花、陕西西安、山西运城等城市，肯德基也遭遇了不同规模的围堵。“很多餐厅不得不暂时停业。”百胜餐饮集团中国事业部副总裁王群说。从上传到网络的现场照片看，有人将榜单做成标语，贴在麦当劳的橱窗上，并注明："凭你的良心，互相抵制！向灾区的遇难同胞默哀。"

据一位目击者称，当时正在南充市一家麦当劳餐厅就餐的顾客都吓得不敢出来，双方隔着玻璃门与随即赶到的警察，气氛紧张得像挨着火药的汽油罐。他注意到，当时在现场的全都是中国人。

宝洁的经营也受到影响，一些超市和商场不敢从宝洁进货，因为不知道原来买佳洁士牙膏的消费者会不会改成中华。

跨国企业应该承担多少责任，这在跨国企业内部也产生了分歧。5月20日，在IBM内部，一封主题为"太牛了！！！！！一定要看！！！！"的邮件在员工中广泛转发。一名中国员工在信中说："我对公司在灾难面前的反应感到非常失望……"

IBM的一位软件工程师告诉《南方周末》记者，地震发生后，员工对公司的赈灾作为迅速分成了两派观点，这封抗议信是迄今最激烈的表现。

5月25日，可口可乐华南区也接到了福建一位经销商要求终止合作的通知。其实，即便跨国企业总部考虑全球股东的利益而不愿意捐款，这也符合西方商业伦理的观念。美国经济学家弗里德曼说过，企业的主要社会责任，那就是为股东负责，遵守法律，赚取利润。

只是，在大灾难来临之后，普通的中国人难以理解或者难以认同这些价值观。

5月22日，商务部部长陈德铭在国新办新闻发布会答记者问时表示："网上传的公司都有很大的捐赠，一般都在千万元以上。""捐助是以自愿为前提的，我们必须尊重每一个自然人和法人的权利。"

王石成了"王十"

这场前所未有的企业形象危机，同样降临在了一个秉承西方公司治理理念的中国企业家身上。

这个人就是王石，他用20年锻造出了中国房地产业第一品牌万科，并屡获企业公民奖；他的公司治理方式成为无数企业的楷模；他的言论和行动总为公众所瞩目，堪称中国极少数受人尊敬的企业家之一。

然而这半个月来，他的形象和万科的形象如同汶川地震中的房屋一样倒塌过半，这与两个数字有关——“200万”和“10”。

这两个关键词来自王石5月15日的博客，因为在地震当天万科捐出的200万元被网民认为太少，与万科企业实力不相匹配。王石在博客中回应：“万科捐出的200万元是合适的。这不仅是董事会授权的最大单项捐款数额，即使授权大过这个金额，我仍认为200万元是个适当的数额。”

2006年股东大会对万科每年的企业公民建设费用的授权额度为1000万元。

在地震之前，2008年的这笔钱已经使用了近800万元。只剩下200万元。

接下来的话成为网友炮轰的焦点：“中国是个灾害频发的国家，赈灾慈善活动是个常态，企业的捐赠活动应该可持续，而不成为负担。万科对集团内部慈善的募捐活动中，有条提示：每次募捐，普通员工的捐款以10元为限。其意就是不要让慈善成为负担。”

王石就此得到了两个新名字“王十”、“王十块”。甚至有网友调侃地说：“做人不能太王石。”

但不让赈灾成为企业负担的说法令网民觉得空前国难之下，此种言论过于冷血。一些网民在王石的博客上留言说：“如果你觉得救助灾民成为你的负担了，请拿回你的200万元。”

有人找出了王石的年薪——400万元，还有人计算了王石历次登山的费用均在200万元以上。“不管你征服过多少座高峰，你的灵魂却始终高不过那一座坟头！”

5月21日，王石通过媒体向网民道歉：“这段时间，我也为我这句话感到相当不安！主要基于三方面原因，一是引起了全国网民的分心，伤害了网民的感情；二是造成了万科员工的心理压力；三是对万科的公司形象造成了一定的影响。在这里对广大网友表示歉意！”

网民们没有因此原谅王石和万科，因为5月21日万科同时发布公告称，董事会批准公司在未来3—5年内支出1亿元参与四川地震灾区的临时安置、灾后恢复与重建工作，并以绵竹市遵道镇为重点；该项工作为纯公益性质，不涉及任何商业性的开发。

这份语焉不详的公告再次激起了网民的愤怒。网民认为王石选择遵道镇是因为那里得天独厚的旅游资源，重建只是为商业目的而遮人耳目。

“这只是堵塞众人口水的一种公关技巧、一种转移人们视线的营销手段而已，和那些真正向灾区捐献亿元资金或者物资的行为不可同日而语。”

一位网友提醒王石应该重视道义，在他撰写的《史记·王石列传》一文中写道：“商贾之道，固有无利不起，亦有道义存焉。时富豪如和黄李氏、台塑王氏、江苏陈氏者，无不倾资以救国难，贩夫走卒、乞儿戏子，踊跃救难者，一一难书。国难当头，石前发冷言于公众，后谋私利于暗室，不亦鄙乎？道义不存而富，是为为富不仁也。”

5月24日，万科不得不再次发布关于地震后捐款情况的说明：公司参与四川地震灾区的临时安置、灾后恢复与重建工作，为完全无偿的纯公益性质。

即便在这份说明中，万科仍然表达了一贯坚持的公司治理理念：万科所有财产属于股东，因此公司的公益捐款必须在股东大会授权下进行。

但在大多数网民看来，“人命关天的事情，瞬间几万个生命就没了，还在那里算你的账，斤斤计较、蝇营狗苟，还什么董事会、什么权限？公司那点事情，谁不知道”。

与大多数网民的观点不同，一些小股东已经在万科的官方论坛万科周刊上表示了异议。一个ID为东藜的就认为万科追捐一亿元侵害了股东的权利，正在联系律师起诉。6月5日，万科将为追捐亿元召开临时股东大会。

“万科正经历着前所未有的危机。”从四川回广州的路上，万科集团副总裁肖莉在给《南方周末》记者的短信中这样写道。

不过，为王石和万科辩护的也大有人在。5月27日，《南方都市报》社论版刊登了一篇“个论”。文章说，对于上市公司的管理层来说，做公益、捐善款当然是善，但尊重公司的管理章程，在既定的游戏规则范围内行使权力，同样是善，甚至是一种更大的善。为了一种善，而伤害另一种善，善花最终结出的就将是恶果！

有意思的是，万科公司对这样的辩护并未欢呼雀跃，一位万科工作人员私下表示：我们希望负面报道越少越好，但也担心过于突出的辩护文章，这会再次引起争议。静待事情过去，可能是万科最好的选择。

被裹挟的民意

更多的国产品牌在这场东西观念的碰撞中获得了公众空前的追捧，捐款1亿元的凉茶饮料王老吉一夜成名。

5月18日的央视赈灾晚会，王老吉的母公司香港加多宝集团捐款1亿元，天涯上马上出现了所谓“封杀王老吉”的帖子。“王老吉，你够狠！捐一个亿，胆敢是王石的500倍！为了整治这个嚣张的企业，买光超市的王老吉！上一罐买一罐！”

网络舆论的影响力同样延伸到了现实生活当中。王老吉也适时地出现在了很多原来并没有覆盖到的销售渠道上，得以让人们一想到“封杀”它马上就能买到它。

网民们开始自发地为王老吉策划广告词，流传最广的一句就是，“要捐就捐一个亿，要喝就喝王老吉”，还有地震中被救小男孩想喝冰冻可乐的改编版“叔叔，我要喝王老吉……冰冻的”。

同时，网上开始讨论可乐等碳酸饮料的危害，以凸显出王老吉作为一种凉茶饮料有益于身体健康的特点。而一旦有人认为王老吉只是一种成功的营销手段而已，马上就会被人骂作“枪手”，并被网友们的合力疯狂发帖沉到坛底，直至无人问津。“就算它是成功的营销，我也要力挺，至少它给灾区人民捐了1亿元。这样的企业，越多越好。”一位把日常饮料从可乐改成王老吉的白领这样告诉《南方周末》记者。

即便是真的被裹挟、被利用，民意也心甘情愿。也有一些企业因此被伤害。

5月19日，一篇《王石、马云们该为灾区捐多少钱》的文章出现在某网站上。文中指责马云只捐了一元钱。

当天，这篇文章就迅速被各大网站转载，网民开始把马云和王石放在一起调侃，试图使这两位既往公众形象极佳的企业家一同颜面扫地。

但据阿里巴巴社会责任部的张璞介绍，当时阿里巴巴集团已经捐献了200万元，马云个人在地震当晚就捐了100万元，阿里巴巴救灾小组则正紧锣密鼓地商定第二阶段的赈灾计划。“荧光灯下的慈善，一元钱即可”是马云在2006年的一次采访中的旧话。

5月20日，看到阿里巴巴在19日深夜发布的澄清公告和再捐2500万元之后，网民“房价好贵啊”在天涯上呼吁大家给马云和阿里巴巴员工道个歉，几乎所有的回帖都斩钉截铁地表示了赞同。此后，关于马云一元钱的讨论销声匿迹了。

在与地震相关的讨论中，天涯社区是所有网上论坛中最火爆的，亦是许多话题的发起和传播源头。但是马云只捐一元的帖子从何而来，是无心之举还是有意为之，至今无从知晓。

被裹挟的民意汹涌而来，再次呼啸而去。

迪拜：沙上之塔，末路狂花？

■ 舒眉 陈新焱

迪拜，沙漠中的“世界之最”，保守伊斯兰世界中的狂野试验。

数十年间，迪拜之路令世界称奇：以石油美元撬动全球资本，在世界中点的沙漠之中建造令人叹为观止的建筑群，引全球富人消费超级奢华地产。

完美链条却被金融危机突然打断，一时泡沫纷飞，连累全球经济打个冷颤。这朵阿拉伯的“沙漠之花”，能否度过危机？建筑在沙上的繁荣，如何续写传奇？

阿拉伯的“沙漠之花”正在风暴中摇晃挣扎。

11 月 25 日，迪拜酋长国宣布，将重组其最大的国有企业迪拜世界，这个公司的 600 亿美元欠债至少将延期 6 个月偿还。

迪拜世界这笔债务相当于整个政府债务的 3/4——这个酋长国政府负债 800 亿美元，是其 GDP 的 1.5 倍，早已超过债务占 GDP 比例 60%的国际警戒线。

没人知道这个酋长家族统治下的经济体到底出了一个多大的窟窿，恐惧，弥漫在金融危机之后风声鹤唳的市场。

黑色星期五。

欧洲三大股指齐齐大跌，转过黑夜，亚太股市一开市，攒足了劲的投资者们毫不犹豫地开始比赛谁跑得更快。

惊弓的不只是股市，外汇市场疯狂下泄，资金潮水一般夺门而出，又潮水一般涌向美元、日元那些温暖的避险港湾，使得日元一路坚挺，甚至创下了 1995 年日本泡沫危机以来的新高。

更惨的是商品市场：原油、豆油、黄金期货，都一头栽进“雷曼倒闭以来全球最大的一次暴跌”。

以10万亿美元计算的财富灰飞烟灭。

世界炸开了锅，风暴中心的迪拜却一派祥和。

一年一度的宰牲节和国庆节，让迪拜进入了休假期。消息宣布的最初几天，除了迪拜皇室成员、最高财政委员会主席阿勒马克图姆表态，让投资者不要恐慌外，几乎没有更新的消息。

穆罕默德王储——这位迪拜领导者的迷人笑脸是迪拜人的信心之源。

在过去的十多年中，正是他将迪拜打造成《一千零一夜》中迷人的阿拉伯城市，并把这个形象成功地卖给了世界。现在，他的影像依然高悬在迪拜许许多多的建筑物上。只不过，他的微笑已经蒙上了一层阴影：无处不在的起重机已经暂停下来，仿佛时光凝固。

建筑的狂欢

美国人Adrian Smith很沮丧，他那些疯狂的新想法可能要搁浅了。

他是世界最高建筑“迪拜塔”的设计师，其所在的美国AS + GG设计师事务所在迪拜还有6个新项目，最受瞩目的就是“迪拜1号”——“那是一个垂直的城市”。

这真是一个设计师们狂欢的地方！在最为隐秘与保守的伊斯兰世界，居然可以接纳任何最大胆的新想法。

从2003年设计迪拜塔开始，Adrian Smith往返迪拜大约50次了，迪拜的自由程度让他吃惊：“那个地方可以接纳任何东西，结果是，现在这个城市有世界上最最令人激动也最最怪诞的建筑。”其实，30年前，这里只是沙漠，是仙人掌与蝎子的领地。1990年代，这里还没有排水系统，一到雨季就得在没膝的积水中行走。

没想到，一个崭新的城市仿佛从天而降。有人评论，“一代人的时间，迪拜从18世纪走到了21世纪”。在刚刚出版的新书中，摩根经济学家史蒂芬·罗奇描述了一个“起重机林立的迪拜”：全世界有12.5万架起重机处于作业状态，其中15%－25%的吊车矗立在迪拜。

那里的热火朝天，让中国都相形见绌：2007年迪拜有近250万平方米办公楼竣工，是1999年上海浦东竣工量的6倍多，一个人口不到中国0.5%的地区，新建办公楼建筑面积竟然超过了浦东的峰值。

在迪拜，房子可以是斜的，可以是拧着的麻花，可以是跳跃的风中烛火。迪拜塔以建筑从未达到的高度深远地戳向天空，棕榈岛则按照世界地图的模样，在海中填起300多个小岛。

建筑，是沉默的挑衅，宣告着这个地区的大胆与出奇。

总设计师狂想曲

更挑衅人类经济发展经验的，是酋长一家对整个迪拜的设计方案。

几百年来，迪拜一直是波斯湾与非洲和南亚之间的贸易通道，直到现在，依然有满载布匹、茶叶、电冰箱的轮船进进出出，驶向巴基斯坦和伊朗。

人们以贸易、走私、做海盗为生，也有人捞珍珠，直到沙漠里发现了石油。

自从1971年英军撤出海湾，这个英国王权护佑下的地方才真正获得了生长的自由。当地的7个酋长国联合组成了阿联酋，迪拜排名第二。

阿联酋是世界上最富裕的国家之一，也是全球发展最快的国家之一，人均年收入12万美元。

跟中国的中央集权制不同，阿联酋实行的是（君主立宪下的）联邦制，各个酋长国有相对独立的经济权，可以根据各自的情况，制定相对独立的发展战略。

迪拜的面积只有上海的一半，石油储藏几乎开采殆尽，未来将只有黄沙滚滚。

早在上世纪60年代，居安思危的老酋长谢赫·拉希德就做出了颇具前瞻性的决策——用石油换旅游。

而他的儿子，现任迪拜酋长，谢赫·默罕默德则更好地继承了他的衣钵。这位在哈佛大学拿到酒店管理学博士的领导者思想前卫甚至激进，他最早因为拥有众多世界名马而知名，他的马匹几乎拿下了所有赛马锦标赛的冠军。随后，他醉心于足球，他旗下的阿联酋航空公司先后成为了英超劲旅切尔西和阿森纳的球衣赞助商，甚至阿森纳在伦敦的主体育场，也被冠以酋长体育场之名。

就在大多数阿拉伯酋长依靠源源不断的石油金元四处挥霍的时候，这位喜欢戴着头巾和墨镜的政治新星拿出了令人难以置信的方案：他要这个常常达到50多摄氏度高温，除了黄沙没有任何景观的地方，成为一个豪华旅游中心。

他的父亲，老酋长，已经为儿子的梦想准备好了外界无从得知数量的石油美元和一个港口——杰贝拉里（Jebe lAli）港，那是世界上最大的人工港，也是中东第一大自由港，使迪拜成为世界商品进入中东的最重要的中转港。

石油美元发挥了威力。离迪拜300公里的一处海湾上，填起一座人造海岛，然后再在这个海岛上，建起一个帆船形状的酒店——这座酒店无所不用其极，8个人服务一个客房，水龙头、桌子、椅子、浴缸，都是镀金的。西方的一位作家住了一晚之后，回去就在他的专栏里写道，“我从未享受过如此尊贵的服务，应该给这个酒店再加上两星，七星”。

此后，这座酒店便成了世界唯一的一家七星级酒店。迪拜由此成为旅游天堂，每年有近600万人从世界各地飞来这里。

酋长的狂想由此发酵：挖掘大队在阿联酋的16个采石场同时展开行动，炸石的巨响一时响彻阿拉伯湾。2001年开始，世界填海专家荷兰人成批来到这里，造出一批又一批只有私人游艇和飞机才能到达的人工小岛。

当这些小岛还只是图纸时，就被卖给了中东油王、贝克汉姆、好莱坞明星们。

迪拜，这朵令人目眩的阿拉伯“沙漠之花”，使得全世界的富人们心甘情愿地将大把银子撒在大漠之中。

这些银子支撑了更庞大的想象力，穆罕默德说，到2015年，迪拜的GDP要增加3倍。

沙漠里的击鼓传花

无数人的欲望正在酋长的狂想中生长。

目前，就在这块相当于上海一半多大的弹丸之地上，正在进行的建设就堆积了超过7000亿美元。

更多的美元从伊朗、印度、中国、俄罗斯、欧洲、美国和世界的每个角落涌进来，一场击鼓传花的游戏正在沙漠之中上演。“员工们不再专心工作，”一家地区货运公司的总裁抱怨说，“他们都想着首付一成去买房。”买房的神话在到处流传。自从阿联酋 2002 年允许外资进入部分房地产业后，国内房地产价格上涨了 6 倍，每个人都想参与这场现在最流行的游戏，来自中国的温州人正活跃在那里。“去了一次，你就会爱上那里的。”12 月 1 日，温州人陈志远如此评价迪拜。1998 年，42 岁的他到迪拜时，第一感觉是“闷热”，那一年，迪拜没下一场雨，5 至 11 月，室外温度高达 47–48 摄氏度。现在，陈志远将他的生活重心完全放在了迪拜，他在当地创办了中国商品城、中国轻工城和中国志远鞋城，并当选为阿联酋温州商会会长。

穆罕默德的造城梦同时造就了一个迪拜版的温州“炒房团”。他们在迪拜，少则一两套，多则几百套地买，其中最有名的，当属中州集团董事长胡宾，他斥资 2800 万美元买下了迪拜“世界地图”中的“上海岛”，自行开发。

有趣的是，温州人花巨资在当地买下豪华别墅，自己却往往租住在普通的房子里，听着钱落在地上的声音——买来的房子每天都在升值。

每当暮色降临，建筑工地的工人们渐渐停下那些喧嚣的工具，另一些人的一天才刚刚开始。“你想象不到的奢华。”安邦集团董事长陈功曾在迪拜呆了一周，他如此描述“在豪华的黄金城堡酒店，什么都是纯金的。社会环境非常开放，没有阿拉伯世界的清规戒律，能买到酒，妇女也不用包脸”。

大街上顶级跑车飞驰，保时捷、兰博基尼随处可见，饭店里，人们谈着几亿美元的房产交易。

整个城市，都沸腾在地产生意之中。

圣诞老人的国度

对于本地人来说，迪拜是一个确有圣诞老人的国度，迪拜政府给自己的公民大把好处，同时靠别的途径生财：把土地租赁给外国人，通过商业和机场费来隐形收取这些外国人的税，此外还有尚未枯竭的石油。“我们从来不雇当地人，不是不愿意，而是雇不起。”陈志远说，大多数迪拜人是为政府工作的，有一些自己做生意，但更多的人，则依靠在其他国家很少见的收入——保费。

为了保障当地人权益，当地法律规定，除了自由区外，外国人不能以自己的名义开公司做生意，必须要有“保人”，而保人只能由本国人充当。他们每年收取的费用少则5000至1万迪拉姆，多则5万到10万迪拉姆，“信誉和地位越高的保人，找其担保的公司就越多，他们的收入也就越高”。

迪拜常住人口150万左右，而外来人口就占了85%，“单凭这项收入，当地人就足够富有了，谁还愿意来为你打工？”这些还不算他们拥有的房产每年的租金收入，更何况，这里的每一个本地人从出生到死亡，都有政府负责，年轻人只要愿意，可以一直免费读到博士。

穆罕默德王储信奉“产权等于居留权”，这是他吸引全球富人的法宝，世界各地的投资客则充分利用了这个等式。2006年，温州商人王伟胜和北京籍侨胞刘海涛甚至以不菲的价格买下了阿拉伯联合酋长国的国有电视台——阿拉迪尔（音译），持股100%。“其实不只是我”，11月30日晚，从迪拜回来不久的王伟胜对《南方周末》记者说，其他国家也有人在这里买了电视台，“只要你播放的节目不触犯当地人的信仰，就没有问题”。“你很难在这里找到不支持穆罕默德王储的阿联酋人。”陈志远说，这个将迪拜从一个荒漠变成人均年收入12万美元的富国的统治者拥有绝对的权威，在当地建筑上，随处可见他硕大迷人的笑脸。

在他的印象中，穆罕默德非常“亲民”，逛商场都不带随从。别人说他做秀，他回答道：“如果我的人民不爱我，我带再多随从又有什么用？”陈志远自称是迪拜这10年发展历程的见证者，10年中，他感受最深的，是当地良好的商业环境，“平时街上看不到什么警察，但出了什么事，很快就来了。”平时办事，“有规矩，效率又比较高”，“哪个商人不喜欢这样的地方？”

亚特兰蒂斯寓言

一切都那么美妙。

就在华尔街危机横扫全球的去年9月，迪拜依然举行了一场盛大的派对，为了庆祝更新的奢侈酒店亚特兰蒂斯的开业——这场庆典花费了2000万美元。

亚特兰蒂斯是传说中一片失落的古老大陆。按照柏拉图的描述，亚特兰蒂斯人拥有的财富多得无法想象，他们最初勤劳善良，然而随着野心膨胀攻打其他国家，同时生活无休止地极尽奢华和道德沦丧，终于激怒众神，最终使其消失在大海之中。

迪拜的亚特兰蒂斯酒店里，有巨大的水箱，里面是6万多条鱼。1500多间客房，都能看到海。最贵的套房3.5万美元一晚，内有三间睡房和三间浴室，和一张可供18人用餐的金叶餐桌。

此时的迪拜，几乎达到了人类想象力的顶峰。一篇报道描述了这样的场景：

新的泰格·伍兹黄金高尔夫球场每天需要400万加仑的水灌溉其场地，否则它就会随风萎顿消逝——这里的水是世界上最昂贵的水，生产淡水的花费超过了生产汽油的成本。

这里甚至有一个有空调的海滩，冷气管铺设在沙子下面，这样显贵们从放下浴巾到走到海里的过程中就不会灼伤他们的脚趾。

不久前，《华尔街日报》对"2015年谁会成为全球第一金融中心"的调查结果出人意料，13%的人看好迪拜，而看好纽约的人竟不到10%。

仿佛是一个新的亚特兰蒂斯寓言，迪拜不再能独享众神的宠爱。

大量的开发项目因为缺乏资金而被迫取消或停工。2009年1月，海湾地区大约有150个项目叫停，其中单阿联酋就有88个。

更糟糕的是，房价开始下跌。2008年10月，迪拜的房价曾高达4300美元平方米，但到今年2月，房价已经大幅下跌25%。

穆罕默德亲王把迪拜变成了一座借贷之都，一个完全建立在债务上的城市。迪拜的负债额占其整个国内生产总值的107%。

而现在，鼓声停了，到了看花在谁手中的时候了。

迪拜还是迪拜？

"迪拜的问题不是新一轮金融危机的开始，而是全球资产泡沫破灭的'迟到后果'。"独立经济学家谢国忠说，"伴随着这一泡沫破灭的，可能还有迪拜的'日不落'式激进发展模式。"可是，很多人相信，鼓声依然会再次响起。

接受《南方周末》记者采访的温州商人，几乎无一例外，都认为迪拜危机只是暂时的。

商人们发现，转口贸易几乎没有受到任何影响，而那些已经打造成功的梦幻建筑是地产生意的财富之光，“那是迪拜的固定资产，也是吸引全球富人的法宝，他们不会贬值，我们的房子也不会贬值”，“而且，阿布扎比不会不管迪拜的。”他说，“只要过了这个槛，迪拜还会是迪拜”。迪拜是整个阿联酋在世界上的名片，而拯救行动已经开始。11 月 30 日，开斋节，阿布扎比宣布提供 150 亿美元资助迪拜，“邻居们”也已做出明确承诺，他们有能力来救助他们的“兄弟”。

当年作为战斗机飞行员接受训练时，穆罕默德曾说过：我只有一个速度，全速前进！

也许，迪拜会一直飞到石油终结的那一天？

原富与原罪

「有可以不说的真话，决不说假话」岭南老报人的一句话，被一张报纸拿来实践了25年。话没有什么稀奇，类似的话，康德早说过；意思没有什么稀奇，读书阶段就在灌输；修辞没有什么稀奇，比起「知其不可而为之」「先天下之忧而忧，后天下之乐而乐」显得朴素。然而，以之为圭臬，却成就了一张报纸的气象。有人说，是特殊的时代成就了说真话的《南方周末》，此话可能只说对了一半。《南方周末》确要感谢这个奇迹般的时代提供的丰富机会，从民国时期的「厚黑学」到当代的「潜规则」，学者都在阐述对历史的理解，说真话需要足够的勇气。今天，更显真话的珍贵，真正成就《南方周末》的是一份朴素的信念：相信未来，并携手创造未来；珍视真善美，并携手护持真善美。真正成就《南方周末》的是一种咄咄的坚持：扎根中国，深入人民，放眼世界，纯粹新闻。这是理想主义者的执着。其中并没有多少创造，这样的理想主义，不过是中国千年下来的知识分子情怀与操守；这样的理想主义，不过是启蒙时代以来，人类的优秀分子共同的价值与行为取向。但就是秉承这样的理想，使《南方周末》从「服务改革、激浊扬清」到「让无力者有力，让悲观者前行」，从「深入成就深度」「记录时代进程」到「在这里，读懂中国」，25年一路走来，几代报人，薪火相传。成功时有泪水，风雨中常微笑，由此，

第叁辑 地域跟踪

山西煤矿产权改革起步

■ 肖 华

在中国煤炭第一大省——山西，一场历史上最大规模的矿权改革刚刚开始。改革者的良苦用心是，借此改革减少资源浪费、降低矿难发生率。但就像任何从无先例的尝试一样,这次改革也面临着从定价到分配方式等种种争议和挑战。

“这煤矿真能是我家的？镇上能答应？”在山西吕梁山区一条小山沟里，金玉操着山西土话疑惑地问。透过窗外公路上漫天黄尘望向对面的镇煤矿，她摇了摇头，“啪”地将一只嗡嗡飞舞的苍蝇拍死在家里崭新的栗色真皮沙发上。

话虽这么说，但就在几天前，她那没上过一天学、连收条都不会写的丈夫刚刚将1000万元送到“不知道是县里还是镇上，反正是给政府了”，此后他们将从承包者变成真正拥有这个乡镇煤矿采矿权的矿主。

在中国煤炭第一大省——山西，一场历史上最大规模的矿权改革刚刚开始。围绕着当地近4000座煤矿的归属权，政府和那些原先的承包者们正试图磋商以达成这样的协议——老板们按资源储量交上一笔“资源有偿取得价款”后，将得到原本国家无偿划拨给乡镇、县市或是省里的采矿权。这意味着煤炭矿主们此后不仅可以合法地将煤炭“一直挖到没有”,而且能将这个权利自由转让。

如果你知道以下一些事实——中国是世界上最大的煤炭生产国和消费国，其每年的出口贸易量占到世界贸易总量的12%。而山西煤炭储量居全国之首（占1/3），煤炭产量和外运量居第一位，分别占到全国的1/4和4/5，是世界年产1亿吨以上六大煤炭基地之一——的话，你也许能很容易理解在山西的这场矿权改革会带来多么激烈的争议。

为什么要推行煤矿产权改革？改革者的良苦用心是，借此改革减少资源浪费、降低矿难发生率。这些一直为人所诟病的问题根源恰恰就是产权不清。而产权不清的现状也使国家想让煤炭企业集团化的努力难见成效。

事实上，早在 1986 年，《中华人民共和国矿产资源法》就已明确了资源有偿使用的原则，但对不同资源的补偿标准还不够明确、合理。10 年后，修改后的新法规定：国家实行探矿权、采矿权有偿取得制度。但此后 5 年里，全国包括煤炭在内的矿业权流转总共只发生了 270 余项，且大多囿于新增开采资源。

而在山西发生的这场矿权改革显然涉及到更大规模的存量资源，也更具象征意义。而更富争议的是，在这场改革过程中，各地极少采取拍卖方式，而是采取了更容易推动改革的协议转让方式。

据山西省国土资源厅一位人士透露，今年上半年国家发改委、财政部、国土资源部、劳动和社会保障部、环保总局与安全监督总局组成煤炭资源管理调研组在山西调研后，决定继临汾、吕梁两地去年试点之后今年下半年在大同、阳泉开展试点，明年上半年全省铺开，下半年推向内蒙古、陕西，2007 年全国推广。

临汾试点

承包权变产权将激励矿主们变短期行为为长期行为，藉此出发，山西省的煤矿产权改革在临汾艰难启动。

7 月末的晋西南古城临汾，槐花满枝，驴车和奔驰车并排行驶在狭窄的街道上，一群环球小姐上周来这作了一场泳装秀。作为全国首例实行煤矿采矿权有偿使用试点的城市，临汾一年前改革开始时的紧张气氛现在已消失无踪。

提起去年此时，苗元礼圆圆的脸上笑容顿时凝结。52 岁的苗元礼是临汾市副市长，在 7 月 21 日召开的全国煤炭工作会议上，他代表临汾作为唯一一个地市级单位发了言。

在去年 4 月下旬偶然临时代管煤炭业时，苗元礼并没有料到自己会成为一场重要变革的主要参与者，更没料到改革耗费的精力会如此之大。

变革的直接起因是，去年隰县梁家河煤矿因层层分包缺少安全投入而发生的一起特大事故，它让煤矿产权不清的多年痼疾彻底暴露，也使得时任山西省长的张宝顺在事发现场当场拍板，定下临汾作为产权改革的试点。

除了安全事故，山西省能感觉到的另一种越来越现实的压力是资源浪费，事实上这正是产权不清种下的另一枚苦果子。一位承包者坦白："反正是承包的，当然哪里好挖、哪里挖得快就挖哪里。"

在山西，目前的回采率仅在30%－40%，其中乡镇矿通常只有10%－15%，也就是说每采出10－15吨原煤就丢掉了85－90吨。而一个众所周知的背景是，煤炭是山西经济的支柱性产业。

在这样双重的压力下，临汾被逼上试点的舞台。政府期望通过转让矿权的方式，使那些煤老板们因此获得加强安全投入，并提高回采率的动力。

2004年5月，省长助理亲自带队到临汾制定出一整套实施方案，并于当月23日召集全市各县、区、乡镇一把手和矿长进行总动员，要求承包者一周后上缴价款。

不料整整2个月，竟然没有一家煤矿响应。"一天是空白，又一天还是空白，空白得令人恐怖。"苗元礼声调低沉。

显而易见的阻力来自煤矿目前的承包者。"凭空要交出好几千万，我们当然想不通。"7月28日，乡宁县台头镇神角煤矿副矿长武连明告诉记者。

乡宁煤田是全国三大优质主焦煤基地之一，神角煤矿由台头镇政府1984年贷款60万元开办，现在的老板从1993年承包至2014年，承包费是每吨煤5元钱，其中40%上缴乡镇，60%用来归还开办后的800多万元贷款。

以每年15万吨的产量计算，承包费用不过75万元，而这一次，神角煤矿储量定为1260万吨，按市里定下的主焦煤每吨2.5元计算，需要上缴价款3000多万元。

价款2个月空白，临汾的煤炭产量2个月都是零。因为隰县事故后全市煤矿停产整顿，不改革就不允许复产。眼看着几乎是全市唯一经济支柱的煤产业陷于停滞，市里四大班子在常委会上也争论起来，有人说再这样下去临汾就完了，还改什么革。

局面一直僵到7月底，直到苗元礼从《孙子兵法》中悟出逐个击破之法。在那间只有一桌一床和两张凳子的狭小办公室里，个性强硬的苗元礼与14个产煤县的县长、书记、煤工局长进行了14拨谈判。

苗手中的谈判筹码是层层分解的煤矿指标——尽管全市当时有563个煤矿，但因为要关闭年产9万吨以下的小煤窑，实际指标只有400多个。加上将价款的收取权由市里下放到县，同时派出市国土局长和煤工局长回原籍动员，僵局终于被打破。

7月底，翼城县殿儿垣煤矿率先上缴价款，几天后众煤矿群起效仿。“大家都看到了市里的决心，明白这钱迟早得交，早交一天早复产。”武连明说，“我们是乡宁头一家复产的。”

有意思的是，没过多久小煤矿们便开始抢着交钱，甚至有些储量不足100万吨（按规定应整合或关闭）的煤矿老板也愿意按100万吨来交钱，因为他们很快就意识到这等于拿到了生存的许可证。

不过大门很快就徐徐合起，一个月后当上缴价款的煤矿达到300座时，临汾市开始收紧袋子严加审查。截至目前，全市已有437座煤矿的采矿权转让给了个人，收缴首批资源有偿使用款16亿元，总计可达24亿元。

时任山西省长的张宝顺对此给出的评价是：“临汾办了一件功德无量的事情”，并要求全省一个市一个市地向临汾学习。

价格难题

看似简单的矿权转移遇到了巨大的操作困难：煤矿价格如何确定？如何转移？公平性如何保证？转移价款如何支付？在山西，没有一个统一的解决方案。

临汾与中阳两地全力以赴要解决的是集体矿的麻烦。

按照国土部门的统计，山西在档的煤矿是4018个，煤炭工业局的数字则是3860个。其中，国有重点煤矿（俗称国有统配矿）7个，地方国有矿（市营、县营）300多个，剩下的3000多个煤矿除极少数是个体或混合所有制矿，绝大部分为集体所有（即乡镇、村办矿）。

这些集体矿多在1980年代“有水快流”的政策引导下建立，但由于乡村普遍无力投入，过去的10年里几乎全被承包出去，年限从三五年至采到无煤为止都有，尽管这些租赁、承包为法律所严禁。由于到期后乡镇通常无法返还承包者的设备投资，承包往往会按新的费用延续下去，直到经营者自己终止或者转包出去，记者了解到的转包次数最多的一个矿是被倒了20次手。

一边是经营者，一边是所有者，面对数量巨大、关系复杂的集体矿，如何平衡其中的利益是改革能否推进的关键。经过权衡取舍，无论是临汾还是中阳，都选择协议转让给经营者，只有在后者不愿接手时才公开竞价，不过这种情况根本没有发生过。

拍卖仅仅出现在离太原一小时车程的古交市，在那里已经转让了五六个承包已到期的煤矿。当地主管副市长以“改革刚刚开始，还有许多不规范之处”为由婉拒了采访。

“协议转让价格合不合理？”国务院发展研究中心产经所煤炭研究员钱平凡对此表示质疑，“官员绝对算不过企业，公家算不过私人，只有引入外部人参加拍卖，才能在竞争中体现出资源的价格”。

与此相左，香港大学经济金融学院副教授、曾任世界银行社会主义经济改革研究小组顾问的肖耿认为：“追认实际的控制权，是降低成本的改革策略。”在他看来，重要的是把事情做成，这样才能提高资源的使用效率，至于其他问题以后可以通过税收等其他手段解决。

在临汾与中阳，都是按储量一次性卖断。总额1000万元以上的先交1000万元，余款按比例6年内付清。价款的计算公式是储量 × 煤种价格标准（主焦煤2.5元/吨，配焦煤1.8元/吨，动力煤1元/吨）。

至于储量的确定，临汾在方案出台前紧急封存了所有档案，由相关人员在一个宾馆里闭关3天3夜计算得出，这种办法在此后得到了每一个参与改革的城市的认可。如果要一座座煤矿测量的话，容易滋生问题不说，即使把全国有资质的测量机构全用上，光临汾就得一两年时间才能完工。

在那里，储量的计算公式是2000年全国统一换发采矿许可证时载明的保有储量 - 动用储量（2002年市煤炭局核定的生产能力 × 生产年限 / 回采率）。

回采率在临汾被确定为33.33%，在中阳则分得更细，薄煤层50%，中厚煤层40%，厚煤层30%，对于历史上形成的一矿多坑口情况，则只将采矿权转让给主矿，回采率按15%计算。

不过，这样的算法虽然简单却备受诟病，认为价款过低。

苗元礼在全国煤炭工作会议上分组讨论时就遇上了这种质疑。他的回答是，第一临汾试点有优惠，第二倘若定价过高经营者可能买不起，即使勉强买得起也没有余力再进行安全投入与采煤方法改进，将与改革初衷背道而驰。

苗元礼的说法并未被广泛接受，一个明显的佐证是，在前不久刚开始改革的大同市，动力煤（大同出产的主要煤种）已从临汾试点时的1元／吨被提高到3.56元／吨。

不过即便价格提高，还是逃不过质疑，在国家煤炭资源管理调研组中间就曾经发生过激烈争执，一部分人认为谁都知道资源以后肯定日益升值，而以今天的价格一次性就按储量全部卖断，有国有资产流失之嫌。

在制定山西省全省方案之时，这种意见显然占了上风。据悉，山西正在制定的实施细则中，不再是一次性买断资源，而是“一次置权，分期付款”。每五年缴一次价款，按动用的资源储量 × 当时的煤种价格来计算。

另一个新问题却又因此而被扔出来：5年间动用的储量如何计算？现实是，目前山西有4000多座煤矿，主管部门管理人员却不足400人。怪不得一位王姓老板一听这个方案就“嘿嘿”一笑说：“这跟以前没多少不同。”

在山西的这场矿权改革中，国有煤矿在临汾与随后试点的吕梁市中阳县都是被搁置的一块。在山西6月20日发布的《关于推进煤炭企业资源整合有偿使用的意见》中，省里的打算是将国有煤矿的应交价款折成资本金进而可换算成股份，并据此享受收益。

对于这一条款，太原市一位观察人士评价说，“政府既丢掉了一颗随时会出事故的不定时炸弹，又能拿到分红，可谓一石二鸟”。

也许正是体现了改革的复杂性，改革方案在山西不同的试点地区变幻出不同版本。

临汾的办法是在采矿权转让前要求承包者与所有人签订协议，保证承包者在上缴资源价款之后，原来承诺的承包费用依然不变。

但在200多公里外的中阳县，尽管42座非国有煤矿除被整合的四五座之外全部协议转让给了原承包者，天平却悄悄倾向了原来的所有者。在那里前不久刚刚发生过乡镇嫌几年前签订的合同价格太低而想撵走承包者的纠纷，令当地政府很是伤脑筋。

中阳最初的方案是原来签订的承包协议作废，但经营者取得采矿权后每年向原所有人交付年度销售收入的4%。不过这个比例没有使乡镇得到满足，在两个月后发布的《补充意见》里规定，不仅乡镇原有投入要额外补偿，而且4%的比例翻到8%，其中4%留在县里，4%分给乡镇。在目前情况下，按照这一比例，经营者每年要向县乡财政缴纳的费用远远高出原来的承包费。

如此一来，中阳县只得给出一道明文承诺："县政府原则上不再向煤矿收取各类集资、捐款等。""煤矿改革说到底就是利益的再平衡，要摸准各方心理，"主管此项工作的中阳县国土资源局冯副局长说，"现在行情好，煤矿老板多交一点并不会太在乎。"这个35岁的年轻人走路说话都速度极快，处理事情干净利落。

与临汾刚开始时的艰难推进不同，中阳改革一路顺畅，首批已上缴价款2.7亿元，总计可达9亿元。

这些转让矿权所得价款将如何分配呢？山西与国家之间的约定是，新增煤矿在试点期间的价款按8∶2分成，以后调整为7∶3，至于旧有矿，山西争取的结果是国家不介入。至于省内的分配比例，协议转让的省、市、县按3∶2∶5，公开竞价出让的按2∶3∶5比例分成。

"这次改革根本没有方案可以借鉴，国家、各级政府、承包者、乡镇、村民，这些错综复杂的利益都得照顾，"跟煤炭打了20年交道的山西国土资源厅矿管处处长朱景学摇着头感慨，"我们自己都争论不休，方案被各种看法扯来扯去。"

动起来就会好起来？

能否真正成为煤矿主人？一些矿主有些茫然。这究竟是一次应急性的过渡，还是通往真正的矿权市场化的开端？也许正如学者所言：当下重要的是动起来，动起来就会好起来。

煤矿成为香饽饽只是近几年的事情，在中国崛起、能源紧俏的大背景下，山西的煤老板们成为当地一个特殊的群体。

这些年来煤市兴旺，赶上了好时候的煤矿老板们个个家财万贯，一辆辆奔驰、宝马、劳斯莱斯在崎岖的山路上分外醒目，记者在古交采访时甚至见识到包直升机娶儿媳妇的阔气。“这正是改革的好时机，”山西省社科院能源所工业经济研究所主任夏冰说，“10年前连煤都没人要，更别说煤矿了。”

但煤矿老板们也并不轻松，使他们困惑的是未来的不确定性。从温州西进淘矿的程老板夫妇最近一直在谈论这个问题。

从2002年起，夫妇俩陆续承包了4个煤矿。在去年新包的一个矿上，他们投资了上千万的设备，今年刚刚投产就遇上6月宁武县有个矿出事，“连坐”全县停产，有安全生产许可证也不例外，何时复产尚未可知。

“太多的东西我们没法控制，甚至没法选择。”36岁的程老板苦笑着，低头摆弄手机。他的妻子轻叹了一口气，抬眼瞟向窗外车水马龙的宾西路。那是大同新近繁华起来的地方，一眼望过去全是桑拿和饭店的霓虹灯。就在3年前他们刚踏上这片黑土地时，这里还是一到晚上都基本见不着车。

这种现实感，让程先生谨慎而慷慨，习惯了对各种造访者都小心翼翼。这些造访者五花八门，其中有很大一部分人自称记者，后者数量之多以致临汾为此专门开展了一场“假记者治理行动”。

程先生在大同刚开始上缴价款时就为自己在那里的矿赶着交了200多万元，他盼望着另两个矿所在的忻州市也赶紧开始收钱。在他看来，大同的价格标准仅仅在传闻里就已经涨了好几次，这笔钱时间拖得越久恐怕要交得越多。

程先生的担心并不是没有原因。最为关键的是，新的采矿权证并没有如期下发。记者从国土部门获悉，到目前为止尚未为他们办理一起产权转让手续，即使是最早开始的临汾。

在钱平凡看来，当前的情况下宁可做得慢一点，也并不适宜大规模推广。否则的话就只是一个过渡的改革，并非矿权的真正市场化。

但肖耿却认为这是在一个产权意识几近于零的国土里必然遇到的难题，要想改变得经过一个系统工程，从人们的观念，到政府监管方式和发生纠纷的救济机制。但这个庞大的系统工程只能在日后的漫长岁月里，通过政府的建设和产权交易中双方的博弈逐渐建立。“在当下，重要的是动起来。”他说。

在很多人看来，动起来就会好起来。神角煤矿被视为产权改革后安全投入和回采率明显提高的一个典型，最近投资6000万元新上了一套综合采煤设备，以后回采率可达到70%－75%。

7月28日，记者跟随那些低吼着的大车冲过一片片黑乎乎的小饭馆，爬过一条条岩石上写满流动补胎电话的山路，来到高山半腰的这个地方。映入记者眼帘的是：洁净的矿区、现代化的小楼、横空千米的传送皮带，墙壁上刷着醒目的标语“争做样板矿”，这里完全打破了人们对煤矿的想象。这似乎预示了山西煤矿产权改革的最终目标：现代化矿业的诞生。

山西矿权改革临近收官

■ 肖 华

在煤炭蕴藏量最大的省份山西，涉及数千亿元利益的煤矿产权改革启动两年后，在持续至今的博弈和争论声中终近收官，今后，山西的煤矿主们将获得受法律保护的煤矿开采权。尽管得之不易的产权并不完整，诸多核心问题仍待解答，但山西试点标志着矿产资源的产权改革在中国正式启幕，这是继生活资料、土地与国有企业改革之后，中国经济体制转轨的又一历史性事件——

山西煤矿主们终于可以集体摆脱“非法承包”的罪名，头一回受到法律保护了。

“看看，那时候这采矿权就不是镇上而是我王大为（化名）自己的了。”在上缴了1000万元、经过两年漫长等待、催问与担心之后，临汾矿主王大为终于有望换到写着自己名字的采矿权证，那意味着他不用再为自己是一个没有开采权的承包者而提心吊胆（法律严禁矿产资源以承包、租赁方式开采），而是真正“买断”整片资源，能正大光明地将3000万吨储量“一直挖到没有”。

在中国，在矿产资源所有权依然属于国家的前提下，这是第一次大规模地将过去属于国家与集体的采矿权转移给矿业公司或者煤矿老板：近日，山西省国土资源厅开始为全省产权改革后的煤矿分地区分批换发新采矿权证。

这意味着，推进了两年的山西煤炭资源产权改革在几经曲折后迈出了关键的一步。也就是说，继生活资料、土地与国有企业改革之后，中国庞大的煤炭资源存量资产的产权市场化变革终于得到了法律确认。

要知道，山西是中国最重要的矿产资源蕴藏量最大的省份：储藏和出产着全国1/3的煤炭。而煤炭在“缺油少气富煤”的中国，占据着能源消耗70%以上的份额。

正因为在全国能源结构中这种举足轻重的地位，加上今年4月山西被国务院批准为煤炭工业可持续发展试点地区，这场“样本”改革的每一步都毫无疑问将对全国资源改革产生深刻的影响。

“折磨我的是证”

在盼到这个喜讯之前，王大为已经在希望与失望中反复煎熬了两年。

跟许多同行比起来，在煤业浸淫十多年的他见识更广，胆子更大，头脑更灵活，但也因而受到更多的折磨。

2004年秋天，在临汾进行的资源整合与有偿使用试点改革（详见本报2005年8月18日C17版《山西煤矿产权变革起步》）中，王大为得到了原来所承包的一个乡镇煤矿的采矿权。付出的代价是，除了以往给乡镇的承包费用外，还要“买资源”——为这块储量3000多万吨的焦煤资源掏出近8000万元资源有偿使用价款。这些价款头一年缴纳1000万元，余下的6年内交清。

打消了煤矿可能被乡镇收回去的顾虑，他打算放手一博，彻底重建这个原来年产只有6万吨的小矿，将产能提高到45万吨，同时使不到15%的回采率提高到75%以上。算算账，他为此需要再掏一个8000万元。

“钱不是问题，折磨我的是证。”在太行山脉中的一条小山沟里，王大为告诉记者。早在头一次上缴价款之初，他就打算引进投资者，跟徐州矿务局谈好以股权合作，并由矿务局成建制地拉来从技术人员到矿工的全套管理、生产团队，上综合采煤设备，实行机械化作业。

可是王大为的采矿权证上写着乡镇的名字，并被注明是集体企业，表明他只是一个承包者，没有资格签订股权合作合同。不过，当时从政府传出来的消息是年底就能换到新证，徐州矿务局愿意等到年底。

没想到一等就是两年，直到现在，全省参与改革的3000多个煤矿主中也没有一个人见过新证的影子。

王大为眼睁睁忍着煤炭红火行情停产等待——因为6万吨的小矿应该关闭不能生产。直到2005年下半年，他再也耗不起了，只好搁下与徐矿的计划，无奈地投入1000多万元改造原来的小矿井，只求达到获得生产许可证的最低线。

有同样疑虑的煤矿主在山西还有许多，仅记者见到的就有上十位。与王大为不同的是，更多的煤矿主们根本没意识到没换证的麻烦，因为那丝毫不影响生产和生意。不过，一旦他们试图转让，就会发现自己陷在骑虎难下的尴尬里。

吕梁山沟里的徐老板就是其中之一。

今年春天他不愿成天为安全生产提心吊胆，决定转让煤矿。却发现在法律上，拿不出采矿权证的他依然是一个“非法承包者”，转让自然属于被严令禁止的“层层转包”行为。更要命的是，以往实际通行的转包只需要100多万元的承包费，现在加上了1000多万元的产权价款，风险骤然放大，这让他的煤矿问津者众，下单者无。

“没有价格”的价格

苦恼的绝不仅仅只是煤矿主们。争论一直在主管部门各级官员中延续，换证也被一拖再拖，以至于许多官员“见了矿主绕着走”。

横亘在山西官员面前的，是整个中国在市场化变革中无法回避的一道难题：为“无价”的资源制定价格。“公家绝对算不过私人，最好的办法是让市场自己来决定价格，那就是拍卖。”国务院发展研究中心煤炭专家钱平凡说。

山西省最初也有这种打算。在市场行情如此红火的现在，拍卖价格毫无疑问会高于协议转让，政府收益自然更高。只是，2004年临汾试点的艰难很快让官员们打消了这个念头。

当时，临汾被迫选择了协议转让的方式，但500多座煤矿宁可停产两个月，也没有一家上缴价款。

追认现实承包权的协议转让阻力都如此之大，拍卖自然更缺乏现实可行性——从1980年代实行“有水快流”政策到现在，全省登记在册的合法煤矿有近4000座，而其中3000多座都是情况错综复杂的集体矿。

然而，即便是协议转让，价格该是多少又成为一个争论至今的拦路虎。收高了，矿主们承受不起，改革难以推进；收低了，又会被指责为国有资产流失。不得不置身于“改革不力”和“国资流失”两重压力之间，官员们成了备受煎熬的石磨芯。

激烈的争论和各种力量的博弈，使山西各个试点地区的矿权价格难以一致。而现实是，如果要寻求一个大家都认可的价格，改革将漫长得近似无望。

在最初试点的临汾、中阳、大同等地，都是按储量一次性卖断，但价格标准各地并不相同，比如在临汾，动力煤1元/吨，而在盛产这一煤种的大同，价格是3.65元/吨。

备受质疑的不仅是价格标准，这种一次性卖断的方式也遭到了诟病。2005年4月，国家煤炭资源管理调研组来到山西，不少人提出，以当下的价格一次性卖断以后会日益稀缺、注定升值的资源，有国资流失之嫌。

另一种方案因而浮出水面：那就是“五年一卖”说，即按照每5年的价格标准来为5年内动用的储量交钱。也就是“按照当时的价格，挖多少买多少”。

一位“一次卖断”派对此很不以为然。他的理由是，以山西主管部门不足400人的人员配置，如何准确监管每5年动用的资源量？“人家把整座山都挖空了，你还只收他几百万吨的钱，这难道就不是国有资产流失了？更不用说这个办法只会激励矿主在行情好的5年里拼命挑容易采的挖，资源浪费与安全生产都没法保障。”

这是一场不可能有结果的争论——无法公开竞价的矿权，没有人知道合理的价格到底是多少，买的人永远说贵了，卖的人永远说便宜了。更由于标的是众人瞩目的大批国有资产，这些多重博弈后达成的价格注定要遭受诸多目光的审视甚至是挑剔。

主管发证的国土部门为此备受折磨。山西省国土厅一位人士坦承：“只要发了证，万一将来有责任可就是我们的呀。”

国土部门的小心并非过度审慎。此次改革涉及数千亿元的利益，令各种力量倾巢而出，其触及面之广、博弈之激烈超出想象，国家调研组为了保密不得不销毁了所有研究资料。

临汾困局

出人意料的是，临汾这个两年前最早进行改革试点的地方出现了困局——他们在改革时间表上反而落在了最后面。在国土厅下发的关于换证的通知中，临汾反而被排在全省之末，要到今年年底。

一个直接的原因是，临汾的资源整合方案在全省几乎是唯一一个被重新打回去的，因为“113961”中的“3”达不了标。

“113961”是山西人对资源整合与有偿使用改革目标的简称，其中的“3”是指压减关闭煤矿总数的至少30%。

临汾人有苦难言的是，这个最难也最关键的“3”达不了标，恰恰是之前试点改革的后遗症。

试点之初，临汾遭到煤矿集体抵制，为了逐个击破，临汾将手中关闭部分煤矿的指标当作了谈判筹码；而在开始零星有煤矿上缴价款之时，为了打破僵局，造成气势，当一些聪明的储量不足100万吨（按规定应该关闭）的煤矿主主动按100万吨交钱时，临汾也选择了接受，从而发给他们一张生存许可证。

近来，为了加强集中以取得山西对煤业的更多话语权，山西提出煤炭产量“零增长”与三大战役（关闭非法小矿，关闭9万吨以下小矿、整合20万—30万吨中型矿、上马一批现代化大矿）后，临汾这种变通的做法很快陷入尴尬：

经过产权改革的煤矿都已合法取得采矿权，六证齐全，如果关闭，显然在合理性上有些勉强。

而且，为了改善煤矿的安全状况，临汾趁产权改革全市停产整顿之机，推行了采煤方法改革：不通过采改验收，就不能上缴价款。

在这样的约束下，全市煤矿都进行了采改，少则投入六七百万元，多则一两千万元。

这本是好事，却带来了两个问题，一是临汾产能因此猛增到每年上亿吨，而省政府分配的产能指标却只有7000万吨。二是倘若强制关闭一些煤矿，如果说此前上缴的采矿权价款还可以依法退回的话，采改的投入该由谁来补偿？

对这些指望着明晰产权后放心生产的矿主来说，关闭他们的矿简直无异于要了他们的命。临汾的资源整合方案就此僵住。

按照省里的计划，原本要在6月专门派一个督导组到临汾推进整合，但由于5月大同左云发生矿难，这一安排暂时推迟。

督导组会怎样推进整合，这是一个新的悬念。但这个悬念其实并不仅仅只属于临汾。

到目前为止，不算那些非法私挖滥采的“黑口子”，山西已经关闭了1121座有证（旧证）煤矿，而随着三大战役逐步推进，到“十一五”末山西的目标是将合法和非法的共9000多座煤矿减少到2000座左右。

这样的现实困局无疑为改革增加了难度。

破解僵局

打破僵局的是一份省政府文件和一份省长令。

2005年6月27日，《山西省人民政府关于推进煤炭企业资源整合有偿使用的意见（试行）》出台，10天后，张宝顺卸任省长，转任山西省委书记，于幼军继任省长。2006年2月28日，新省长发布省长令——《山西省煤炭资源整合和有偿使用办法》，将试行意见进一步具体化。

这两份文件表现出推进资源整合和有偿使用的强大决心，并且对改革的方方面面作出了详细规定，包括参与改革的资源范围、价款的收缴、分配、用途和各政府部门在改革中各自的职责以及法律责任等，并要求“县级以上人民政府应当向社会公布经批准的煤炭资源整合和有偿使用工作方案”。

对采矿权价款，文件规定了三种方式：转为国有股份、转为国有资本金和货币缴纳。对于大部分集体矿普遍适用的货币缴纳方式，除了储量在一定标准下的较小资源要一次缴清外，其余资源的规定是“定量、分期分段出让，价款按省人民政府公布的标准执行”。至于目前的价款标准，山西细分为六类作出了详细规定。

但“定量、分期分段出让”这一条款具体如何操作，规定却并不清晰。记者就此向山西国土厅咨询，得到的答复是“现在基本是一次卖断，分6年交清，至于‘价款按省政府公布的标准执行’，则是为以后留下政策空间”。

在仍在延续且注定会旷日持久的争论声中，这个体现“平衡艺术”、预留了空间的方案，在关键时刻推动了悄然停滞的改革。

省长令规定国土厅要办理采矿权变更登记，加之今年 4 月国务院批准山西作为煤炭工业可持续发展试点时，也明文肯定了收取采矿权价款的做法，这让急等着产权证书的煤矿主们看到了曙光。

看起来，这场由山西发起的采矿权市场化改革即将以大批换证而收官，这标志着矿产资源的产权改革在中国正式启幕。

山西能摆脱资源诅咒吗？

■ 曹海东　李廷祯

"资源诅咒"是一个经济学术语，指自然资源丰富的国家或地区因过度依赖资源而导致经济落后。30年来，以煤为主的经济发展模式终于让山西又一次吞下了苦果，如何从举步维艰的困境中挣脱出来，顺利实现产业结构调整，成为山西的头等大事。

对于山西的主政者而言，这并不是个好年头。

一夜之间，这片15.6万平方公里的土地的钟摆停止了摆动。从太原出发，向南、向北行进，原本重型拉煤车挤满道路的景象已不复存在，即使隐匿在山间曾火光冲天的焦化厂、铁厂也已偃旗息鼓。

从去年10月经济危机席卷以来，占山西重工业90%以上比重的煤炭、焦炭、钢铁和电力全面下滑。山西成了能源工业的重灾区。

数据显示，今年一季度山西规模以上工业增加值仅完成599.6亿元，同比下降22.4%。相比过去几年财政收入增速位列全国第一的状况，山西一季度财政收入完成423亿元，增幅比上年同期回落40.2个百分点。

山西省政府的一份报告以少有的语气写道：如果这种状态持续下去，山西明年下半年将有三分之一的县市无法正常发工资。

这并不是危言耸听。山西是典型的煤炭财政，全省煤炭工业收益占全省可用财力的一半。"工业经济形势非常严峻，财政收支十分困难。"4月16日，山西省省长王君如此总结一季度经济形势。

这和10年前的山西经济如出一辙。上世纪90年代末期，全国煤炭市场低迷，山西经济滑落到了全国倒数几位。

过去的岁月之中，山西经济承载着一个难以转身的负担——财政收入受制于煤炭市场行情大起大落。进入新世纪，当其刚刚享受煤炭带来的喜悦的时候，一场突如其来的经济危机让这些化为了泡影。

事实上，泡影的背后则是山西30年以来形成的以煤为主的经济发展模式。这个模式，也让山西的政治、社会生态发生了急剧的变化，尽管山西的主政者费尽心思调整产业结构，然而这些积弊在短期之内难以得到调整。

山西之泪

"孩子他爸出事那天晚上，小孩一直说怕怕。"4月初，在山西焦煤集团屯兰矿拥挤的院子内，33岁的张素梅回忆起自己小孩那天反常的举动的时候，眼泪忍不住流了下来。不懂世事的2岁的孩子孤独地在床上玩耍。"2·22"屯兰矿难中78人长眠地下，张素梅37岁的丈夫就是其中一员。屯兰矿难是山西新任省长王君上任后遇到的最大一起煤矿事故。

总结屯兰矿难教训时，这位煤矿出身的省长潸然泪下。摆在王君面前的是一个两难决定：既要保证经济的发展，又要保证山西不再发生事故。在一个以煤为主，以复杂地质条件著称的产煤环境中，这种决定显得过分沉重。

至少目前，外界的解读认为，王君的首要任务还是遏制矿难的发生。有统计表明，从1980年到2004年，山西全省有1.7万多名矿工长眠地下。

正因如此，紧张的情绪充满了这个煤炭储量、产出占全国1/4的省份。4月初，记者在太原通往古交市的路上还看到全副武装的警察拉网查处违禁爆炸品。路边不断闪过的采空区标志提示已进入矿区。

屯兰矿难之后，山西的煤矿事故之弦再次紧绷起来。山西省内的一次内部总结会议上，一位主管煤炭的县级领导面对即将出台的问责制度，反问煤炭主管部门：那么多管理部门，为何管不住煤矿？如果问责制继续加强，县级官员根本无法干事。

在他们看来，小煤矿往往是地方财政收入的重要来源，如果关停小煤矿，地方的经济根本无法发展。目前，山西省 91 个产煤县财政收入的 40% 至 50% 来自煤炭，其中 36 个国家级重点产煤县的 70% 以上财政收入来自煤炭。

去年冬天，记者在山西采访时注意到很多老百姓甚至没有煤烧。由于整个市场疲软，加之停产整顿，很多煤矿无法生产，为了让当地老百姓过冬，山西寿阳县甚至出台“煤票”政策，以求煤矿低价供应煤炭。更有甚者，老百姓开始上山砍树。

难怪当时山西本地官员惊呼：山西正经历历史上最严重的危机。

从临汾出发路经其管辖的乡宁县的道路上，可以清晰看到“乌龟壳”般的道路——路面被分成两半，一半路面负重的拉煤车行走，坑坑洼洼，修补得如同乌龟壳；一半路面完好无损，属于正常车辆以及空载拉煤车行走。

过去这条道路熙熙攘攘，烟尘遮日，甚至白天行车还要开灯，现在空空荡荡，只有路边闪过的院子内停放的拉煤车证明着曾经的辉煌。

山西省统计局的数据显示，今年 3 月，全省 11 市工业生产都出现了负增长，其中临汾降幅最大。

对当地的居民而言，经济萧条中，虽然他们失去了工作，然而至少环境得到了改善，他们见到了久违的太阳。临汾，这个牛车与宝马等高档轿车在一条道上行驶的城市曾经位列全球九大污染最严重地区之中。

产业调整之难

临汾正是山西的缩影，也是轻重工业比例失调，严重依赖能源工业的典型。这些年来，山西历任主要领导一直试图进行产业结构调整，但由于配套政策和资金的缺乏未能如愿。

一位山西官员毫不客气地说，有时产业结构调整（下称调产）好比挖祖坟一样难。过去在山西主政的官员大部分是挖煤出身，有一种天生的煤炭情结。在过去的经济发展战略中，山西已经将能源重、化工基地等同于山西的发展战略，结果导致发展道路“越跑越窄”。

显而易见，山西调产之难并不是常人能想象的。

这种调产的积极性在 1990 年代末期最为突出，当时全国煤价已经跌到了谷底——山西多数矿务局半停产，工人工资发不出。

正是在这种背景下，1999年10月，山西在运城召开了调产会。这次会议上，明确提出了山西要培育优势产业、优势产品、优势企业。

此后，调产成了全省上下的口头禅，山西的经济要从地下转移到地上。当时山西阳泉甚至提出要打造北方瓷都的雄伟口号。

山西研究煤炭的学者指出，山西此间的调产都在延续“煤炭经济小循环”的怪圈——煤焦铁、煤电铝、煤焦化等。

具有悲剧色彩的是，山西每次调整经济结构都会遭遇“冷调整遇到热市场”的尴尬境地。最终这些调产计划全部消弭在煤炭价格的高涨之中。

2001年冬天，煤炭价格从50多元跃升到100元。2002年后半年到2003年上半年，山西进入煤炭矿难的高发期，与此同时煤炭价格也开始了新一轮的飙升——价格从200多元增加到400元至500元。

在这种状态下调产，简直难上加难。在很多人眼中，山西与其调产不如多挖几铁锹煤，而且山西多山、多沟，即使污染，也不会污染到哪里去。

对很多煤老板而言，2000、2001、2004年之间的几次调产更是一场无边无际的梦魇。

焦化厂老板徐文（化名）就是其中感触最深的一员。

2000年初，徐文养着几辆卡车为焦化厂拉煤，看着焦化厂赚钱眼馋。在山西全省的“6·5”关停风暴中，响应号召的徐文凑足了资金上了更先进的机械焦炭生产设备，上了新设备之后，政府说应该延长产业链，需要上化工产品生产设备。

本来这是一件好事，焦化厂的煤焦油中可以提炼多种化工产品。结果没过1年，环保总局的流域限批的一纸禁令下，地方政府要求再上环保设备——焦炉除尘、挡风墙、废水循环池等设备。

徐文算过一笔账，全部上马这些设备，一个焦炉少则投入几千万元，多则上亿元。

事实上，政府已经意识到必须给煤老板施加压力，调整产业结构。

去年煤炭形势最低谷期间，山西省高平市政府就曾自掏腰包，组织40名拟关闭煤矿的实际控制人和矿长到苏州培训。其目的就是留住这些煤老板的资金，让他们发展非煤产业。不过，究竟这些煤老板会将多少产业留在山西，现在还不得而知。

调产让位于安全

山西频发的矿难已经让山西的主政者不断更迭。调产在一定程度上让位于如何保证山西不出事故。

过去，山西想尽一切办法来解决此问题。从最早的技术改造，到后来的产权制度改革以至于资源整合，所有手段的目的只有一个：山西平稳发展。

在很多研究者看来，山西其实错过了一个绝好的摆脱煤矿事故的方法——产权制度改革。这项并不彻底的改革发轫于山西，却没能在山西推行下去，很大程度上在于山西的政策与中央政策无法衔接。

2004 隰县梁家河煤矿发生瓦斯爆炸后，参加抢险的山西省委书记张宝顺表示必须施行煤炭产权制度改革。但是不幸的是，在山西临汾乃至全省推行产权制度改革之时，国家开始了关停小煤矿的运动。

这造成的结果是，交了价款的煤老板一夜之间又变成了无产——他们的煤矿大部分在关停之列。

政策的对撞让山西的煤老板空欢喜了一场。作为山西而言，也丧失了一次弥补、完善政策的机会。

此后，山西的煤炭政策开始大规模资源整合，然而，由于地方各县与省里的意见不一致，主导整合的煤炭集团与煤老板的利益纠葛，加之去年山西省高层官员更迭，山西的煤炭资源整合推行缓慢。

为了更进一步管理煤矿，减少事故，新任省长王君的设想是进一步压缩矿井。这也延续了其一贯的思路。

按照山西省最新的政策，未来两年，山西将在现有煤矿基础上再压减 1500 余座矿井，将全省矿井控制在 1000 座左右。这意味着将在现有 2600 座煤矿基础上压减 60% 之多。

此举被媒体解读为“晋煤新政”。不过，一位长期参与山西煤矿事故调查的专家毫不客气地指出：现在制定的政策都是限制性的行政法规，没有人真正从实际地质、自然条件制定技术条例。“如果以‘堵’为主，让我干小煤矿也得出事。”上述专家说。

以关闭煤矿为例。1998年山西开始关井压产之时，县里首先是向上报指标，有一定的主动权。2007年山西省正式提出硬性关闭目标，后来要求凡煤炭资源小于200万吨、井田面积不足0.8平方公里、核定产能不到15万吨者都要关闭。为了落实关闭的目标，煤矿关闭指标被层层分解。

结果，刚刚已经搞完采改的煤矿马上面临关闭的命运。有的矿长，甚至县级官员不得不通过县与县之间置换指标的方式规避。

一位县级煤炭局官员说，通行的做法是，他们将其他县的保留手续、没有资源的煤矿指标买过来，保留本县的煤矿。一家花了2000万元买了指标的村镇联办矿矿长告诉记者，他刚买了指标就要关闭，跑了4个月还是没有等来复产的消息。

失落的山西

各种恶性煤矿事故乃至黑砖窑，这些集中体现了中国经济起飞中，通过压低劳动力等各方面要素价格的发展轨迹。频繁的矿难、恶化的环境，让山西成为各界官员烫手的山芋。过去几年内，几乎每任省长都要在山西挥汗如雨，最终泪别山西。

在短期内无法调整产业的经济结构的情况下，山西为了获得煤炭循环的自我发展，就必须向中央讨要更多的政策，比如煤炭可持续发展基金。此次4万亿元投资撒向全国各地之时，山西也希望能够从中分得一杯羹。

谁也不会想到山西曾经的辉煌。

新中国成立以来，山西一直是全国重要的老工业基地，早在“一五”期间，全国156项重点工业项目中，山西就占据了18项。“二五”期间国家继续加大对山西的投资。

其间，山西形成了重型机械、铁路机车、军工、钢铁、化工、纺织、食品、电力、建材比较合理的工业格局。

由于轻重工业比例失调，这一切在过去30年中丧失殆尽。郭兰英曾借一曲《人说山西好风光》唱遍大江南北，现在这只能为人们凭吊记忆中的山西。

显然，由于山西的非煤产业并不突出，经济衰退之后，要保证经济增长，必须通过煤炭。其主要手段就是煤炭寡头制，这也是山西目前极力培育的增长点。可以看到，几任山西官员都在不遗余力地提高山西煤炭产业的集中度。

尽管谁都知道，煤炭产业的发展是排斥其他产业的，比如旅游，但是山西似乎在短期内没有第二条路可以走。

山西的“失落”正在从政治、社会生态层面蔓延到经济层面。

过去几年内，山西成功掌握了焦炭的定价权，自诩为中国的焦炭欧佩克。去年年中焦炭价格飙升至顶点时，山西从事焦炭生意的一位集装箱老板即忧虑地告诉记者，每次协会开会大家都在齐声说涨价，“这条链条迟早要被绷断”。

可以发现，近几年，山西的财政收入增长速度远远大于煤炭产量的增长速度，其中最为关键的是政府在关停煤矿的过程中提升了煤炭价格。以往山西的煤炭产量只要有所波动就会影响全国的煤价，现在这种优势正在消失。

其中，内蒙古、陕西、新疆等地的煤炭产量正在逐步上升，加之电厂海外购煤的冲动，冲击山西煤炭价格寡头制的态势已经形成。今年一季度，内蒙古煤炭产量已经首次超过山西，成为中国第一产煤大省。

山西的明天在哪里？谁来拯救山西？这几乎是一个无解的问题。

山西的一位官员说，他曾看到一块广告牌：假如明天没有煤，山西该怎么办？“假如过去没有煤，山西可能就是今天的深圳！”这位官员自问自答道。

世间再无煤老板？

■ 肖华　李廷祯

煤老板——这个全中国最能体现暴富奇迹的群体——正在经历“天堂”到“地狱”一样的转变。山西省所有登记在册的中小煤矿都将被兼并。由于其在全国煤老板中占据绝对比例，因此外界普遍认为，作为一个群体，煤老板将退出历史舞台。在这个存亡交替的一瞬，本报记者先后三进山西，目睹了三晋大地上演的一系列隐秘纠结的博弈，目睹了煤老板最后时刻的悲欢沉浮、各施手段。而煤老板并不会全军覆没，它极少数的幸存者，极有可能从千万、亿万富翁变成财富以数十上百亿计的煤炭大亨，超级富豪将越来越多地从幸存者中诞生……

过频即空

不惑之年的煤老板迟章如此感慨。9 月 12 日，凌晨两点，汾河之滨。他取出一小片沉香木，掰一丝碎屑嵌入中华烟里，一种据说能镇定安神的暗香随烟雾浮动在酒店房间。

平素很不喜欢出门的迟章已经3个月不曾回家，终日奔走在山西、北京等地。手机不时会响起，有陌生人问价：“帮你搞定，出多少？”迟章和其他煤老板一样，正处于命运的十字路口。今年 4 月，山西出台“10 号文”，为了消除此起彼伏的矿难，保护资源，一轮历史上最大力度的煤矿兼并重组改革正式推进，三晋大地上所有登记在册的两千多家中小煤矿，将逃不过被国有化的命运。

这几年不断撩拨人们神经的“煤老板”，会不会随着整合的进行而成为正在消失的历史？

这是一个空前但难以绝后的群体，他们中有不会写自己名字的农民，有货真价实的经济学博士，有远道而来的冒险者，有转身下海的教师与机关干部，有各种背景各种身份的淘金者。

命运让他们中的一些从石头中淘出了金子，命运又把一些金子变成了石头。

但是他们并不会因此而完全消失。记者在山西采访近两周，无声的博弈正在当地低调却激烈地上演。而经由一次次“火焰山”之后，他们中的一小部分正在从以千万或亿计算身家的煤老板，摇身变成以十亿、百亿计算的煤大亨。

最后时刻

这是决定每个煤老板命运的最后时刻。

9月初的山西，虽然秋雨乍寒，却从白天到夜晚都四处升腾着一种隐秘的热气。

按省政府的计划，以7家山西省国企为主的大家伙们将在这个月接管煤矿。而眼下，意向性的框架协议才基本签订完，真正谈成价格的，100个矿中摊不到1个。

与煤有关的政府官员们几乎天天下乡。在一些基层，着急的官员们将兼并主体和还没签订框架协议的煤老板们拉到一起，不签不让走。还有的地方，谁不签，税务局就马上出动去查账。

国有煤炭企业的人每天早上7点就忙着给雇用的律师们打电话，催问头一天的谈判进度。猛然吞下太多煤矿，以至一时之间找不到人管理的国企开始登报招聘矿长。

一场大规模的煤焦反腐也在同时进行，一批官员受到处理，据闻还要一个一个项目地查，官员们从此再无人敢出头替煤老板们说话，无论是利益攸关，还是出于同情，或是为了反映现实以推进工作。

而煤老板们，从浙江、福建、海南、云南等四面八方飞回山西，没日没夜地投入这场决定他们命运的谈判。

他们每天穿梭在各个豪华酒店，挨个与各色人士会面，随时打算奉上礼金——担心有时太厚不便携带，有些车的后备箱里会备着面值是人民币10倍的欧元。他们的电话时不时会响起，不断会有自称是谁家亲戚的神秘人士询问是否需要帮助。

一轮轮谈判，正在烟雾缭绕的办公室、会议厅、酒桌或KTV中进行：有和评估公司谈的，希望能被评估得尽可能地高一点；有和外资谈的，希望借着外资的身份获得某种庇护；有人和国有企业谈，希望能早点见着现金；有人和兼并主体谈，乞求被对方整合；有的在和村里谈，捣鼓着村民上去跟国有矿闹腾；有的在和其他煤老板谈，希望能将产能迅速提高到90万吨，再去整合别人（10号文规定只有产能达到90万吨/年的矿井，才能去整合别人，整合兼并完成后单井产能也必须达到90万吨/年）；有的在和周边的小煤矿谈，希望能借机抄底收购一些小矿，再打包卖个更好的价钱……

此时的山西，一位煤老板如此形容："从桌上谈到桌下，从这张桌子谈到那张桌子，从这个屋子谈到那个屋子……"有人喜气洋洋地告诉记者"这下好了"，也有人连声长叹甚至想自杀。能想象或者难以想象的各种花样，都在这里找到了一个巨大的试验场。

关闭的大门也在被一点点地挤开。有人跟兼并主体签订了阴阳协议，可以在大企业正式进驻改建矿井前继续开采，所获利润算作对此前低价的某种补偿；在有的地方，达不到90万吨/年的矿井地方政府也允许保留。

不过更多的人还是在死命扛着，尽管不卖就不能复产，不能复产每天至少要花费一两万——"停100天也就是百来万，但合同一签几千万可就没了！"

一些煤老板不光要为谈判花心思，还得为此刻的每一个晚上动脑筋，"开工的开关一拉，就是白花花的几十万"。山西绝大多数煤矿停产已久，以致连当地企业都不得不去外省买煤，煤老板们早就已心急难耐。在煤矿就要转手的前夜，开工成了心照不宣的隐秘号角。"白天不行就夜里，前半夜不行就后半夜。"一位煤老板告诉记者，如果每天能出3000吨煤，每吨赚100块，就是30万，"只要能让我开工，什么条件都好说"。经历了一次又一次风云跌宕之后，他已如惊弓之鸟，只敢相信眼前的东西，只想拼命抓住眼前能抓住的一切。

未出生，便死亡

没有谁能比迟章更能体味人生的无常和诡异。他以为每年至少能赚几千万，却在转眼间就从暴富的美梦直接跌进破产的现实。

一切从2005年进行的矿权改革开始。

那一场“资源有偿，明晰产权”的改革，规定只要交一笔买资源的费用，矿井的储量和生产达到一定要求，个人就可合法拥有。这是许多煤老板梦想开始的时刻，他们闻风而来，丝毫没有想到4年后的另一个结果。

在此之前，采煤只需向国家缴纳每吨几毛钱的费用，沉睡地下的煤田相当于不要钱的宝藏。

突然要交数百万千万甚至上亿元的采矿权价款，让那一场改革搅起翻天波澜，也给了迟章们一个顺利进入的接盘机会。那年春天，迟章花了近5000万元，买下晋北几个连在一片的小煤矿，他以为从此拥有了一大片宝藏。

自称“既识时势又懂政策”的迟章，深知要跟上资源安全有效开采的大势，要跟着政策走。他打算封住几个小矿，重新改建成一个30万吨／年的矿——当时，如此规模的煤矿在山西并不多见，在迟章所在的县，“我这个矿可是牛皮烘烘的”。

交完两千多万价款，拿到了煤矿指标，他正式开始“跑手续”——也就是煤矿生产或建设所需要的证件，前者是六证，迟章申请的基建矿则需要四证。“手续”一跑就是三年，迟章已记不清花了多少费用，“光是规划图就花了几百万”。一批批人来矿上检查，通常要给领头的准备2000元红包，其他的1000元或500元。如果检查完了去吃饭，有的不参加饭局的人就会问：“不去吃的多给300吧？”2008年初夏，复工卡终于批了下来，规定了工期为14个月，也就是说，2009年夏天这个煤矿将可以从基建矿转为生产矿，正式产煤。

整个家族抵押上房子东拼西凑，不算利息，迟章又花了七千多万元，按照30万吨矿井的建设要求，上了机械化设备，盖了百人会议室、食堂、澡堂、矿工活动室等。

至此，投资已超过1.5亿元。

眼盼着生产的日子就快到了，不料“横生剧变”：今年4月，县里传达了省里的新一轮煤矿兼并重组改革的消息，今后单井产能必须达到90万吨/年，迟章的30万吨的矿要么被整合，要么被关闭——一天都未曾生产，这两种选择都意味着血本无归。

迟章并不是唯一的不幸者，同样命运的煤矿，光在当地就有二三十个。他们中的许多,都是贴着政策要求的底线,从9万吨到15万吨、21万吨、30万吨。"小孩还没生出来就被枪毙了，你知道那种感觉么？"9月12日，迟章回忆。那个星期，他瘦了十多斤："我想过死，可是死不能解决问题，整个家族面临破产，我必须绝处逢生。"

少收了一两亿

离心神憔悴的迟章百里之外，临汾煤老板黄永顺正在为签不签眼下的合同而发愁——这份合同会让他损失一个多亿。

他所在的临汾，既是上一轮矿权改革最先试点之处，也是这一次兼并重组的发源之所。煤炭这种黑色燃料曾经施展魔法让他点石成金，然而命运的风云变幻有时候也能让金子变成石头。2008年4月15日，在能容纳1400多人的临汾剧院，黄老板和全市煤老板，加上各政府部门官员挤在一起。临汾宣布，要通过"收购、控股、租赁、托管"等手段，让国有大煤炭企业在3年内整合全市年产30万吨以下中小煤矿。

这时候距上一轮矿权改革不到4年，方向却发生了180度大逆转。因为原来带有私有化色彩的改革被认为没能救得了临汾，2007年12月5日，洪洞一个煤矿爆炸，105名矿工死亡，市长丢了乌纱帽。

继任的官员如履薄冰，苦苦思索后提出了这条国有化新路。

消息一出，黄永顺不知是悲是喜，悲的是煤矿不保，喜的是坐地起价。

那时候煤炭价格涨出"天价"，河北、山东、东北、安徽、广东，大大小小的煤炭电力企业闻风而来，争相圈地。临汾这座千年尧都古城车水马龙，各大宾馆纷纷爆满。

几乎每个煤老板都同时谈着好几家，有一"女"许了好几家者怕被同住一家宾馆的企业们发现，只好掩着面进出；也有年产十几万吨的小煤矿老板，强悍地向年产几千万吨的国有大矿扔出通牒：20天签完合同交出钱，不行就免谈。“那时候可是别人求我卖。”谈起那时，黄老板言语之间依然难掩得意。他的矿当时已跟一家省外国有煤炭企业谈好，价格是2.8亿元。

但是，合同卡在了省里，因为这家省外企业不在省里预算的兼并主体之中。

临汾的新思路，虽然在大方向上得到了省里的认可，但不仅具体手段——比如托管、租赁——未得到批准，而且在兼并主体上发生了大分歧。

与谁来整合都欢迎的临汾截然不同，山西省希望将整合的权力主要控制在省属国企手中。2008年9月2日，山西发出“23号文”，“煤矿兼并重组”改革正式在全省提上日程，专门对以省属煤矿企业为主的兼并主体作了详细规定。

同时，为了改变现有小煤矿四散开花的状况，让成片资源得到统一规划和开发，文件提出要按照矿区进行规划，“一个矿区尽可能由一个主体进行开发”。

6天后，临汾襄汾“9·8”溃坝，265人死亡，时任省长孟学农因此去职，大同矿务局出身的王君从安监总局局长任上调任山西新省长。襄汾事故尚未处理完毕，全球金融危机爆发，煤价急转直下，而今年2月山西最为先进的焦煤集团屯兰矿又瓦斯爆炸，死亡70多人。

小煤矿于是集体停产，煤矿兼并重组一度悄无声息，黄老板过了一个平静的安稳年。

波澜再度掀起，是在今年4月16日，省政府下发“10号文”。

这一次，山西成立了以省长为组长的煤矿企业兼并重组整合工作组。工作组规格之高甚为罕见，足见山西之决心。

这份文件要求，哪一片哪几个矿由谁整合，统统划分清楚。

这份文件一出，黄老板们再也没了当初左挑右选的神气。两个月前，他被规定由一个省里的大集团进行整合。

这时候已是时移世易。价格评估几乎没有了多少谈判余地，因为国土厅早先已发文规定好了采矿权价款的统一补偿标准，需要评估的只是有形资产，比如房子和设备。“一夜之间，我必须卖企业，又一夜，我从卖企业变成了卖设备。”他说。上次作价2.8亿元的煤矿，在经过无数次讨价还价之后，这次的评估价是1亿元出头。

他庆幸的是自己进入的时间很早。虽然一些金子变成了石头，但此前石头变给他的金子更多,从 2001 年买下煤矿开采到 2004 年,已经赚得“差不多了”。

受伤的“南方人”

真正巨大的影响，降临在后来者身上。

他们中有许多是从福建、浙江远道而来的冒险者，年纪大的五六十岁，年纪小的还是“80 后”——在山西，当地人管他们叫“南方人”。

一部分南方人曾经试图对此次改革施加影响。今年 4 月，在南方人聚集的新兴采煤区忻州朔州一带，刚刚回乡过完清明的二十多位煤老板们匆匆返晋，第一次聚在一起，讨论莫测的未来。

最早的一批南方人，是上世纪 80 年代初温州市苍南和平阳两县井巷工程公司的职工，当时山西的矿井大多都由他们来施工。后来，煤炭不景气，付不出工程款，一些煤矿就抵债给了井巷工人们。

好不容易熬到市场回暖，包工头们苦尽甘来，引来亲朋好友“一起发财”，1990 年代末，平阳、苍南人成批“走西口”。

到 2005 年，据浙江与温州官方机构出台的一份报告披露，当时温州人在山西有 300 多个煤矿,比如,原平市长梁沟矿区 62 个矿中就有 59 个被他们承包。

这一数字在随后的矿权改革中被成倍地刷新。

矿权改革提供的成批的接盘机会，摆脱不明不白的承包身份真正拥有产权的诱惑，再加上山西当时高调招商引资的姿态，让嗅觉灵敏的南方人蜂拥而至，不能来的也入股踊跃。

参与聚会的二十多位煤老板多数都是在那时来到山西的，他们在当地的投资超过 30 亿元，几乎每个矿后面都有数十个南方家庭，和百万千万计的银行贷款——据说仅平阳县水头镇，90%以上的房子都抵押在银行，换作真金白银砸在煤矿上。

当时煤老板给人们留下的多是狂买名车豪宅的形象，这些南方人提起来便愤怒而委屈。他们小心翼翼地保持着低调，许多人都将陆虎、宝马、奔驰们开回老家，只留下帕萨特们呆在山西。

不幸的是，从矿权改革时开始，山西就矿难不断。而每出一次事故，煤矿就连片停产，加上一些重大节日时自动停产，有煤老板统计了生产记录:3年来，即使六证齐全的煤矿，正常生产的时间也不足4个月，而那些基建矿则更是一天都未正式生产过。

在屯兰矿难后长达两月的停产整顿之后，省内的长治等地已渐渐开始批复复工，他们所在的地区不仅毫无动静，而且前所未有的严格：就在聚会的前一天，县里统一行动，除国有煤矿外，各个煤矿井口传送设备的皮带机头或绞车都被强制拆除，拉回政府贴上封条。

平素并没有多少往来的煤老板们，纷纷赶来，第一次开始开会。

会议从他们飞回来的当天晚上开始，持续了一整天。尽管试图联络更多的当地煤老板，但最后来的依然全都是南方老乡们，闽南话于是成为会议的官方语言。

一些人情绪激动，中午就跑出去买回来几卷红布，一枝毛笔，当场外套一脱袖子一撸就开始写起标语“矿工要吃饭”，“我们要工作”。

更多的人，则始终很沉默，只是听着、看着，没有太多表情。

煤老板试图让矿工们拿着标语去反映情况，但最后没能成行。

第二天，煤老板们一起来到县长办公室“要个解决办法”。记者发现，在进门那刻，即使在门外群情激昂的煤老板，也都马上低下头，陪上了笑脸。直到听说县长不在，才重新活跃起来。

唯一的一次集体行动，就这样三三两两地散了开去。

在接下来的兼并重组中，南方人鲜有能成为兼并主体的，却几乎没有人只停留在发牢骚上，每个人都在各显神通，都在这场隐秘的谈判中比着将聪明、灵活与胆色发挥到极致。

煤老板的死与生

两个世纪前，在英格兰斯塔福德郡，一个债台高筑的工程师通过燃烧煤炭来带动活塞，抽出了深井里的水。那是人类第一次自由地驾驭能源，也是煤炭头一次向工业世界展示它的魔力，点燃工业革命。

两个世纪后，这种对中国来说最为重要的黑色燃料，却在财富世界里施展魔法，让众生颠倒。

一些南方人心碎神伤、黯然离去。背靠庞大而灵活的民间资本，他们并不缺少不断投入建造现代化大矿的资本，但在他们头顶划了一道红线，几乎没有给他们留下多少机会。离去的时候，有人发誓，“再也不踏进山西”。

而莫名其妙发了大财的金玉一家，则心满意足地卖了煤矿。

上世纪90年代，煤炭低迷，吕梁山沟里，镇上将一个煤矿抵债给了金玉家。没想到他们却一脚踏进了富贵门。

煤炭后来吹着气一样地涨价，金玉家的资产也吹了气一样猛地膨胀到近亿。她的丈夫从没上过学，不会写自己的名字，很长一段时间里都搞不清银行是个什么玩意儿，他只相信现金，但从不会写收条，即使收人家上百万。

他们从不知道这逼人富贵怎么突然就从天而降。2005年盛夏，金玉曾经问记者：“为什么前几年我们家门外总是堵着要债的人，这两年每天早上醒来窗户外头就有人排着队拎着钱买煤？”当时，40多岁的金玉烫着发，化了妆，大花短裤盘着腿，问着话就将嗡嗡的苍蝇一只只拍死在家里崭新的真皮沙发上。

像金玉一家这样撞中大运赚得盆满钵满的人，大多都选择卖掉煤矿，过富贵生活。现在，她将两个孩子送到国外，全家搬进了城，据说丈夫最近新迷上澳门，已经输掉了几百万。

黄永顺也厌倦了有煤矿的日子，要整日赔着笑脸，要整夜担惊受怕地对电话铃声过敏，一忙起来整个月都顾不上换衣服。

尽管少了一两亿，他心里已经打算接受那个国有大矿开出的价钱。办了健身卡，雷打不动天天锻炼。

说起未来，他一脸神往。他打算物色几十亩地，种些菜和果树，“过不用看人脸色，不用担惊受怕的太平日子”。

而沁和能源集团董事长吕中楼，却打算在他10年前发现的财富巷道里继续掘进。

1998年春节，人民大学经济学博士毕业后在国家科委工作的山西沁水人吕中楼回乡过年，县里的官员们找上门，希望他能想想办法帮助解决企业改制问题——那时候刚开过“十五大”，国企改制吹响号角，沁水县却怎么也卖不动。

吕中楼挑了一个煤矿企业，他的判断依据有两个，一是国外取得资源都需有偿，但中国当时全都是无偿，升值空间广阔；二是他查了统计数据做了个模型，“煤价连续10年低迷，接近谷底”。

黑金的光泽渐渐闪耀，吕中楼看见机会在闪闪发光，他辞了国家公职，专心做起了煤老板。第一年，连年亏损的这个煤矿就实现盈利，因为过去国营时每吨煤的成本要七八十元，吕接管后马上降到了30元。

待售的煤矿马上接踵而来，吕中楼开始使用财务杠杆加快买煤矿的速度，到现在，公司一共拥有10个煤矿。

股东中除了吕中楼之外，还有像老虎基金这样声名赫赫的外资机构。在新的整合中，他是极少数幸存者，同时拥有兼并主体的资格，按当地政府的规划可整合周边的4个矿井。

现在，他正忙着穿梭在北京、香港等地，跟不同背景的外资进行谈判，以吸收更雄厚的资本，来沿着煤炭延伸，进入煤化工领域。

这样极少数的幸存者，极有可能从以千万或亿计算身家的煤老板，变成以数十上百亿计算的煤炭大亨——兼并主体整合后每年的产能至少要达到300万吨，即使只卖煤炭，即使按每吨煤赚100元粗略计算，一年的利润也有3个亿。

煤老板数量在此次改革中会大幅度减少，但可以预见的是，超级富豪将越来越多地在幸存者中诞生。

煤炭大亨，正是迟章的梦想。尽管在山西已经难以实现，但他相信其他地方，黑金的大门正在向他敞开。

其实没有人真正清楚迟章付出了怎样的3个月，尽管亲友股东们都不断给他打电话。所有人都只知道，最后的结果是，他终于跟一家国有矿谈妥被其整合，价格也令人满意，基本收回投资。“带着这一个多亿，我就能东山再起，再打一仗。”他雄心万丈地告诉股东们。煤矿依然是他不变的目标，黑色燃料仿佛在他的血液里开始燃烧，他认定，这些东西可以让人破产，就一定能让人暴富。“只要地下还有煤，只要地上还有人买煤，煤老板就不会消失。”

一处理完山西的“后事”，迟章就马不停蹄地向着更广袤的西北奔驰，他要抢在时间前面，抢在下一次风云变幻前到达那里。

中国式财富地图

■ 陈　涛

中国式国民财富的寻宝图上大大地写着这几个字：地产、金融、股市、矿产。它们是本轮国民财富增长的“四大金刚”。一个国家的国民财富增加了，当然是好事。但是，探究下去则未必尽然。特别对于这一轮中国财富大增长来说，可能是祸不是福。

惊人的财富膨胀

在5000年的历史上，中国人的财富从来没有像最近这几年这样迅速地增长。

七八年前，那些有1亿元身家的人已经是举国知名的大富豪了，而今天，这个数字恐怕连前2000名都进不了。依照英国小伙子胡润最新的排行榜，第800名富豪的资产也有8亿元，而新科首富的个人资产则高达1300亿元。去年的首富个人资产为270亿元，这个数字在今年只能排到第16位。

今年排名前几位的个个都堪称为世界级富豪，如果考虑到购买力因素（人民币购买力低估），则这些中国富豪的财富更为惊人。

当然，富豪是少数人，中国财富的整体情况如何呢？

依照世界银行1998年发布的世界各国国民财富估算，中国国民财富总值为37万亿美元，其中自然资源资本和既有财产分别为3万亿美元和6万亿美元，这两项合计起来再换算成人民币大约为70万亿元。今天，仅仅A股公司市值已经近30万亿元了，如果算上在我国香港、美国以及其他市场挂牌的中国公司，仅上市公司一块就超过40万亿元，再加上中国的其他财富（自然资源、住房以及其他形式的财富），肯定远远超过70万亿元。

自然资源估算起来很麻烦，我们以比较容易估算的房产为例，全国现有住房总面积超过300亿平方米，如果以均价1500元/平方米计算，仅住房一项，就聚集了至少45万亿元的财富。事实上，仅上海一城，最新的居民住房总量应该有近3亿平方米，平均每平方米价格超过1万元，这样算下来，总值大约3万亿元。如果把价格更高的写字楼、商铺等计算在内的话，总值将更高。

在过去的几年里，中国出现了全国性的房价上涨，从一线城市到小县城，从东部沿海到西部边陲，房价一年数变，假设全国房价每平方米平均上涨500元，则因此增加的财富总额超过15万亿元，人均超过1万元。

除了房产，股票市场是另外一个造富基地。仅仅在2年多前，A股总市值仅为3万亿元，而今天，由于股价指数从1000点一路高歌猛进到6000点，再加上一大批"巨无霸"连续上市，A股总市值已经近29万亿元。在这个过程中，一大批个人投资者在这一轮牛市里获益不浅，仅仅根据公开数据，炒股炒成身家上亿的也不在少数。

想当年，刚刚"允许一部分人先富起来"的时候，"万元户"就很不得了了，而今天，仅居民存款一项，全国人均超过1万元（人民银行公布的最新数据，2007年7月，银行存款总额38.3万亿元，其中居民存款总额17.36万亿元）。当然了，这里没有考虑到通货膨胀的因素。

地产何以成为财富头牌

中国国民财富的增长最明显的一个特点就是，它不是在各个领域齐头并进地增长，而是在几个特定的领域和板块中迅速膨胀。中国式国民财富的寻宝图上大大地写着这几个字：地产、金融、股市、矿产资源。它们是本轮国民财富增长的"四大金刚"。

在这"四大金刚"中，地产是头牌。4年多前，我就注意到中国富豪扎堆在地产领域。当时在写《为何房地产业多富豪》时，专门做了一个小统计，我注意到，当年的前100位富豪中，有40多人涉足地产，而全球富豪榜中，前500位富豪只有大约30人是地产商。

当时依据的是2002年的富豪榜，而在2007年的榜单中，这种趋势更明显了：今年的前100位富豪中，有48人与地产直接相关，占了近乎半壁江山。

地产业盛产富豪并不是因为这个行当的人比其他行当的从业者聪明或者踏实肯干，而是基于中国地产行业的制度设计。

中国地产用的是"香港模式"。这个模式大致上是，地产商从政府手头批发到70年使用权的地皮（1997年之前，香港是英国从中国手中"租赁"过去的，所以当时的香港政府并不具有土地的所有权，而只有一定年限的使用权，所以从理论上讲，它只能卖一定年限的使用权，而不是所有权），然后，开发成楼盘，再把地皮70年的使用权与地上建筑一并零售给购房人。

一般说来，地上的建筑部分不会增值，相反，它会随着时间的推移产生耗损而减值。另外，由于建筑材料全国价格大同小异，设计师、建筑工人的人力成本相差也不是很大，如果我们在一个小县城拷贝一座一线城市的房子，地上成本应该差不太多。但是，房价的差别可能会超过10倍。房子不断涨价的原因不在地上的建筑部分，而在地皮。

地皮为什么会升值？剔除需求因素增长等因素之后，我们会发现，市政建设会让地皮迅速地升值。最明显的一个例子就是地铁沿线的房价明显比其他地方房价高。

而在一个经济体迅速发展的过程中，市政建设一般也会迅速发展，这就让不少地皮搭了市政建设的"顺风车"。由于具有信息优势以及强大的游说能力，地产商能比较充分地、集中地分享市政建设带来的收益。这样，公共的支出（市政建设）最后会表现在地产商的财务报表的收益中。这是地产商拿到的一笔钱。

地产商并不需要特殊的牌照，既然有如此好事，大家当然都争做地产商，从理论上讲，在充分竞争条件下，地皮的批发价格就会体现市政建设的未来收益，这样地产商也就无利可图。

事实不是这样的，在"香港模式"下，由于土地是成片批发，这就等于设置了事实上的门槛，那些资金不够雄厚的个人或者开发商连进场参与竞价的机会都没有。于是，土地批发的市场其实是个非充分竞争的市场，大批无批发实力的机构和个人只能在“零售市场”上买到一小块地皮，而这个“零售市场”则是充分竞争的。庞大的批发零售差价，是地产商拿到的第二块奶酪。

除了“市政建设”与“地皮的批发零售差”这两块收益，中国的地产商还受益于最近几年爆发的住房需求，这种需求一方面跟城市化进程有关，一方面跟在福利分房时期形成的长期历史欠债有关；此外，房产投资让需求进一步放大。这些因素齐聚在一起，使得地产商成为本轮财富大爆炸中最大的受益集团。

我相信，如果改换一种模式，则会完全改变中国地产界的现状。比如，让地产商在事实上只能买卖房屋的地上建筑部分，地皮部分则以税收或其他样式由政府根据房屋增值情况逐年征收。当然，这个模式会使地方政府面临短期的压力：在“香港模式”下，一次可以卖 70 年的使用权，这样可以在很短时间内筹到大量的资金；而新的模式则等于把 70 年的使用权逐年卖出。考虑到土地出让金已经成为地方政府重要的收入来源，地方政府可能会成为这个设想的反对者。

银行业的秘密

银行业是本轮财富大爆炸中的另外一个明星。

前几年还有经济学家在叫“中国的国有银行在技术上已经破产”，而今天，它们在资本市场上成了备受追捧的香饽饽。

以 10 月 17 日收盘价计算，仅仅在 A 股上市的 14 家银行总市值就高达 9.6 万亿元，占总市值的三成多。在过去几年里，商业银行的早期投资人日进斗金，个人财富迅速膨胀。在富豪榜中能见到不少这样的身影。

跟地产业不同，银行业从一开始就需要特批的牌照。到今天，偌大的中国，全国性银行牌照只批了 15 家。它们数量虽少，但是却占了中国银行业的大头。

中国的银行业虽然值这么多钱，其实做的事情却很简单：揽储加放贷。就是让大家把钱存在它那里，然后找人再贷出去。存款利率低，贷款利率高，中间的利差就是它们的主要收入。而存款利率和贷款利率都是政府规定好了的（当然了，贷款利率可以适当浮动，但是只允许上下浮动 10%），也就是说利差是政府规定了的。而这个利差要比在充分竞争格局下的利差大一倍以上（国外银行通行的利差大约是1%，而中国银行业的利差则能达到3%）。由于通货膨胀的因素，在一个事实上处于“负利率”的时代里，银行的钱不愁贷不出去：道理很简单，如果今年的100元到明年的购买力只相当于现在的90元，就算是付8%的利息，到明年也能稳赚2元。

在这样的背景下，银行是皇帝的女儿不愁嫁，而且还能优中选优，只贷给最优秀的申请人。其结果自然是放贷量大增，同时，贷款质量也大增，坏账比例大幅度降低。最后的结果是，各家银行的赢利能力都突然地增强了，以上市银行为例，今年几乎是全行业的利润同比增长50%以上，个别银行再做一点努力，竟然能做到净利润同比增长100%。

依照央行公布的最新数据，2007年7月，中国银行业共揽储38.3万亿元，贷出26.3万亿元，以3%的利差计算，则仅此一项收入就近8000亿元。考虑到整个中国的GDP也不过才20万亿元，银行吃的利差竟占GDP的4%，这实在不能不说是一个极高的比例。

除了银行业之外，证券业、保险业等其他金融行业在过去的几年里也迅速成长，其估值也大幅度提高，造就了一大批富豪。跟银行业一样，它们都是一些需要特批牌照的行当，只是由于其总体量不及银行业大而已。

股市、矿产：生产富豪的流水线

在过去的两年多时间里，A股从1000点涨到今天的6000点。其牛气举世无出其右。而今，这种牛气甚至传染到了香港已经在世界各地挂牌的所谓“中国概念股”。

在今年富豪榜中，富豪们之所以能身家大增，其最主要的原因就是股价上涨而带来其拥有的公司价值大增。

除了做实业的企业家之外，那些投资股票市场的股民也颇多收获。在过去的两年里，获得10倍以上的收益的人不在少数。

在1000点的时候，流通市值大约1万亿元，而在6000点的时候，流通市值则近10万亿元，当然，其中有相当是新股发行的贡献，估计股民获得的流通股增值大约超过5万亿元。现在，沪深两市的开户数大约为1.2亿元，由于大部分人都同时开沪深两个户，所以应该有6000万投资人，剔除一些“死亡账户”，人均收益超过10万元。对于一个人均年收入1万来元的国家来说，这是一个令人吃惊的数字。在几年前，如果有个50万、100万，就能成为券商的座上宾，被请进“大户室”，而今我敢打赌，随便找一个股票交易厅，都有一大堆超过100万的股民坐了个小马扎在看闪来晃去的交易行情。

我们在银行的“利差”这个事情上没跟国际接轨，不过，能源、矿产以及其他原材料却紧随国际市场涨势。在过去几年里，国际市场上的各种矿产资源全线上涨，相应地，国内那些投资资源类企业的投资人也大赚特赚。

当然了，虽然也有一部分民间投资在这些领域，但大的资源类公司基本都是国有企业。最为知名的就是山西的煤矿主。事实上，他们已经成为继温州人之外另一个最具地方特点的富豪群。他们在北京购买豪宅名车的大手笔让很多人目瞪口呆。2004年的时候，一吨煤售价大约为310元，而现在，这个数字变成了410元。由于生产成本基本不变，所以价格上涨部分几乎全是利润。全国一年产煤总量大约为23亿吨，这样算来，每年由于价格上涨而带来的利润总和大约为2300亿元，其中有相当一部分集中在山西。

石油的情况则更为明显，油价大幅度的上涨让中国石油成为“亚洲最赚钱的公司”，其股价也连续大涨。2000年，它以1.27元港币的价格发行，而现在，股价已经超过18元。高高在上的中国石油也将在最近衣锦还乡：回归A股。

我国法律规定，矿产资源为全民所有，其收益也理应全民分享。2005年底，财政部副部长朱志刚在接受《南方周末》记者专访时，曾针对资源行业的暴利表示：采全民的矿就要交足全民的钱，资源的增值收益不能让少数群体独占。两年过去了，情况有所改观，但还远远不能令人满意。

财富之源，还是财富之瘤

直观地说，一个国家的国民财富增加了，当然是好事。但是，探究下去则未必尽然。特别对于这一轮中国财富大增长来说，可能是祸不是福。

前述财富增长的“四大金刚”——地产、银行、矿产以及股市，基本上都是由于重估而产生巨额的新的财富。

以房产为例。同样一间房子，昨天值50万元，今天值100万元，一下子增加了50万元的财富，难道这笔财富是从天上掉下来的吗？当然不是的，总有人要为此付出成本。

从理论上讲，房产的价格是房租的贴现值。假设银行利率为5%，则100万元能稳定地带来每年5万元的利息收入。一间房子如果能稳定地带来每年5万元的房租，则它的价值就相当于存在银行的100万元。换言之，它的合理估值是100万元。

房价的上涨意味着房租的上涨（住在自家房子的人可以假想自己把房子租给自己了），而这种上涨会成为社会成本的一部分，映射到社会生活的各个方面。

在上海，前几年有人提所谓“大排面指数”，说的是要看一个区域的房子值多少钱，先看该区域的饭馆一碗大排面多少钱，然后乘上系数1000，就是这个区域的合理房价了。

这当然是一种很粗略的说法，但是，它的道理在于，房价与生活成本直接相关。你可能不需要买房，但是，你需要买东西，需要去饭馆，需要叫出租车，而这些服务的背后都有房子——是的，出租车也跟房子有关系，司机也需要住呀，而房价的上涨，也一定会影响到他的成本。我相信，今年以来的全国性物价上涨与房价上涨呈正相关的关系，虽然现在还不清楚相关系数是多少。

银行股价的连续上涨被一些人认为是一项功绩，什么国有资产保值、增值了之类的。但是，以人为的垄断行为制造出来的利润和业绩并不是创造财富，而仅仅是财富的大转移。由于银行的行业特点，各行各业的利润被集中转移到它这里来了，这才最终表现为银行业一片繁荣。但是，在这种繁荣的背后，一大批本该获得贷款的企业贷不到钱，一些本该用低得多的利息贷款的企业拿不到低利息，存款人本来应该享有更高一点的利息收入，但是，这笔收入被银行集体给吞并了。

在这个格局下，银行业增加的财富，只不过是全社会贷款的企业以及个人损失的财富而已。

形成财富肿瘤的不是别的，乃是不合理的制度设计。

地产业的暴富是由于制度设计，银行业也是这样，股市和资源类公司大幅度升值还是这样。中国股票市场的大幅度上涨跟供不应求有直接的关系，而造成这种供不应求局面的正是中国股票的发审制度。资源价格涨价随着国际市场走，这个没错，问题是，新增的利润中有多少是由矿产资源本身带来的，多少由矿产企业的经营带来的？在对矿产企业征收的税赋中有没有正确地反映矿产资源的贡献？

司马迁曰："天下熙熙，皆为利来；天下攘攘，皆为利往。"财富，是指导人们社会行为的指挥棒。一个好的指挥棒是这样的：它能让个人在获得财富的同时，必须为社会创造财富，让社会中的其他人能分享到他提供的产品或服务，而且，这个产品和服务的价格是充分竞争的、合理的。这样，整个社会的财富才会不断地增加，社会才会进步。这样一种制度设计，乃是全社会之福。

2007 胡润百富榜中地产富豪占去近半壁江山

排名	姓名	财富(亿元)	公司	行业
1	杨惠妍	1300	碧桂园	房地产
2	张茵家族	770	玖龙纸业	包装纸
3	许荣茂	550	世茂集团	房地产
4	黄光裕	450	鹏润投资	家电零售，房地产
5	张力	420	富力地产	房地产
6	彭小峰	400	江西赛维	太阳能
6	荣智健	400	中信泰富	综合
6	许家印	400	恒大集团	房地产
9	张近东	380	苏宁电器	家电零售、房地产
10	郭广昌	360	复星集团	综合
11	卢志强	330	泛海集团	房地产、金融
12	陈卓林家族	310	雅居乐	房地产
13	朱孟依	300	合生创展	房地产
14	刘永好家族	290	新希望	金融，饲料，房地产，乳制品
15	史玉柱	280	巨人集团	在线游戏，金融

16	张欣、潘石屹夫妇	270	SOHO 中国	房地产
16	钟声坚	270	仁恒房地产	房地产
18	宗庆后家族	260	娃哈哈	饮料、童装
19	黄伟	250	新湖集团	房地产、金融
19	童锦泉	250	长峰房地产	房地产

资料来源：2007 胡润百富榜（节选）

三十年中国人收入流变

■ 陈　涛

中国人每创造 100 元的财富，个人能拿到的只有 45.4 元，23.1 元流入国家财政，31.5 元变成资本和存货。

30 年来人均收入的增幅在逐渐递减。

GDP 的增长速度高过人均收入的增幅，导致内需不足。

GDP增速远超收入增速

考察一个国家和社会之进步，也许我们只需要两个指标就够用了：其一为"效率"，其一为"分配"。

为了具体化这两个抽象的概念，经济学家引进了两个统计口径："GDP"和"人均收入"。前者用于描述一个国家和地区年度经济活动的总量；后者用于描述人们从他们的经济活动中获得了哪些收益。作为考察指标，前者可以粗略考察该国的经济现状，后者则会在一定程度上昭示该国长久发展的后劲。

1978 年，中国的 GDP 为 3645.2 亿元，2007 年为 246619 亿元，增长了 67.6 倍，剔除物价因素，大致增长了 15 倍。同期，城镇居民人均可支配收入从 343.4 元增长为 13786 元，农村居民人均纯收入从 133.6 元增长为 4140 元，增幅分别约为 40 倍和 30 倍，剔除物价因素，一个增长了大约 9 倍，一个增长了不到 7 倍。

从上面的数据我们可以得到两个很有意思的结论：一、中国 GDP 的增长速度高过人们收入的增幅；二、城镇居民的收入基数要比农村居民高，而且增速也快。

今天，最让我们头痛的一个问题就是所谓“内需不足”，这个话翻译过来就是我们的生产能力超出了我们的消费能力。对于一个穷国来说，中国的潜在需求应该远超过生产能力才是正常的，为什么竟然会出现所谓“内需不足”呢？对这个问题最直观的一个解释就是：中国 GDP 的增幅高过人们收入的增幅。

回过头来看，沿用“效率”和“分配”这两个考察指标，我们发现，在过去的 30 年里，作为世界模范生，我们在“效率之递进”这一问题上无出其右；在分配的问题上，虽然人们的收入也取得了长足的增长，不过，却没有充分分享经济效率之提升（考虑到 GDP 之增速大致是农村居民可支配收入增速的 2 倍，这一问题不容忽视）。时至 2008 年，我们猛然发现，在分配问题上的这一容易被忽视的现象竟然反过来成为我们经济进一步发展、效率进一步提高的最大障碍：内需不足。

那么，超过人们收入的那部分财富跑到哪里去了呢？

大致说来，人们创造的财富会被三部分分享：劳动者拿走工资，国家拿走税收，资本拿走利润。其中个人工资会被统计入“收入”，资本利润中的分配给股东的部分也会被统计入“收入”，剩余部分就是税收以及资本利润中不分配的部分。当然，从理论上讲，税收取之于民，用之于民，它只是把一部分人的收入转换为另外一些人的收入。不过，在实际操作上，财政支出多用于公共服务，而这些服务很难计入服务对象的个人收入中去。故此，我们粗略地把税收与个人收入并列。

这样分析下来，超过人们收入的那部分财富，一些跑到了国家手中（大部分变成了公共服务），一些跑到了资本家手中，变成了资本和存货。2007 年，中国不含关税、耕地占用税和契税的税收总额为 4.9449 万亿元，再加上 7584.6 亿元的关税，国家拿走的那一块大致为 5.7 万亿元；城镇居民和农村居民拿走的收入（包括工资、利息、股息等其他收入）总额为 11.2 万亿元（城镇居民总人口 5.94 亿，人均收入近 1.4 万元；农村人口 7.3 亿，人均收入 4140 元）；在总额 24.66 万亿元的 GDP 中，除去以上两块，剩下的就应该是资本和存货，其值为 7.76 万亿元。这里应该包括贸易顺差，去年的贸易顺差为 2622 亿美元，折合人民币大约 1.8 万亿元。

城市化的裨益

如果上述分析成立，那么，中国人每创造 100 元的财富，个人能拿到的只有 45.4 元，23.1 元流入国家财政，31.5 元变成资本和存货（其中 7 元流出国外，变成中国的资本输出）。

1978 年，以上数字分别为 45、31 和 24；

1988 年，以上数字分别为 47、17 和 36；

1998 年，以上数据分别为 49、12 和 39。

粗略地看来，在过去的 30 年里，收入占 GDP 的比例大致在 45% 至 50% 之间，呈先低后高，再又变低的趋势。

可是，既然 GDP 的增速分别高过城乡居民的收入增幅，为什么国人的收入占 GDP 的比例迄今为止还能基本保持稳定呢？

主要的原因在于城市化。

虽然城镇居民与农村居民的人均收入增幅都低于 GDP 增幅，可是一方面，总人口增加了，一方面，大量的人口从农村居民变成城镇居民，这一部分人口的收入增幅超过了 GDP 的增幅。于是，总体上就表现为人们收入占 GDP 的比例大体不变。

1978 年，农村人口占全部人口的比例为 82%，1988 年为 75%，1998 年为 67%，2007 年为 55%。平均每年大致下降一个百分点，且呈加速度下降状态。数亿中国人从农村来到城镇，使得城镇居民总收入占全国居民总收入的比例从 1978 年的 35% 上升到 2007 年的 79.1%，这维持了收入占 GDP 之比大致稳定。

那么，为什么在人们收入总额占 GDP 的比例大致不变的情况下，以前没有出现的“内需不足”突然出现了呢？

原因在于资本积累。1978 年，全国固定资产投资额为 356 亿元，2007 年，这一数字为 13.7 万亿元，增长了 385 倍，而同期的 GDP 增速为 67.6 倍。持续高速增长的资本积累，产生了大量的产能，这些产能最终超过了人们的有效需求，于是产生基于产能过剩的“内需不足”。

而持续高速增长的资本积累是由中国人的高储蓄率支撑的。1978年，居民存款余额为210.6亿元，当年的居民收入总额为1647亿元（农村居民主要是实物收入），存款余额与收入之比为12.75%；1988年，这一比值为53.5%；1998年，该比值上升为131.5%；2007年的比值为157.1%。

到今天，中国罕见地又是穷国，又是资本净输出国，正是缘于长期的高积累。（一般说来，穷国应是资本净输入国家，因为穷国人们的需求更旺盛，需要更多的投资；穷国的就业问题更严重，需要更多的就业机会等等。）

人均收入增幅逐渐递减

前面我们提到，在过去的30年里，城镇居民的收入基数要比农村居民高，而且增速也快。细究起来，城镇居民收入的基数始终高过农村居民，不过，论起增速就未必了。

在整个1980年代，农村居民收入的增长速度要超过城镇居民。不考虑物价因素，1990年，农村居民收入是1978年的516%，同期城镇居民的收入之比为440%。步入1990年代之后，农村居民收入的增速开始落后于城镇居民。2000年，农村居民收入是1990年的328%，城镇居民则是415%；2006年与2000年相比，农村居民为159%，城镇居民为187%。

这是因为中国的改革始于农村，农村居民更容易分享到改革初期的成果。当然，另外一个重要的原因是，改革前的农村处于赤贫状态，过低的基数使得增长幅度容易大。（1978年农村居民人均纯收入133元，主要是粮食等实物收入折算下来的，即使按照当时的物价水平，也仅够果腹而已。）

从上面的比较我们还可以得到一个结论：在过去的30年里，人均收入的增幅在逐渐递减。即使剔除物价因素，这个结论也基本成立。在最近的10年，这个现象尤为突出。

这可以在一定程度上解释，为什么在1980年代，改革会受到全社会的广泛支持。而今天，在社会取得了长足进步的今天，一些社会矛盾反而显得较1980年代更为突出。

我们回顾过去的30年，不是为了做单纯的分析，而是希望对未来会有帮助。

从收入角度，以下几个结论也许值得今后更多的关注：

第一，国民若不能充分分享经济活动之增长，一方面可能会加深社会冲突，另一方面，会影响总需求，进而对经济发展造成不利。

第二，税赋过高，非国之福。此外，税收本身应纳入国民监督之中，否则容易形成国民财富之净损失。

第三，在分配上过多地向资本倾斜，恐亦非国家社会之福。

挽救 WTO

■ 邓 瑾

本周，旨在打破僵局的世界贸易组织第六次部长级会议在香港举行。在短期得失和长远利益的考量下，穷国和富国再次坐在一起，希望讨论出一个完美的答案，讨论的核心依然是农产品贸易，成败的决定性因素依然是那些制定游戏规则的发达国家，是否有足够的意愿重新修改规则，以使发展中国家受益。这次会议的结果，不仅关系到多哈回合谈判的成败，更是对于 WTO 本身的一次生存考验。

多哈发展议程，这个 WTO 成立后举行的第一个多边贸易谈判，是否能逃脱触礁的命运，将在本周末的香港见分晓。

本月 13–18 日，世界贸易组织第六次部长级会议在香港举行。WTO 的 149 个成员国的贸易部长齐聚此地，试图挽救这个 4 年来已数度推迟最后期限的谈判，并谋求取得实质性进展，以确保此轮谈判在 2006 年完成。

否则，不仅 WTO 最雄心勃勃的“发展”计划——让发展中国家在全球贸易中获益——可能受挫，而且 WTO 本身也将面临生存考验：成员国可能从此疏远 WTO 而转向双边或地区贸易协议。

重挫两年前已经发生。2003 年 9 月的坎昆会议，被广泛看作是多哈回合谈判的关键中间点，会议以失败告终。WTO 各成员国的贸易部长们在诸如农产品和非农产品的市场开放等所有关键领域，没有达成任何协议。

两年后的今天重回谈判桌前，穷国和富国在当年导致坎昆失败的农业议题上的诉求并没有更近。香港会议前景堪忧。

上月，美国贸易代表波特曼明确表达了这种担忧。在与巴西、欧盟、印度和日本的贸易部长会晤后，波特曼提议："我认为我们（各国贸易部长）应该再开一次会。如果不再开一次会，不建立起某种基础，要取得进展会很困难。"

WTO 总干事拉米也调低了对香港会议的预期。但他同时也在不遗余力地警告各成员国："我们没有时间可浪费了。"

多哈回合谈判之所以定在 2006 年结束，是为了赶在美国贸易促进权在 2007 年 6 月 30 日失效之前达成协议。

美国贸易促进权是美国国会授予政府谈判贸易协议的权限，对于美国政府谈回来的协议，国会只能通过或否决，不可修改。美国谈判代表警告过，如果没有这个授权，美国要商定和认可多哈回合的一揽子协议，即使并非全无可能，也会十分困难。由于美国国会的保护主义气氛日趋浓厚，贸易促进权不一定会得到延续（国会之前曾拒绝对克林顿政府授权），所以 2006 年年底这个最终期限不容错失。

拉米把此次香港会议看成是多哈回合的"2/3 点"。既然议程 1/2 处的坎昆会议已经失败，那么现在处于 2/3 处的香港会议能否成功则意义重大。

会议能否成功，将取决于以下一些因素：在 WTO 这个不断扩大的自由贸易体系中，既得利益者，也就是那些制定了游戏规则的发达国家，有多大的意愿非重新修改规则不可，以让发展中国家受益，尤其是在大西洋两岸贸易保护主义正大行其道的时候？而发展中国家，有什么筹码可以和强大的美国和欧盟进行平等谈判，尤其是在美欧输得起、而发展中国家又输不起的时候？

交织着崇高的"发展"理想与自私的国内政治，交织着一个大一统的多边自由贸易体系（WTO）与 300 多个反 WTO 的双边和区域自由贸易协议，WTO 将何去何从？

农产品谈判决定成败

农产品贸易自由化改革的谈判展开之时，正是贸易保护主义情绪在大西洋两岸弥漫之际。欧盟的阻力主要来自法国，而美国的阻力主要来自国会。

一个值得注意的事实是，农产品贸易，这个发展中国家享有比较优势的领域，正是 WTO 框架内最受保护的领域。

美国前贸易代表卡拉·希尔指出，平均而言，农产品贸易的关税要比工业制品的关税高出 5 倍。就拿平均关税不到 2% 的美国来说，它对从世界上最穷国家进口的蔬菜、果汁、花生和糖等农产品征收从 40% 到超过 100% 的高额关税。有些国家更甚，对某些农产品征收的关税高达 1000%。

农产品贸易的扭曲，意味着穷国出口要比富国出口支付高得多的关税。举例来说，2004 年，蒙古对美国出口的商品总额是 2.4 亿美元，挪威是 65 亿美元，蒙古对美的出口额连挪威的零头都不到，然而蒙古支付给美国的关税总额却要比挪威的多出 1300 万美元！

要是美国人意识到了这一点，他们肯定会“大吃一惊的”，希尔说。

不仅是农产品的关税过高，而且发达国家的农业补贴也一直居高不下，美国和欧盟每年的农业补贴高达数千亿美元。一些非政府组织经常引用的一个例子就是，欧盟的一头牛每天得到 2.2 美元的补贴，而世界上最穷的 12 亿人每人每天的开支还不到这个数。

正是由于像美国、欧盟和日本这样的富国都极力保护本国的农产品生产和贸易，并依此制定了多边贸易规则，发展中国家整体而言在国际贸易中的利益受到严重损害。这不仅阻碍了发展中国家的经济发展，也加剧了世界的贫富分化。

其实，多哈回合的启动，正是缘于 WTO 各成员国达成了这样的共识：游戏规则是到了该修改的时候了——降低富国的农产品保护水平，通过自由、公平的国际贸易，促进发展中国家的经济发展。所以，多哈回合也被称为“发展回合”。

不能忽视的是，多哈回合之所以能在 2001 年 11 月启动，决定性的推动力来自此前两个月发生的震惊世界的“9·11”袭击。“9·11”让世界意识到，一个地区的贫穷可能威胁着另一个地区甚或全球的安全。因此消除贫困，促进发展中国家的经济增长事关全球稳定之大局。

然而，崇高的理想一旦进入动真格的利益和条款谈判，发达国家立即身陷国内复杂政治的泥沼。而国内政治的压力又传导到谈判桌前，结果就是，发达国家，特别是欧盟对降低农产品保护强烈抵制。坎昆会议就是因此而破产。

而本周，富国对农产品谈判的灵活度，将在很大程度上再一次考验着香港会议的成败。

然而，农产品贸易自由化改革的谈判之时，正是贸易保护主义情绪在大西洋两岸弥漫之际。欧盟的阻力主要来自法国，而美国的阻力主要来自国会。

10 月，美国和欧盟相继抛出各自的农产品贸易改革提案，后者的改革力度相对更小。但是，美欧的方案都没有得到发展中国家的认可。

欧盟内部对待农业自由化的改革有两种不同的声音：法国反对做出任何实质性的让步，而英国和北欧国家则赞成调和。

法国反对农产品贸易自由化，一是因为法国是欧盟农产品保护主义措施最大的受益者。法国每年从欧盟获得的农业补贴将近 100 亿欧元，占欧盟农业补贴总额的 22%，欧盟总财政支出的 9%。

除了真金白银的获利外，法国更把对农业的保护上升到保护法国的文化和价值观的高度。他们称，如果降低对农业的保护，就是对盎格鲁－萨克逊新自由主义的投降，违背了法国更加注重社会福利的价值观。当然，法国对农业自由化乃至经济全球化的抵触，也源自法国现在徘徊在 10% 左右的高失业率。

和欧盟内部对贸易自由化存在严重分歧不同的是，美国布什政府倒是旗帜鲜明地支持。但是总统在国会的支持力量却大为削减。2002 年，布什政府的贸易促进权在众议院仅以 3 票的微弱优势通过，前提是政府同意实施钢铁关税以及签署一份给予农业更多支持的农业法案；去年夏天，中美洲自由贸易区协议又是以两票的微弱优势通过，而且这还是在布什亲自到国会大厦去拉本党议员的票才取得的。

就在美国政府抛出新的农产品提案前一个星期，参众两院的农业委员会主席警告美国贸易谈判代表波特曼，不要在国会撰写下一个农业法案前越权提出任何条款。

美国因素

1993 年乌拉圭回合谈判之所以能顺利完成，最后推动力来自谈判开始前一个月，美国向拒绝在乌拉圭回合农产品问题上做出妥协的欧盟发出了一个明确的信息：如果你不跟我们玩，我们就不带你玩。

在美国安全理事会前国际经济事务助理 C. fred Bergsten 看来，现在推动欧盟的武器恐怕又要是 APEC 了。

在多哈回合之前，多边贸易组织 GATT（WTO 前身）已经有 8 轮成功的谈判。但每一轮谈得都不轻松，最后一轮乌拉圭回合谈了近 8 年，而此前一轮的日本回合则谈了 5 年。

也就是说，所有重要的全球贸易谈判有时候看上去就要崩溃了，但总是都能在最后时候握手言欢。在观察家看来，此前任一回合贸易谈判中美国因素对成败影响很大。多哈也不例外。

面对国会的保护主义倾向，美国要做的是宣传自由贸易给美国带来的巨大好处，以及锐意改革有关给失业人群提供更好的社会保障的法律。

研究表明，从过去的市场开放中，美国每年获利 1 万亿美元，如果有新的市场开放，每年将再获益 5000 亿美元。为了赢得公众对更自由贸易的支持，美国政府应该从自己在自由贸易获得的好处中拿出更多的钱去帮助那些因为全球化和新技术使用而失业了的人。

根据国际经济学院的研究，美国这样做很划算——目前，美国每年用于因贸易调整而失业的人的援助（TAA）是 10 亿美元，估计在国会 2002 年通过的 TAA 改革方案实施后将增加到每年 20 亿美元。

每年 20 亿美元，或者即使是 120 亿美元（如果按照一些研究机构的建议，把因外包而导致失业的服务业从业人员也纳入援助范围，并且为所有这些人提供医疗保障），这也远远少于美国现在从市场开放中每年获得的 1 万亿美元，以及由于新的市场开放，每年将再获益的 5000 亿美元。

然而，即使是美国抚平了国内的不满，仍不能保证多哈回合的成功。这里的关键是怎么让没有多大意愿改革现有农业体制的欧盟做出更多的让步。

正如之前所提到的，如果没有“9·11”这场举世瞩目的灾难，多哈发展回合谈判还不知道能不能启动，至少不会这么快启动。

同样，上一回乌拉圭回合谈判，如果不是有 APEC 峰会的召开，或许也不能马上就结束。

回顾 1993 年乌拉圭回合谈判的最后阶段。此轮谈判原本打算是在 1990 年完成，但欧盟在农业问题上拒不让步，导致谈判陷入僵局。就在这年 11 月，美国作为东道主在西雅图主持了第一届亚太经合组织（APEC）峰会。这些环太平洋国家的领导人同意在亚太地区建立“一个自由、开放的贸易和投资区”。

一个月后，欧盟让步，乌拉圭回合胜利结束。当美国记者问起时任欧盟贸易代表欧盟为什么突然转变态度的时候，他说：“你们的西雅图峰会表明，你们有我们没有的另一个选择。”

也就是说，美国通过 APEC 峰会，向欧盟发出了一个明确的信息：如果你不跟我们玩，我们就不带你玩。

在国际经济学院院长、美国安全理事会前国际经济事务助理 C. fred Bergsten 看来，现在推动欧盟的武器恐怕又要是 APEC 了。

现在，APEC 的商业顾问委员会正在向 APEC 各国领导人推销“亚太自由贸易区”。在去年的圣地亚哥峰会上，一些小国的领导人已经同意了该理念。如果亚太自由贸易区能在 2006 年，甚至在 2007 年（如果多哈又推延一点的话）晚些时候推出的话，这样的举措将有可能把多哈谈判拉回到正轨。

一些 APEC 国家领导人和贸易部长拒绝接受建立亚太自由贸易区，认为这将损害 WTO。不过，Bergsten 却认为，事实恰好相反。“这可能是把多哈回合拉入正轨的唯一工具。”他说，“如果这一策略成功，那也意味着亚太自由贸易区可能永远都用不着实施。”

中国参与规则制定尚需时日

就在赶赴香港会议参加谈判的前几天，商务部产业损害局官员在接受媒体采访时称，中国带到香港会议的提案大约有 40 个，但主要集中在技术性层面，很少有条款性提案。

“中国目前在确定贸易规则方面话语权不大。”这位官员说。

2003 年坎昆会议一个最重要的变化就是，发展中国家首次联合起来，在规则制定方面和发达国家叫板，这就是以印度、巴西为首的 20 国协调组（G-20）。他们甚至成功做到了让美国和欧盟修改各自的农业提案，提出更优惠的条款。

从此，多边贸易谈判的主角发生了深刻变化。之前决定谈判条款的是美国、欧盟、日本和加拿大。坎昆之后则变成了美国、欧盟、巴西、印度和澳大利亚（代表17个农业出口国利益的凯恩斯集团领袖）。

国际贸易领域的权威学者、WTO顾问贾格迪什·巴格沃蒂认为，发展中国家拥有了谈判权，这对多哈回合谈判的前途是有好处的。"因为有效的谈判只可能在实力相当的对手中产生。华盛顿和布鲁塞尔的代表们终于要面对和他们同样规模，或接近他们规模的谈判对手了。"巴格沃蒂说。

然而显而易见的是，中国作为世界迅速兴起的第三大贸易大国，在多哈回合谈判中的声音不大。这在很大程度上是因为当年中国为了成功入世，在开放市场方面已经付出了很大代价，所以现在更重视履行入世时的承诺，而非急于敦促各方做出新承诺。

但记者也发现，中国巨大的服务业市场的开放正是发达国家的下一个目标。

今年早些时候，记者在欧盟总部采访的时候，欧盟多位官员都表达了想在这次香港会议上迫使中国更大程度开放服务市场的强烈愿望。

不过，他们暂时还无暇顾及此事。多哈回合目前的谈判焦点是农业，服务业市场的开放甚至在此轮回合中都不会是非常重要的议题。因为服务业的开放是发展中国家和发达国家的双向开放，这难免要涉及到发达国家要放宽对发展中国家服务业人员的流入和签证问题，而这在美国国会肯定是个敏感话题。

况且，中国在入世协议上对农产品贸易已经做出了相当的让步。入世后4年来，中国的出口陡增，但农产品出口几乎没有增长，即为明证。

就在赶赴香港会议参加谈判的前几天，商务部产业损害局官员在接受《商务周刊》采访时称，中国带到香港会议的提案大约有40个，但主要集中在技术性层面，很少有条款性提案。

"中国目前在确定贸易规则方面话语权不大。"这位官员说。

但这并不意味着中国是消极应对，事实恰恰相反。

商务部副部长、WTO首席谈判专家高虎城上月在北大的一次演讲中提到，中国需要高度重视全球贸易规则的制定，并积极参与规则的制定，以缓解贸易歧视。

作为中国WTO首席谈判专家，高虎城对规则歧视有更深的理解。他认为，入世给中国带来巨大的利益，但中国入世协议中的3条歧视性条款已经给中国经济带来了影响，并将对未来10年中国的发展带来挑战。

这3个歧视性条款分别是2008年结束的纺织品特保条例（已经与美国和欧盟达成协议，但与发展中国家纺织品贸易摩擦的解决才刚刚开始），2012年结束的特保条例，以及2016年结束的非市场经济地位条款。

而且，所有这三个歧视性条款只针对中国，这让中国在国际贸易伙伴中争取不到支持者，陷于被动；另外，由于条款规定模糊，适用标准和程序都无确定规定，导致各国滥用这些条款，中国的应对难度很大。

更重要的是，这些条款的有效期恰巧在中国发展的重要机遇期内，即在2020年建立全面小康社会的关键时期内。高虎城坦承，这将对中国三步走的第三步带来挑战。

正是因为饱受规则歧视之苦，所以中国高度重视多哈回合的规则谈判。商务部部长薄熙来近期对《财经》说："多哈谈判各个议题对中国来说都是利益攸关的，我们不能忽视任何一项谈判，必须全面参与。"

原富与原罪

「有可以不说的真话，决不说假话」，岭南老报人的一句话，被一张报纸拿来实践了25年。话没有什么稀奇，类似的话，康德早说过；意思没有什么稀奇，教学阶段就在灌输；修辞没有什么稀奇，比起「知其不可而为之」、「先天下之忧而忧，后天下之乐而乐」显得朴素。然而，以之为圭臬，却成就了一张报纸的气象。有人说，是特殊的时代成就了说真话的《南方周末》，此话可能只说对了一半。《南方周末》确要感谢这个奇迹般的时代提供的丰富机会，从民国时期的「显学」到当代的「潜规则」，学者都在阐述对历史的理解，说真话需要足够的勇气，今天，更显真话的珍贵。真正成就《南方周末》的是一份朴素的信念：相信未来。并肩手创造未来；珍视真善美，并肩手护持真善美。真正成就《南方周末》的是一种咄咄的坚持：扎根中国，深入人民；放眼世界，纯粹新闻。这是理想主义者的执着。其中并没有多少创造，这样的理想主义，不过是中国千年不易的知识分子情怀与操守；这样的理想主义，不过是启蒙时代以来，人类的优秀分子共同的价值与行为取向。但就是秉承这样的理想，使《南方周末》从「服务改革、激浊扬清」到「让无力者有力，让悲观者前行」，从「深入成就深度」、「记录时代进程」到「在这里，读懂中国」，25年一路走来。几代报人，薪火相传。成功时有泪水，风雨中常微笑。由此，

第肆辑 高端访谈

采全民的矿就得交足全民的钱

——财政部副部长朱志刚谈资源价格改革

■ 赵小剑

2005年已近岁末，一年以来，频发的矿难、矿尽山空的满目疮痍、官煤勾结的隐秘账簿，加之“煤炭富豪”们的奢侈生活，频频刺激着人们的神经，为什么会如此？如何才能改变？整个社会都在等待答案。

暴利下不受约束的贪欲使然，是答案的一部分，针对此出台的清退官煤的政策深孚人心。与此同时，人们对更为根本的制度性解决方案充满期待。

年末，目光聚焦在这样一套方案上——中国资源价格改革。据认为，即将推行的这次改革将使矿产资源的价格真实地反映社会成本，使劳动者和环境乃至国家不再成为暴利的祭品。

即将推出的资源价格改革方案，将从制度上解决矿业权的取得、对环境的治理和对生态的恢复、对安全的投入三大成本的缺失问题，缓解矿产资源的开发与劳动者和环境之间的矛盾。财政部副部长朱志刚年末接受本报专访，详析改革方案。

目前的资源价格体系完全处于扭曲状态

●目前的矿产品成本中有三个最重要的组成部分没有包括进去：矿业权的取得，对环境的治理和生态的恢复成本，安全投入成本 。

●矿业权无偿取得，导致资源浪费和使用效率低下。通过行政审批发放矿业权，引致了大量的腐败。

●我们的企业只要取得了矿业权，造成的污染就可以不用管了。这就形成企业成本的外部化和私人成本的社会化，这些未计入企业的成本就体现为企业很大的一块利润，这一套机制绝对是不可持续的恶性循环机制。只有全面实现资源有偿使用，才能从根本上遏制对资源的破坏式开采或过度开采。

记者：我们了解到，从明年起，一整套有关资源价格的改革措施将逐渐实行，你能否谈谈此次改革的背景和初衷？

朱志刚：之所以要实施有关资源价格的一整套改革，是因为中国现在的资源价格不反映它的真实价值和真实的社会需求，完全处于扭曲状态，没有充分体现资源的稀缺性，价格机制未能有效地按照市场规律来调节资源的生产和消费行为。

以矿产品为例，准确地说，现在的矿产品成本是一个不完全成本。不完全成本是现在我们所说的“煤老板”牟取暴利的最主要的原因。为什么是不完全成本呢？因为目前的矿产品成本中有三个最重要的组成部分没有包括进去：矿业权的取得，对环境的治理和生态的恢复成本，安全投入成本。

记者：取得矿业权的成本，应该包括什么内容？

朱志刚：按照市场经济的一般规律，矿业权一般是通过市场拍卖取得的。国家出资进行公益性勘探，当这种公益性勘探具有商业价值之后，就会拿到市场上，通过公开拍卖，获取矿业权的收益。与此同时，国家会对矿业企业的资质进行评审，包括你采用什么样的设备，你的回采率是多少，你有什么样的安全生产投入，你的矿山开采经验如何等等。只有具备这些资质之后，我才会允许你获得这个采矿权，允许你参加竞拍。

记者：在中国，资源类企业的矿业权是如何取得的？

朱志刚：在计划经济时期，过去几十年来，在对矿产资源的管理上，一般是采取行政手段无偿授予矿业权，造成目前绝大多数矿山企业还是无偿占有矿业权。

虽然这几年也开始试行矿业权的招标拍卖，但是目前的状况是“双轨制”，也就是说在公开拍卖的同时，还有很大一块是通过行政审批完成的，于是就使得矿业权行政审批与市场取得的方式并存。

据我们了解，目前中国15万个矿山企业中仅有2万个矿山企业是通过市场机制取得矿业权，其他均是通过行政方式取得。就是因为这种无偿取得方式，所以现在的矿产品成本中就没有包含取得矿业权应支付的费用。

中国矿产资源补偿费平均费率（占销售额的比例）为1.18%，而国外一般为2%-8%。相比之下，中国石油、天然气、黄金等矿种的矿产资源补偿费费率（油气为1%，黄金为2%）远远低于国外水平（美国12.5%，澳大利亚10%）。

不仅如此，我们还存在减免和欠缴等问题。2002年财政部委托有关机构对24个省（区、市）1999-2002年上半年的矿产资源补偿费的征收、入库及使用管理情况进行了专项核查，经抽查发现1601户重点采矿企业累计欠缴矿产资源补偿费31亿元。2003年我国矿产资源补偿费实际征收只占应收数的48.3%。

记者：矿业权无偿取得最大的危害是什么？

朱志刚：无偿取得带来了非常多的危害。比如说资源的浪费，其中很重要的一个原因就是获得采矿资格是不用花钱的。

国外的一个矿山，通过竞标取得矿业权之后，对整个矿山的开采都要进行整体设计，设计如何开采才能充分将整座矿山全部利用起来，因为他付出了成本，所以很珍惜每一点资源。而我们的企业由于无偿取得，所以并不珍惜到手的资源。

而且，由于行政审批，本来一个矿带应该由一家企业去设计开采，却由于行政审批批给了多家。这多家企业就会拼命去抢那些最容易开采的、最好的那部分资源，这就是我们说的“弃瘦采肥”。这种开采方式实际上就是一种野蛮的掠夺式开采。这是造成我国矿产资源大量浪费的重要原因。比如在号称“半盆油、满盆天然气”的鄂尔多斯盆地，破坏式开采和非法开采十分猖獗。

另一方面，资源的廉价或无偿使用，还导致了矿产资源使用效率低下。据测算，中国目前煤炭资源回采率平均仅为30%，乡镇煤矿仅为10%，共生、伴生矿的利用率只有20%左右，矿产总回收率只有30%，而国外先进水平都在50%以上。我国铜、铅、锌伴生金属冶炼回收率仅为50%左右，而发达国家的平均水平在80%以上。这就是我们国家矿石的回采率远远低于国际水平的重要原因。我们是一个资源短缺的国家，矿业权还无偿取得，而且资源还遭到严重浪费，这是一个必须解决的大问题。

而且通过行政审批发放矿业权,引致了大量的腐败。大家经常听到的“官煤”就是个很好的例子，那么多的公务员投资于煤矿，你看到有那么多人退出股份，其实还有很多是干股，根本一分钱都不投，却享受分红。

记者：对第二、三项没有包括进目前资源价格的成本如何理解？

朱志刚：关于对环境的治理和生态的恢复成本，有人可能说现在不是也在征收排污费吗？但是这个排污费与造成的污染相比简直是微乎其微。

在市场经济国家里，经常采用这样的方法，尾气等有害气体的排放权是需要花钱买的，就因为环境是公共的，你造成了污染就需要付费。

而我们的企业只要取得了矿业权，造成的污染就可以不用管了，即使环保部门征收排污费也是很难的。除了污染空气以外，很多企业把矿石挖走了，留下的全是塌陷的大坑。例如地处毛乌素沙漠边缘的陕西省神木县，近年来煤炭资源的大规模开采虽然带来巨大经济效益，但造成的生态破坏却无人“埋单”。目前该县216个煤矿企业已形成99.12平方公里的采空区，引发19个矿区塌陷，不少矿区“地陷、水干、树死”。

据初步统计，全国现在挖出来的矿渣、废石还有尾矿，累计占压土地达到586万公顷，破坏森林面积106万公顷，破坏草地面积是26万公顷。全国因为采矿引起的大面积塌陷有180多处，塌陷面积达到1150平方公里。

国外是怎么做的呢？国外在竞标时你就必须承诺将来在矿山开采完了之后恢复它的生态。加拿大的温哥华有个维多利亚岛，是一个著名的旅游胜地，地面上种着各种植物，地下是一座蜡像馆，这个岛就是根据一座开采过的矿山，由开采这个矿的企业出资而建成的。

在国外，治理污染的主体是企业，而不是政府。中国的情况完全不同，挖完了矿就没有人管了，很多矿工及家属就住在塌陷区，相当危险。还有一些尾矿本身带有放射性的元素，对周围的百姓健康影响很大。

关于安全投入成本，这个大家都看到了，矿难此起彼伏，屡禁不止。很多煤老板是明知是高瓦斯，还让工人下矿。由于资源的廉价或无偿使用，以及矿业企业成本的不完全，使得矿业市场入门成本过低，各种主体纷纷涌入矿业市场，有的甚至是无证开采，矿业市场秩序混乱，无序竞争造成矿业企业忽视安全投入，安全生产隐患严重。

据国家安全生产监督管理总局公布的数字，2005 年 1–8 月，全国共发生特大煤矿安全事故 35 起，死亡 1089 人，同比增加 12 起，683 人，煤矿安全事故发生率和事故规模大大超过世界平均水平。

现在这种在资源上的严重浪费和对生态环境的严重破坏是一种高代价的不可持续发展。现在我们相当一部分的矿产每年探明的储量小于开采量，这就是说在吃老本，这样下去是不可持续的。据统计，七成以上的矿种探明的储量都在徘徊，没有增长，半数主要的矿种储量是减少的。这就说明后备资源严重不足。

记者：这三大成本没有由企业支付，实际上是国家在支付。为此，中央财政都要花什么钱呢？

朱志刚：第一，公益性的勘探费，但有商业价值的矿业权却是无偿授予的，因此无法实行良性循环。第二，开采之后出现了生态环境破坏（例如沉陷区）要花钱治理。第三，资源枯竭的矿山破产，财政还要出钱解决职工安置。

这就形成企业成本的外部化和私人成本的社会化，也就是说私人成本让社会去承担，企业成本让企业以外的机构去承担。这些未计入企业的成本就体现为企业很大的一块利润，其实这个利润是不真实的利润。这一套机制绝对是不可持续的恶性循环机制。只有全面实现资源有偿使用，才能从根本上遏制对资源的破坏式开采或过度开采。

当时很多人士提出增加国家地质勘探经费，我们认为地勘经费应该增加，但是应该有一个好的机制。我们的建议逐步被各方面所接受，大家的看法比较一致了。今年 5 月份，我们财政部给国务院呈交了报告，系统地汇报我们改革的思路。

改革的具体办法

●我们的改革思路是按照不同的矿种，相应提高资源补偿费的比例，将从量计征改为从价计征。

●中国的矿业权也要通过市场竞标取得，从明年起，首先从煤炭行业开始，全部实行招（标）拍（卖）挂（牌）制度，彻底取消行政划拨。

●目前无偿使用矿业权的企业，最长分10年缴纳矿业权的成本。没钱缴纳的企业就通过国家地勘基金持有它们的股份。

●建议石油要征收权利金。石油是全体人民的，你去开采了，你就要付费。

●预提矿山环境治理资金，进行生态环境的治理和修复。

记者：我们了解到，酝酿中改革的办法之一是要提高目前的矿产资源补偿费标准，还有要改革矿产资源税的计征方式，是这样吗？矿产资源税开征于1984年，1993年以前，每吨原油价格大约为500元，目前已飙升为2000多元，但是每吨8－30元的资源税标准一直未变。

朱志刚：目前的矿产资源补偿费的费率在1.18%（按销售收入计算），这个费率远远低于国际水平，根本无法反映资源的真正价值。我们的改革思路是按照不同的矿种，相应提高资源补偿费的比例，仍然按照销售收入征收。但是提高的水平会是一个逐步的过程，不会一步提高到国外的水平。这也需要考虑企业的承受能力。

矿产资源税的主要问题是从量计征，不管你的卖价是多少钱，每一吨或者每一立方米，征收固定的税，这没有反映资源的稀缺性。国外的情况正相反，先探明，但按住不动，限制开采。

这种计征方式一定要改革，要改为从价计征，也就是说按照售价，以一定比例征收。具体的征收比例会考虑到经济发展的承受程度，但是一定会调整，改为从价计征。

记者：矿业权如何补偿？

朱志刚：将来，中国的矿业权也要通过市场竞标取得，对所有（包括各级财政出资勘查形成的）探矿权采矿权有偿出让取得的收益，我们建议中央与地方二八分成。然后再用于矿业资源的勘探，形成良性循环。

目前矿业权已经开始实行招拍挂制度，但是问题是行政划拨与招拍挂并存，这种情况下，实行招拍挂的阻力很大。所以我们建议，从明年起，首先从煤炭行业开始，全部实行招拍挂制度，彻底取消行政划拨。除煤炭行业外的改革按照矿种逐步推开。总之，改革的目标就是在竞争性的矿产行业中，全面实行招拍挂制度。

这中间有一件很重要的事情，在采矿权上最重要的一件事就是要公平。对于新探明的矿山，企业可以通过竞拍取得矿业权，但是对于已经取得采矿权的老企业怎么办呢？如果让竞标新矿山的企业付费，而老企业不付费，这是不公平的。财政政策最重要的原则之一就是要公平。所以我们想的方法是，要求目前无偿使用矿业权的企业，最长分10年缴纳矿业权的成本。这个矿业权的成本会根据矿产的储量、品质、未来可开采年限，制定一套详细的评估方案，以此计算出企业需要补偿的矿业权成本。

还有部分矿业企业，历史包袱很重，经济效益也不好，没有钱补偿以前的矿业权。没钱缴纳的企业就通过国家地勘基金持有它们的股份，也就是把这些企业的采矿权变为地勘基金对其入股的股权，再依据股权份额进行分红。没有进行股份制改造的企业，也可以依据资本金进行计算。

记者：对于中石油、中石化这样的垄断企业怎么办？他们的矿业权不可能通过拍卖方式取得或者转让。

随着石油价格的上涨，大家对于石油企业通过垄断型资源获取的垄断利润关注较多。中石油上半年的业绩报告显示，公司2005年上半年净赚616.24亿元，同比增长36.1%。2004年全年实现利润总额1029亿元，成为香港最赚钱的上市公司。这显然与垄断有关。而随着这几家企业公司治理结构的变化，以中海油为例，它有30%的非国有股，已是不是一个粹纯的国有企业了。

朱志刚：我们建议，石油要征收权利金。权利金的意义是说这个权利其实是国家的，全体人民的，你去开采了，你就要付费。由于是国家控制的垄断行业，所以无法通过公开拍卖矿业权，就通过从每吨石油的售价中提取相应比例的权利金。国外也有收权利金的先例。这是国家资源的所有者权益。

记者：你刚才提到国家地勘基金，能否谈谈这方面的情况？

朱志刚：国家建立地勘基金（周转金），其资金来源将包括：国家预算内安排支出；中央分成的矿业权有偿出让收入；矿山企业和地勘单位应缴纳的探矿权采矿权价款折股后的股权以及股权变现和红利收入。地勘基金主要用于公益性、基础性和战略性矿产资源勘查投入、矿业权储备支出、地勘单位企业化改革支出以及矿业权管理等方面的支出等。

我们初步设想，将来要委托机构来运作地勘基金，包括持有某个企业的矿业权，并依据其占有的份额，参与分红等，由财政部和国土资源部监管。方案有了，目前正在具体设计之中。

记者：生态环境欠债如何补偿？

朱志刚：在我们初步拟定的政策中，要由环保部门对国有矿山进行一次环境评估，提出生态治理恢复的标准，依据新矿山设计年限或已服役矿山的剩余寿命确定按矿产品销售收入分年预提矿山环境治理资金的标准并列入成本，当年实际发生的矿山环境治理费用冲减预提的费用。

也就是说根据矿山服役的寿命等费用，总费用除以年份，就是每一年所需付的费用，再分摊到每个月，要求企业按月强制提取，存入企业专户，由政府对专户进行监管，必须政府和企业共同签字才能动用这笔钱。由政府监督，企业实施。这个专户里的钱不能干别的，只能进行生态环境的治理和修复。

记者：这些改革出台，对企业的影响将会怎样？是否会使资源价格上涨？

朱志刚：我们的政策会对民营企业和国有企业一视同仁，但是对于国有企业的影响会更大，因为国有企业大部分是无偿拿到采矿权的，它们的成本就要提高。

至于对价格的影响，有很多因素决定能源的价格。现在煤的价格是需求拉动型的上涨。煤价格的上涨很大程度上是由于电力紧张导致的。但我认为，目前的煤价和明年的电力供需形势，是推出这项改革的有利时机。

明年这些改革出台，我个人估计以煤为例，每吨煤的成本会增加 50 元。我觉得这些资源性企业不会减产的。比如说煤矿企业，有的一吨煤的利润在 200 元左右，虽然成本增加了 50 元，但是还会有 150 元左右利润，这是很丰厚的利润。

“这是机遇，而不是威胁”

——访欧盟贸易委员会委员曼德尔森

■ 邓　瑾

5月20日，国务院宣布自2005年6月1日起对74种纺织品提高出口关税税率，多数纺织品的税率将达到原来的5倍。

这一举措出人意料，此前，5月18日，美国刚刚宣布对中国四类纺织品设限，同一天，欧盟也宣布对中国两类纺织品实行“紧急特保”。

2004年底，国际纺织品贸易配额制度取消后，我国纺织品对外出口迅速增加，这引起了美国和欧盟的不满，美国和欧盟对中国纺织品设限和实施“特保”就是出于这样的背景。

中国纺织工业协会新闻发言人孙淮滨随后表示，这是中国企业为建立全球纺织品贸易作出了“牺牲”。

孙淮滨说：“中国是个负责任的大国，为了建立纺织品贸易新秩序，缓解贸易摩擦，中国作出了让步，我们作为协会，能够理解政府作出的努力，但是，我们的企业是作出了‘牺牲’，付出了代价。”他指出，增收出口关税，会增加企业成本，减少企业利润，从而可能导致企业亏损，纺织工人失业。

之前，4月份结束的第97届中国出口商品交易会（广交会）上，纺织品出口成交量已经不增反减，业内人士分析说，这意味着下半年中国纺织品出口形势严峻。

5月24日，正值中国商务部副部长高虎城访问布鲁塞尔，与欧盟贸易委员彼得·曼德尔森展开会谈，中国记者团就相关贸易问题专访了曼德尔森，以下是记者的访问。

记者：中国政府刚刚宣布对 74 种纺织品提高出口关税，欧盟对此持什么态度？

彼得·曼德尔森（Peter Mandelson）：首先我要说的是，欧洲欢迎中国成为一个主要的贸易伙伴。中国加入 WTO，使中国产品能进入别国开放的市场，并扩大出口机会，这对中国来说是件好事，因为这有助于让几百万中国人消除贫困，改善生活。我们支持发展中国家在消除贫困、为他们的公民带来更好未来上所作的努力。特别是纺织品贸易的配额取消后，作为一个 WTO 的成员国，中国受益很大。这是对中国的奖励，也是我们当时欢迎并通过了协议的。

我们不会让时钟倒转，我们不会重新在纺织品贸易中引入配额。不让中国享受开放贸易的好处，对中国是不正确也是不公平的。

然而，中国的表现大大出乎每个人的预期和估计。中国的纺织品出口就像火箭一样飙升。这不是中国的错。但尽管如此，我还是很高兴看到中国已经承担了一些责任来缓解这种痛苦。

中国政府宣布的措施体现了中国的责任感，不仅对欧洲纺织品制造商，也对其他许多贫穷的发展中国家。我很高兴中国表现出这样的国际责任感。

但我们也要仔细考虑，中国对纺织品出口的增税能不能实行得足够快、足够强，并且对那些被中国的纺织品进口弄得没有安全感的人能带来确定性。这就是我目前要同中国官方商讨的问题。

记者：今天晚上（5 月 24 日）您和中国商务部副部长高虎城的主要议题会是什么？

彼得·曼德尔森：因为现在中国纺织品进口在欧洲已经是个非常敏感的话题，我们将在会晤中商讨这事。我代表欧盟 25 个成员国，我必须要为他们说话，并向他们解释，为什么这点很重要，即欧洲需要和中国一起寻找在纺织品贸易制度的转型期间平稳过渡的最好办法。

这将是我们今天晚上主要的议题。

记者：在 242 条款中，中国的纺织品进口增长被限定在每年增长 7.5%。

有渠道说，欧盟有可能接受更高的增长率。如果是，欧盟能接受的浮动范围是多少？

彼得·曼德尔森：我只会在WTO的规则下行事，这点很重要。中国加入WTO，就是欢迎国际贸易规则。对我来说，这些规则就是在国际贸易体系中保护所有人的权利，保护弱者免受强者的欺侮，保护公平贸易，也保护自由贸易。我知道中国也对这些原则表示尊重。

中国入世时签定的242条款预见了我们需要采取过渡性措施，规定了在特别保护条例下允许的中国纺织品数量的增长率。我并不想超出这些条例范围。

但是，如果我们能通过协商达成一个双方满意的共识，当然，这将给我们更大的灵活性，更大的自由度。我们必须考虑从中国出口的哪种类型的产品、多大的增长率、在一个什么时间段里采取什么措施，这些我们都需要和中国协商的。

在我这一方来说，我可以保证，欧洲的立场会充分考虑到中国认为重要的原则，特别是在进口增长率上。

记者：我们了解到，欧盟并不满足于中国的增税措施，欧盟希望中国能同时采取其他的措施来控制纺织品的出口数量。能不能更详细地解释一下欧盟希望看到中国采取的是些什么措施？

彼得·曼德尔森：WTO条约清楚地写明了中国纺织品进口的增长比例。如果单依靠对纺织品加税这一条措施，肯定不会有确定的结果，因为不能提供这样一个确定性，保证协议上的数量增长率可以达到。因此我们建议要考虑其他措施，使之有可能达到那个结果。这是我们需要商讨的事。我们有了一些想法，但还没有结论。

记者：欧盟内部对欧中之间的纺织品贸易是不是也存在不同的声音？

彼得·曼德尔森：我需要考虑所有成员国的观点。现在有各种各样的观点，但我们在这一点上是一致的，所有欧盟成员国都认为，需要做点什么。

我必须先行动，拿出一个所有成员国都能签字的提议。这事要做得非常仔细和谨慎。欧洲有些人指出这个事实，那就是我们在最后阶段没有把配额降低（欧洲把70%的配额一直保留到最后一刻），所以才导致现在这种状况。他们认为我们有10年过渡期，大家都应该为此做好准备。相反的观点认为，没人能为中国如潮水般涌来的纺织品做准备。也有人认为，限制贸易是不对的，不应该向贸易保护主义屈服。相反的观点则认为，只有在公平贸易的时候才不向贸易保护主义屈服。而他们提到中国的一些优势给予了中国在这个市场上不公平的绝对优势。

各种争论方兴未艾。不仅是关于中国的纺织品，还包括中国在世界贸易体系中正在成为一个贸易巨人，包括中国是否是通过低成本的银行贷款、低廉的劳动力、简陋的工作条件、低投入的环保设备等来降低其产品的价格。

这些都是些合法性的问题，尽管他们都没有简单的答案或解决办法。但是随着中国贸易实力的增强，这样的争论会更多。

另一个大家都非常关心的问题就是中国的知识产权保护。今年早些时候我在北京和副总理吴仪讨论了此事。她同意和欧盟一起成立一个知识产权保护实施工作小组。这很重要。

中国要获得真正的尊重，就必须认真履行对 WTO 所做的承诺。开放市场，让别人能出口到中国，以平衡中国对其他国家的出口。

服务业是欧洲享有高度竞争力的领域。然而中国的服务市场并没有像它可以的那样开放，银行、保险、电信、建筑、公共采购等领域还存在着对欧洲企业的投资障碍和市场准入问题。

我们希望看到中国在这些领域的政策有变化。这是创造一个真正的公平贸易体系的唯一途径。我更愿意看到把中国看成是朋友或伙伴，而不是危险。

作为欧盟贸易委员会委员，我将尽我所能让世界对中国友好，因为我本人就是中国的一个朋友，而且我欢迎中国在世界舞台上扮演越来越重要的角色。

中国可以为世界带来如此之多的东西，中国文化、传统、风俗、语言以及文明，我们都可以从中受益。这就是我为什么愿意去解决现在我们面临的纺织品的难题。

记者：我们听说未来 10 天左右欧盟委员会将和中国政府就纺织品问题进行磋商。如果谈判结束后没有任何进展的话，是否意味着欧盟将对中国纺织品设限？

彼得·曼德尔森：是。

记者：请问，在自由贸易和公平贸易中，您如何平衡？

彼得·曼德尔森：这两者密不可分。这就是我们现在面临的问题。大街小巷都在议论中国纺织品的“进攻”。中国并不是个扩张主义或帝国主义国家。中国的出口拉动了中国的增长。不可避免的是，有人不喜欢。但是我们必须认识到，对欧洲制造商和服务提供商来说，中国同时也是一个市场，一个巨大且不断增长的市场。这也就是为什么中国要不断向别人开放自己的市场，太一边倒了，太不平衡了，就会造成关系非常紧张。

公平贸易意味着每个人都遵守着同样的规则：开放的规则，竞争的规则，不通过不可接受的途径为生产提供补贴等。

我们欧洲努力遵守这些规则。我们并不完美，每个人都想从市场中为自己谋得最大利益，但是这必须由 WTO 的规则来约束。

我们想从中国得到的就是，中国进口的增长要建立在遵守 WTO 规则的基础之上。

记者：现在美国在纺织品和人民币汇率问题上对中国施加了很大的压力。美国的政策将在多大程度上影响欧盟的政策？

彼得·曼德尔森：中国和欧洲的关系正在快速成熟。我们都想进一步加深我们的关系，我们不允许纺织品影响双方的关系，更不允许出现贸易战。我们的共同利益太多了。欧洲有些人，美国有更多的人，希望对中国更广的领域发动进攻，比如人民币升值。许多人拒绝这么做。中国是一个大国，你这么使劲推中国是不会有什么结果的。

另外一点，我认为中国为全球经济提供了竞争力源泉。诚然，中国给现在的制造商、服务提供商等带来了很大的压力，但这对这些人来说有好处，因为这促使他们更好地运行、创新，生产更高质量的、顾客愿意买的产品。我相信竞争。

所以尽管中国的崛起眼前让欧洲很痛苦，但在更长的时间里对欧洲是有好处的，前提是如果欧洲能正确应对。面对由中国或别国带来的竞争压力的时候，你不能只是寻找庇护，你必须要做得更好，更聪明。这对欧洲来说将是一个长期的过程，不要太保护主义了，不要老在原地踏步，如果你可以前进的话。

我给欧洲的一个信息就是，这是机遇，而不是威胁。抓住它，而不是跑开。但是我希望中国帮助欧洲调整。

单伟建详解深发展股改

■ 余　力

深圳发展银行是中国第一家上市银行和第一家被外资控股的银行，美国基金公司新桥投资是第一家投资中国商业银行的外资公司，对于这样一起中国金融改革和对外开放进程中的标志性事件，本报自2002年以来一直保持着高度的关注。

2005年5月，中国上市公司开始股权分置改革，其基本思路是非流通股股东支付对价补偿流通股股东以获取自身的流通权。2006年5月28日，深发展公布了被外界视为“零对价”的股改方案，招来指责的声浪，方案被迫调整，但流通股股东仍于7月17日投票否决了该方案。

股改方案通不过，意味着深发展将无法引进新的投资以补充不足的资本金，意味着新桥改造深发展的通盘计划将蒙上阴影，意味着一个双输的前景。

因为新桥的外资身份，围绕着深发展股改的评议已从利益的多寡演化为是非曲直的价值判断，而股改投票之后，新桥将退出深发展的说法又开始流传。

8月1日，自始至终保持缄默的新桥执行合伙人单伟建接受本报专访，首度全面回应外界评议，并重申对深发展的承诺。

◆“寻租”的机构手中操纵的股数足以左右胜负。有这些拦路虎，以深发展的特殊条件，要想通过股改，昨天不乐观，明天也难以乐观。

◆深发展的股改方案给予流通股东的确实差强人意。如果流通股东真的支持取消价格区间立即分红的股改方案,我想深发展的董事会中大概没有人反对。

◆新桥并没有打算在市场上减持，今天没有，在今后的若干年都不会有这种打算。新桥入股深发展所支付的价格，实际高于迄今为止所有外资投资中国的银行所支付的价格。国有银行引进外资，每家外资的投资成本都大大低于新桥，他们的市值与外资投资成本之差都大大高于新桥在深发展的投资。

◆新桥充其量不过是请来打工的外籍家教，你可能看不惯他，那不要紧，但千万不要拿孩子、拿深发展撒气。

◆“新桥准备退出深发展”是无中生有。股改谁也未曾预料到，但没有任何困难会使我们半途而废。

记者：深发展的股改方案未获通过，您对结果感到意外吗？

单伟建：深发展股改方案表决的结果是，大约39%赞成，37%反对，而24%弃权。赞成票对反对票略有胜出，但没有达到2/3。这个结果令人失望但也并不特别意外。

有两点出乎我的意料。

第一，我本来以为，深发展的方案与绝大多数已出台的股改方案相比给予流通股东的太少了，不成敬意。尽管方案的通过对所有的股东都有好处，按常理散户股东比起专业机构更容易感情用事，所以我想他们之中的大部分不会投赞成票。但是恰恰相反，正如你们所知，到场投票的流通股东97%投了赞成票，他们几乎全部是散户和中小股东。出人意料。

深发展应该特别感谢这些股东。我想他们投赞成票的原因，并不是对股改方案满意，而是除了理解深发展股权结构的特殊性所带来的困难外，他们更清楚股东的最大利益在于银行价值的提高。他们知道深发展蕴藏着很大的增值潜力，而股改是个制约瓶项，必须突破。他们的赞成票也是对深发展的管理团队和员工的信任票。

第二个意外就是在网络投票中有56%的机构投资者投了弃权票，这个比例远远高于其他公司，很不正常。按照规则，股改方案的通过需要投票的流通股东中的2/3投赞成票，因此弃权与反对无异。为什么现场和网络投票结果差别如此之大？

在股东大会宣布投票结果后有位股东说："真正自己掏腰包买股票的人，都会投赞成票的。"这话很值得深思。说明真正的股东更清楚自己的切身利益所在。

而投弃权票的基本是替人理财的基金或是证券托管人。一般人一定会纳闷，为什么专业机构还不如散户群众更有觉悟呢？但你要了解内情的话就知道投反对或弃权票的机构，未必都真的是反对深发展的股改方案。

记者：能不能请您披露一点内情？

单伟建：譬如有些机构本来并不是深发展的股东，他们是在股改方案公布后才买入。正常的投资逻辑是，看好才去买股票。但他们恰恰相反，一方面激烈抨击深发展的股改方案，另一方面反而通过其控制的证券公司或基金，在方案公告后的短时间内，积累了大量股票，然后扬言要投反对票。谁都知道，股改方案通不过，股价会跌，他们委托人的资产就会受损失，这就好像一边骂大师傅菜烧得太咸，一边往自己碗里拼命撒盐，你说他葫芦里卖的什么药？

还有人临场买个几百股，然后利用媒体大造声势，号称征集了若干千万流通股要投反对票。

深发展的人员一看这些新股东意见这么大，赶紧去沟通。一谈，才知道我们有点天真了。人家根本没有兴趣探讨股改方案。醉翁之意不在酒，人家不过是请你吐点血，往他们的口袋中装些好处，其他问题就迎刃而解了。

记者：那深发展吐了多少血呢？曾有媒体质疑深发展在股改中涉嫌"买票"。

单伟建：敲竹杠的确实不少，但他们找错了对象。对付深发展，歪门邪道行不通。行不通，就反咬一口。令人悲哀的是，这些"寻租"的机构手中操纵的股数足以左右胜负。有这些拦路虎，以深发展的特殊条件，要想通过股改，昨天不乐观，明天也难以乐观。

记者：这好像有点不合逻辑，这些机构否决了深发展，股价跌了，他们自己不是也吃亏吗？

单伟建：是的，我们开始也百思不得其解。后来搞明白了，这些机构都是用别人的钱炒股票。"寻租"成功，进自己的腰包；否则，吃亏的是他们的委托人。他们口口声声说代表流通股东利益，其实是拿别人的钱给自己当赌注。

我得强调一下，刚才我说的寻租的例子，毕竟是部分所谓股东。很多投了反对票或者弃权票的机构，是严守职业操守的。我们也知道不少机构投弃权票，是迫不得已，并非他们的本意，也不是他们委托人的意思。

记者：那深发展和作为大股东的新桥对股改方案失败就没有责任吗？

单伟建：俗话说，苍蝇不叮无缝的蛋。如果我们的股改方案有能力多给，或给出一些权证类的东西，趁火打劫的可乘之机就小。我们的股改方案给予流通股东的实惠相对较少，造成不少流通股东的不满，寻租的就乘虚而入了。

深发展囿于各种局限，尝试了各种方案，拿出来的方案已是尽了最大努力的。但求得这么多股东的理解就很不容易，更何况股东群体还在不断变化。其实深发展通过与许多流通股东的交流，还是取得了不少谅解。大部分流通股东是非常通情达理的。但深发展几十万股东，沟通起来毕竟挂一漏万，因此我们的工作还是没有做到家。

记者：在股改过程中，对深发展批评指责之声不绝于耳，这是为什么？

单伟建：我们欢迎所有中肯的批评。新桥投资入股深发展时间仅仅一年半，在这段时间我们先止血，建立风险控制体制，再强身造血，奠实健康增长的基础。在这个过程中，深发展伤及了不少既得利益，挨点儿骂不足为奇。

而且深发展的改造刚刚起步，有很多需要完善的地方，不尽如人意的地方仍然很多。与市场的沟通不够，也会产生误解。我们的股改方案难如人意，有批评之声非常正常。

但真正的批评是以事实为基础的。任何人都不应该利用手中的话语权，无中生有，肆意编造耸人听闻的谣言：什么老外董事长每天两万块钱长期包租香格里拉总统套间啦，什么深发展假造财务报表呀，什么深发展股改买票“贿选”呀，不一而足。我们的国家现在是法治社会，他们那么煞有介事、言之凿凿，却没有一个人去告官。你说怪不怪？事实是，一些机构和个人一边以正义的化身出现，另一边却伸手向深发展索要封口费或“合作费”。

经历这次股改，我觉得中国的上市公司有点像唐僧肉，不少人都想来吃一口，吃不着的，就倒打一耙，硬说你是妖魔鬼怪。

我讲个故事给你听。深发展追讨不良资产，把赖账的人告上法庭。开庭之日，恶人先告状，一脸不屑地讥讽代表银行出庭的深发展负责人说：“二汉奸来了。”深发展的这位员工也不含糊，正色答道：“法官同志，我是有 30 年党龄的中共党员！”

这位深发展的员工代表谁？他代表的深发展是一家中国的银行，它超过99%的员工是中国人，80%多的股东是中国人，几百万客户是中国人，它为国家纳税。深发展的外资比例小于不少大型的国有银行，和国有银行同样是作为中资银行被监管的。爱护深发展，就是爱护中国人、中国的银行，难道就不是爱国？

况且，外资也不是敌人，引进外资是要把中国的银行搞好，实践证明国家的改革开放政策是正确的，只要没有偏见的人就有目共睹。而那些吃中国的银行、喝中国的银行、侵吞中国的银行资产的人有什么资格以民族英雄自居？

记者：您有没有听到这样的议论，说您当初撰文批评股权分置改革，是搬起石头砸了自己的脚？

单伟建：首先，我批评的不是股权分置改革，我几乎每文都强调支持股改。我所批评的是股改采取的某些具体方法涉及对于产权的侵犯。因为产权神圣是任何市场的基础，弱化产权就弱化市场。这就好像我建议你细嚼慢咽，是怕你噎着，并不是让你废食，反对你吃饭。

我对股改政策的批评，与深发展丝毫无关。恰恰相反，谁都知道中国的事有难处尚可通融，但开口批评了就不好通融了。我当初的确非常犹豫要不要署名批评股改的具体做法，就是担心牵连到与我有任何关系的公司。我批评宝钢式的股改方案，却又投票支持宝钢本身的股改，原因也是如此。

有人不理解我为什么既批评又投赞成票。这其实很简单，你批评别人污染空气你就不呼吸了吗？

记者：可实践看来，深发展支付的对价确实少，因此外界批评这是“零对价”。

单伟建：虽然深发展的股改方案给予流通股东的确实难如人意，但绝对不是零。对于银行来讲，这个分红的方案必须拨备或预提，6000多万的钱已经给流通股东预留了。在深发展的董事会上，大家的一致意见，就是要让流通股东得到好处。

现在看来，有些地方我们需要检讨，比如预案中分红条件的价格区间确实过大。起因是董事们都对股价的前景很乐观，认为股改一经通过，股价会大涨，分红价格的上限定得高些，可以向市场传递管理层的信心。后来听取了流通股东的意见进行了调整，董事会认为根据股价在过去6个月中的表现，今后的一年中股价满足新的分红条件是毫无疑问、铁板钉钉的事。

有人或许会问，既然如此，为什么不直截了当分红，还要设定条件，在未来不确定的时间内分红？我们的考虑是防止重蹈其他G股公司的遭遇——股改利益如果立即支付，股价骤跌，用意还是要保护流通股东的利益。另外，稳定的股价也有利于深发展进一步融资。

当然，如果流通股东真的支持取消价格区间立即分红的股改方案，我想深发展的董事会中大概没有人反对。

另外，我还想说一点。我们可以观察市场上几家单纯采取认沽权证方式进行股改的公司，随着权证即将到期，“零补偿”成为现实已经没有悬念。

这样的“零”方案并没有遭到群起而攻之。何以深发展明明有现金分红却硬被说成是“唯一”的“零”方案？

记者：你们说方案出台很难，到底难在哪儿？有人说你们的解释是“以外国法律压中国法律”，花旗也是美国公司，在浦发行股改时为什么可以送股？

单伟建：说实话，深发展的股改方案，确实很对不起那些长期持股、对深发展感情深重、忠心耿耿的中小股东。但就是这个方案，也是费尽心机，多方协调，共同努力才搞出来的。

您问的这个问题很好。花旗是有限责任公司，新桥是基金投资公司，性质有所不同。我举个例子你就明白它们之间的差别了。中外的大企业，几乎每年都有捐赠的开支：赈灾扶贫、慈善事业，等等。花这个钱完全合法。但替投资者理财的基金公司可以拿投资者的钱去捐赠吗？当然不可以，拿出一分钱也是违法的。替别人管钱，就受“忠实义务”的严格的约束和限制，这是法律责任，英文是“fiduciary duty”,或可译作“托管人责任”。这是中外一致的国际通例。

你换个角度想想，中国的国有企业到海外去上市、并购，是不是也受中国法律约束呢？譬如，按中国法规国有企业海外上市作价不能低于净资产值。这个规矩国际市场上是没有的，市场价值往往与净资产值无关，有的行业上市作价按市场惯例必须在净资产的基础上打折扣。尽管如此，国有企业必须遵守中国的法规，所以也要请境外监管当局、中介机构、投资者理解。不管是这里还是深发展的股改都根本不存在“用一国法律压另一国法律”问题。

记者：那么，定向分红难道不会损害新桥股东的利益吗？

单伟建：你说得对，定向分红当然是非流通股东向流通股东的利益输送。但之所以采用这个方案，就是因为在形式上利益输送是间接的，类似"遇到红灯绕着走"，绕开比较敏感的地方。

即使是分红这个方案，外面看起来少，但对深发展而言，也几乎是竭尽所能了。目前，深发展缺的就是资本金，受制于资本充足率不足，已经没有多少分红能力了。这不，要分红，还有人以流通股股东的名义公开批评深发展现金分红不符合规定。

现在，深发展管理团队最焦虑的就是，股改拖得越长，资本金进不来，银行可以支配分红的资本金就越少，下次股改再采取分红的方式取得银监部门的批准就越困难。

记者：权证呢？市场普遍认为，权证方案可以多赢。

单伟建：我们的确考虑过权证等方式，还形成过建议方案，但无论认沽或认购权证，都触及到法规的限制。当然，鉴于深发展的特殊性，这些还需要与监管部门进一步探讨。

记者：难道您不能向新桥的投资者解释，深发展股票的市价已经超过新桥投资成本的一倍，可以用其中部分回报补偿其他股东？

单伟建：第一，新桥并没有打算在市场上减持，今天没有，在今后的若干年都不会有这种打算。

第二，新桥入股深发展所支付的价格，实际高于迄今为止所有外资投资中国的银行所支付的价格。

第三，你看看其他国有银行引进外资的例子，每家外资的投资成本都大大低于新桥，他们的市值与外资投资成本之差都大大高于新桥在深发展的投资。更何况，上述这些投资者所持有的银行股票在锁定期过后是随时可以在市场上卖掉的。但是，没有任何人要求这些投资者支付补偿。在这种情况下，我们如何向新桥的投资者解释他们必须例外呢？

记者：您刚才谈到外资投国有银行。他们是参股，买控股权是否价格应该更高一些？

单伟建：并购业务中，控股的价格不见得高于参股的价格，这里并无一定之规。比如，新桥收购韩国第一银行，绝对控股，作价是净资产值。但我们参股台新银行，作价反而是将近净资产值的 2 倍。当我们和网通一起收购亚洲环球时，网通控股，但我们参股的价格完全一样。

外资银行在中国投资也是如此。它们参股的作价往往高于它有控制权的与中资银行合作的信用卡公司。我还可以举出无数的例子，所以完全不能一概而论。

记者：可是眼下，外资要支付过百亿资金收购广东发展银行的控股权，而新桥购买深发展仅支付了十几亿元就取得了控制权，有人认为深发展得了便宜应该吐出来。

单伟建：不好意思，您这是“外行看热闹”，用西瓜和西红柿比。从专业角度讲，用“调整后的净资产”的倍数才是可比的。什么是“调整后”？调整是在资本金中扣除不良。看报道，以可比的标准，买广发比买深发展划算多了，人家外资的条件是好几百亿元不良资产政府需要埋单，国家砸进去的钱将数倍于外资的投入。而且广发的规模大，网点齐全，持股比例高，所以国外银行趋之若鹜。

记者：有人说新桥可能把深发展包装一下，卖个好价钱就走，还可能把银行给掏空，因此应该换一家专业银行机构来代替新桥的股东地位，你怎么看待这种观点？

单伟建：说这种话的人大概以为买银行就像他买盗版光碟，看看包装付了钱掉头就走，没有图像也不敢回去找。新桥收购韩国第一银行用了 15 个月，收购深发展用了 20 个月。你以为花这么多时间谈天气吗？谁买银行不要作尽职调查，翻个底朝天？价值是创造出来的，不是吹出来的。市场上不可能就你聪明，别人都是傻瓜。

新桥在深发展，持股不足 18%，也不控制董事会；管理团队没有一个新桥的雇员，全是独立的职业经理，并不听命于大股东。我们是通过董事会引进国际最佳的法人治理结构，把握战略方向，并通过管理层奖惩制度来提高银行的价值和全体股东的利益的。在这方面，我们有很丰富的经验。

相对而言，外资银行收购银行的控股权，是人、财、物，产、供、销统统纳入直接控制，可以服务母公司的全球客户，可以销售母公司的产品，可以直接使用母公司的后台，从而提高母公司的总体价值，他们考虑的是全球性的价值优化，甚至可能以某个子行的利益为代价。

而我们的做法与之完全不可同日而语，我们只要求深发展自身的价值的最大化。因此深发展从本质上仍然是中国的银行，只是在法人治理和管理体制上引进了国际先进经验而已，这一点非常重要。

更为重要的是，新桥本身非但与深发展秋毫无犯，而且还在多方面支持深发展。我们要求深发展的员工维护银行的利益，银监部门也是明察秋毫，哪个股东都不能例外。企业，尤其是银行，必须建立这种公私分明的文化，要不然上梁不正下梁歪，大家都吃里扒外，银行还能搞好吗？

但归根结底，新桥并不重要。关键的问题是深发展到底是谁的？深发展是中国的银行，是属于我们大家的。新桥充其量不过是请来打工的外籍家教，你可能看不惯他，那不要紧，但千万不要拿孩子、拿深发展撒气。请关心深发展，爱惜他，呵护他，支持他。

记者：有媒体报道新桥准备退出深发展，而且正在与买家谈判，是否确有其事？

单伟建：又是无中生有。新桥是建设性的战略投资者，对于深发展的承诺是长期的。我们接手的是一家有问题的银行，而且问题很多。但深发展的增长潜力很大，员工素质高。我们已经取得了很大的进步，可仍然是刚刚起步，来日方长。

我们的目的是把它改造成一家按国际标准一流的银行，据我们的经验没有若干年的时间是不可能的。在这个过程中肯定会遇到许多意想不到的困难，股改就是谁也未曾预料的，但没有任何困难会使我们半途而废。我们已经取得的成绩和深发展的前景为不少战略投资者所认识，所以想投资深发展的确实不乏其人，GE 只是其中之一。我们会积极与能够提供价值的投资者合作，努力提高深发展的竞争力和股东价值。

记者：下一次方案会怎么调整？

单伟建：我觉得，第二次的股改方案出台一定比第一次还难。但我们会尽最大的努力，将问题处理得更好。

潘岳："特殊利益"正成为破坏环境的首恶

■ 刘五丈

本月10日，国家环保总局第三次发动环保风暴，波及22个省市的82个项目，钢铁、电力、冶金三个行业成为本轮风暴的重点。并且环保总局首次动用了"区域限批"这一看家办法，对唐山、吕梁、莱芜、六盘水4个城市及大唐国际、华能、华电、国电等四大电力集团处以停批、限批所有建设项目的行政制裁。

11日，环保总局派出4个督察小组赴河北、山西、内蒙、贵州，对违规项目进行现场核查、现场取证、现场督办整改。《南方周末》随同河北、山西调查组进行了全程采访。

记者还采访了环保总局副局长潘岳，并组织了一系列相关报道，以图全方位地透视本轮环保风暴。

■高污染、高耗能行业的疯狂扩张已到高峰，我们不得不使用这么"狠"的手段——这是环保总局成立30年的第一次。

■资源和环境是中华民族最后一道防线，是我们在动荡的全球化世界上最后的战略储备。

■我做的事情指向同一个方向——让我们的社会、我们的文化、我们的党、我们的信仰能够"可持续"。

■官场中人就是木头吗？我一直坚信，不管你是官员、学者还是别的，首先你是一个人，一个性格完整、有信念、有感情的人。

2007年1月10日，“环保风暴”又起。4个市和4个电力集团的建设项目全部被停批、限批——风暴之猛，史无前例。

风暴策源地在北京官园桥路口，国家环保总局淡绿色的九层楼里。它的对面，中国国电约20层的大楼矗立着。“楼这么高，把我们的风水全挡住了。”环保总局的人士开玩笑说。

但这次，风水似乎轮流转了。总局宣布“区域限批”后，包括国电在内的几大电力公司股价应声而落——真打痛了。

1月15日，国家环保总局副局长潘岳接受了采访。

“特殊利益”，环境恶化的主因

记者：2007年“环保风暴”，你们用了有史以来最严厉的手段——区域限批。决策过程是怎样的？

潘岳：这个想法，我在2005年第一次环评执法时就有了。但是当时连环评法都没人知道，一下子就“区域限批”，震动太大。所以我们决定先从“普法”开始。2006年第二次环评执法时，我们对形势还是过于乐观——中央在“十一五”规划中提出“每年节能4%，减排2%”。结果是，2006年主要污染物排放不降反升；平均每两天发生一起突发性环境事故，群众环境投诉增加了三成，中央领导对环境问题的批示比上一年增加了52%。我们意识到，对这种高耗能高污染行业扩张的高峰，温和手段已不起作用。所以，我们使用了这么“狠”的手段——环保总局成立30年，此前从没使用过。

另外，2006年12月新开工项目清查专项工作中，环保总局已与国家发改委、国土资源部、国家安监总局等7部委形成共识，今后将逐步对各项建设程序执行不力的地区，采取暂停项目审批或核准。但新的制度要经过试验，环保总局先踏出这一步，成功或失败，都将为其他部门提供借鉴。

记者：十六届三中全会提出“科学发展观”，“十一五”规划又将能耗、主要污染物排放作为约束性指标，现在又进行宏观调控，但2006年仍然成为中国环境形势最严峻的一年。症结到底是什么？你以前说是“扭曲的政绩观”，但不执行中央政令、乱上项目，中央也没有将其视为地方官的政绩。举个例子，中央处理内蒙古新丰电厂事件，也处理了内蒙古自治区政府的负责人。

潘岳：我曾一再强调，环保首先是政绩观问题。但现在，一种特殊利益结合现象正在和错误的政绩观一起成为环境持续恶化的主要原因。

高污染、高耗能行业的疯狂扩张中，产生了一种特殊利益结合现象。一方面，某些地方政府通过上大型重工业项目，追求短平快的业绩；另一方面，在地方政府庇护下，一些企业把全民的资源环境变现为私利，而且方式极端粗鲁，不顾后果。这种现象，上干扰中央的宏观调控，下侵犯百姓权益引发社会不安。

我以前一直在宏观经济部门工作，从国有资产管理局到体改办，见证了中国的财政改革、国有资产改革和金融改革。同样的特殊利益结合现象，给每项改革都造成了巨大损失。继财政、国资、金融之后，资源和环境是中华民族的最后一道防线，是我们在动荡的全球化世界上最后的战略储备。如果“老本”被劫掠一空，何谈民族的复兴？所以，“区域限批”针对的就是不顾国家大局的特殊利益结合现象。

记者：中央进行宏观调控，有些地方执行不力，是不是也与特殊利益结合现象有关？环保执法的重点行业钢铁、冶金、电力等与宏观调控的重点相吻合，特别是2007年，环保总局拿出激烈手段。这样做，除了保护环境本身，你们是不是另有醉翁之意？

潘岳：这是与宏观调控有关的。环保和“科学发展观”有天然的血缘，自然也成为宏观调控的重要手段。2005年环评执法之后，环评从“橡皮图章”变成了项目审批的重要环节，实际上已经成了宏观调控的手段。2006年仅环评一道关口，就卡住了7700亿元投资项目，其中一半以上是高污染、高耗能产业。中央文件多次强调，要提高环境准入门槛来限制高耗能、高污染行业的不正常投资，促进产业结构调整。这次使用“区域限批”政策，就是希望探索宏观调控的新方法。

屡败屡战

记者：但为什么“风暴”越刮越大，环境却越来越差？你和环保部门不停地刮“风暴”，是在乘胜追击，还是屡战屡败？

潘岳：肯定不是"乘胜追击"，也不是屡战屡败，而是屡败屡战。2006年，环保总局是拼了老命的，我们强迫电力公司新建的脱硫能力是前10年的总和。我们什么手段都试过，从私下劝说，到通报，到叫停，到签署责任书，但仍然没有明显起色，为什么？经济增长方式没有转变，这不是一个部门"修修补补"可以解决的。

记者：每年的"环保风暴"，你们手中的大棒都不一样。如果明年还刮"风暴"的话，你们还有什么压箱底的灵丹妙药？

潘岳：没了。"区域限批"是最狠的行政手段，再往上，就该追究行政责任了，我们没有这个权力。

记者：很多人看来，你和环保总局招数不少，令人眼花缭乱，但似乎是花拳绣腿，不能一刀致命。"风暴"是非正常手段，难道就不能从制度上解决中国的环境问题吗？

潘岳：我最重视制度建设。目前的环保法律虽然多，但大都停留在理想主义阶段，惩罚权十分有限。行政手段上，环保总局不能关停，不能撤职，连环境监测和执法都没有垂直管理。要完善制度，只开会是不顶用的，只有博弈——每次环评执法都是博弈，对方退一点儿，我们就进一点儿，再用法律把成果固定下来。

比如说，第一次环评执法后，凡是发改委核准备案的特大企业的重点项目没有不履行环评程序的。此前，它们根本就不知道还有环评一说；"圆明园听证会"以后，《环评公众参与暂行办法》出台了，2006年这个办法卡住了1600亿元公众不同意的项目；第二次环评执法后，环评由"项目"层面深入到规划层面，规划环评的法律在国务院法制办的审核之中，争取2007年上半年出台。这次执法后，我们希望能够把"区域限批"常规化——不只是每年一次，而是全年任何时候，对违规严重的企业和违规省份、地区严厉实行。我们的最终目的，就是希望建立一个有效的新制度。

记者：这次"风暴"后，听说你的电话要被打爆了。"风暴"实际上是掐别人的脖子，断了许多人的财路和官路，你受到了什么样的压力？

潘岳：从两年前第一次环评执法开始，我和同事们就处在漩涡的中心。每年从我们手上要经过2万多亿元的项目，涉及方方面面的利益，内外压力都有。

我就不多说了。

记者：妥协是为官之道，你会适当做出一些妥协吗？

潘岳：那要看妥协的价值。如果妥协能够造成新的制度，那就妥协。但如果是放弃原则和同流合污，那我决不！

记者：这几年，有些人观察你之后，得出结论：你并非像媒体上表现的那样强悍，实际上，你在硬撑着做事。比如说，在过去的“风暴”中，大唐国际就在名单中，这次“风暴”之前，大唐国际仍在违规，可见别人并不怕你。是这样吗？

潘岳：如果我是别人，我也不怕。环保总局既不能直接叫停项目，罚款也不能超过20万元，不能撤官员的职，连自己的地方部门都管不了，怕它什么？就让它在媒体上喊两声吧，反正喊也是白喊，我们该干嘛还是干嘛。这就是现实。3年来，每当我看见违规的项目在补办手续后，用各种方法拖延兑现环保承诺；看见新的污染项目违法开工后，又打着“不能让国家受损失”的名义补办手续，心里十分沉重。但我不允许自己有“无力感”。既然法律和体制只给了我们这么大的空间，那我们就要在这个空间内创造出新的办法。现状决不能成为“无所作为”的借口，而是开展工作的前提。

顺便说一句，大唐国际电力已表示要彻底整改了。

官员和思想者并不矛盾

记者：有人说你是挑战风车的唐·吉诃德。

潘岳：在实现理想的方式上，我不认同唐·吉诃德，但在追求理想的精神上，我是钦佩他的。人最可怕的是没有理想，只被利益驱动。

记者：你当国有资产管理局副局长时，清查海外国有资产和国有资产流失大案；当质量技术监督局副局长时，开展“质量万里行”打击造假企业；当体改委副主任时，提出政改报告，呼吁宗教改革；任环保总局副局长没多久，就提出绿色GDP，刮“环保风暴”。这么多年来，你的执政理念是什么？

潘岳：我做的事情指向同一个方向——让我们的社会、我们的文化、我们的党、我们的信仰、我们的民族，能够“可持续”。因为，一种生产方式、一个文化、一个党、一种主义、一个民族是否先进，关键在于它是否能在漫长的历史时期持续地强大。

记者：你似乎不仅想做官，还把自己定位为思想者——你写过政改报告，呼吁宗教改革，并研究生态社会主义。在思想方面，你想做出什么贡献？

潘岳：官员和思想者并不矛盾。在中国，只懂行政实践没有思想是不成的，只懂思想没有行政实践也是不成的。从少年时起，我就一直尊崇思想家。多年来经历了几次究竟是当学者还是当官的激烈思想挣扎。从现实政治的角度来说，支配人们行动的不是思想，而是利益。但正如韦伯说过："思想所创造的观念，经常像扳道工一样，决定着利益火车头的行动轨迹。"历史上的大转折都是由思想作为先导的。中国正在经历伟大的转型，20年后的中国，是要成为拉美式的世界工厂和消费场，还是国际政治经济体系的核心力量和价值观策源地？是将成为其他文明的翻版，还是创造出融合普世价值和自身传统的新型文明？这都取决于今天我们思想的方向。如果能够为它的诞生贡献一点微薄的火花，我此生无憾。

记者：但很多人批评你过于理想主义，你的很多想法是"乌托邦"——比如"绿色中国"、"生态文明"。

潘岳：任何伟大的信念和事业，都是从乌托邦开始的。它就是对完美社会的追求。"乌托邦"做法不可取，但精神是必需的。在利益驱动的现实世界中，没有这种精神，就没有推动变革的力量。

在朝在野，"家、国、天下"

记者：如果没有从政，你会做什么？

潘岳：最可能的是办报纸，或者做历史学家——既能描述广阔的历史，又能讲述动人的故事。我甚至可能写几个关于中国历史的大剧本。看到如今的那些历史大片，觉得我们的艺术家在历史素养上还欠火候。中国历史上波澜壮阔、改变世界的事件那么多，就是没人写没人拍。这是史家和文人的悲哀。

记者：你为什么喜欢历史？

潘岳：每一部历史都是当代史，在中国尤其如此。因为中华民族是全世界唯一一个以国家形态同根同种同文留存下来的民族，历史给我们的智慧和对我们的束缚都是其他民族所不能比的。前人遵循的规则，在今天的社会生活中依然发挥作用；前人遭遇的困境，今天依然没能全部解答。历史的每一次变迁，都留下了宝贵的财富，执政者应该善加吸纳。

记者：你的风格也与其他官员不同，你经常说一些似乎“出格”的话，爱好不少，写散文，还写古体诗。我在你的诗文集中看到了这样的句子，“古寺灯影，三佛并坐，东琉璃西净土，沉浮众生轮回相；楼观经藏，大道同源，左庄老右程朱，彻悟天地解自身”；还有这样的句子，“漫天情絮，乱乱夜无语。颜色一分天给予，不怕梅花香许”。你像个文人，而不是官场中人。

潘岳：官场中的人就是木头吗？很多领导同志都喜欢诗词，有些写得还很好。我们一直习惯了模式化的官员形象，其实私下里大家性格都很丰富，只不过我们的生活更加透明，你们对我们的了解多一些罢了。我从少年时代一直坚信，不管你是官员、学者还是别的什么，首先你是一个人，一个性格完整、有信念、有感情的人。

记者：你喜欢历史，也熟悉媒体，这两个领域都密切关注社会的变迁和变迁背后的推动力。据你观察，现在改变中国社会的最大新生力量是什么？

潘岳：互联网。网络改变了信息传播方式，进而改变了社会和政治运行的规则。最重要的是，网络孕育出的新一代人，尽管可能有这样那样的毛病，但他们总的来说，视野更加宽广，思考更加独立。

记者：你觉得那一代的执政者要具备什么素质？

潘岳：他们要善于学习新事物、接受新理念，并倾听人民的声音。更重要的是，在一个越来越“个人主义”的时代，必须具备强烈的“以天下为己任”的责任感。在多数人可以在个人生活中获得满足的时候，他们必须视民族的兴衰甚于个人荣辱。

记者：兼济天下，而不是独善其身？

潘岳：对。这是中国政治传统中最优秀的部分。对一个大国来说，无论哪一个历史阶段，都要求执政精英具有特殊的责任感，儒家在这方面值得借鉴。我也有“士大夫”情结：在朝在野，都是“家、国、天下”四个字。道之所在，虽千万人，吾往矣。

中国最佳零售银行是怎样炼成的

——行长马蔚华详解招行创新之秘

■ 余 力

招商银行是如何从10年前不到200个网点的小银行，成长为“中国最佳零售银行”？

马蔚华近日接受媒体专访，详解创新秘密：如何顺应历史大势，如何制定战略，如何执行并沉淀文化，如何让创新的基因深植于这家22岁的银行。

当西方金融体系陷入重构的痛苦和彷徨之时，中国的银行业正在加快追赶的脚步。

虽然曾经极富感召力的“金融创新”在危机后沦为令人厌恶的贬义词，但中国的银行家们消化着西方的教训，却并未停下创新的脚步。其中的代表人物、招商银行行长马蔚华相信，危机往往是一个新的时代的开始，危机往往是重大历史转折的机会。

中国的银行有可能赶上曾经遥不可及的西方前辈吗？招商银行成长的轨迹，指向了这一目标。2009年3月下旬，招行第三次被国际权威杂志评为“中国最佳零售银行”，更让人印象深刻的是，这家仅有22年历史的中国小银行，已被众多外资银行视为它们在中国市场重要的竞争对手之一。

4月2日，招商银行行长马蔚华在深圳接受《南方周末》记者专访，详解了招行的秘密——更快、更好、更强的动力源自对创新坚定不移的追求。

“那时候我成了IT界人士”

一家网点不到200个的小银行，何以选择零售银行业务作为战略方向？互联网给银行业带来了最大的历史机遇，我们要狠狠抓住。

马蔚华：10年前，我刚到招行的时候，招行的网点不到200个。做零售业务，没有网点你怎么做？这样一家银行居然变成中国最佳零售银行，有时候我们自己想想都觉得是一个奇迹。

招商银行的零售银行业务发展，是一个创新的过程。招行零售银行业务发展的最重要基础就是一卡通，我们把它叫作中国零售银行的革命性产品。过去在中国所谓的零售银行就是储蓄，储蓄的产品是存折，1995年我们推出一卡通，一张卡，不仅有存折的功能，还有交易、代理缴费等23种功能，它应该是一个划时代的零售变革。

目前，招行的一卡通已发行超过4500万张，卡均存款是8300元，这使我们的个人储蓄存款占各项存款的比例在40%左右——这个比例对国有银行不是新鲜事，但对众多股份制银行与中小银行来说是难以达到的。这些储蓄存款的背后，是4000多万个零售客户，它也解决了我们的客户基础问题。

1999年，我们系统性地在国内推出了第一个网上银行——一网通。那时候中国内地的网民1000多万，现在已是两三亿了。我们在国内全力以赴地推动网上银行，它解决了我们物理网点不足的问题。

在当时，网上银行还不是很被大家接受，首先接受的就是年轻人，尤其是大学生。开始时，我们与教育部合作，在全国的重点大学中推动网上银行。行长们分别去大学中讲网上银行，给我的任务是北大、清华。我当时有一些顾虑，担心演讲会冷场，但没想到学生反响很热烈，演讲很成功。网上银行的第一个使用者就是北大的一个学生，情人节，在网上给朋友买了玫瑰花。

除了在大学演讲，我们还到社会上推动各种研讨会，去讲互联网与传统商业银行的变革。我们去了我国的台湾、香港，还有美国，还在西雅图参加了一个国际互联网大会，那时候我成了IT界人士。

我们全力推动一卡通、一网通，是因为我们看到，互联网给银行业带来了最大的历史机遇。

银行本身具有IT属性。银行具有两大功能，一个是社会融资的中介——存款、贷款，第二个是支付平台——经济生活无论物和物的交换，还是服务的交换，总是要付钱的，这个钱是通过银行进行结算、清算。在历史上，通讯的每一次革命都带来银行支付的一次变革。山西票号那个时代，就靠跑着马车结算，后来有了火车、汽车、电报、电话，但真正的支付革命是互联网，它使传统商业银行的功能发生了彻底的变化，从产品服务到制度体系，再到观念行为。

像我们这样一个小银行，既赶不上国内的大银行，也比不了汇丰、花旗这些老资格，很多传统业务在量上很难赶上。但互联网是大家共同遇到的一个新时代，没有谁大谁小、谁先谁后，大家都在一个起跑线上。这样一场重大的革命，是机会均等地摆在所有银行的面前，这是千载难逢的机会，要狠狠抓住。

我们不是凭空就想搞零售银行。虽然我们是小银行，但有了一卡通和一网通这两个轮子，奠定了零售的基础，我们就在这个基础上做出战略调整。

“不抓零售业务，将来没饭吃”

早一点，别人没有想的事你先想三五年，然后想到了就去做，而且做就做成最好的。等到三五年后，别人再想做，你已经有了基础，有了品牌，有了竞争力，别人难以竞争。

马蔚华：2004年8月，我们在南昌开了一次会，提出“零售银行是招商银行未来发展的重中之重”！当时的口号是：不抓批发业务，现在没饭吃；不抓零售业务，将来没饭吃。所谓战略，就是我们在每个发展阶段都要比别人看得早三到五年，叫“早一点、快一点、好一点”。别人没有想到的事你先想到三五年，你想到了就去做，做就要做到最好。等到三五年后，别人再想这件事时，你已经有了基础，有了品牌，有了竞争力，别人很难竞争过你，几乎每一个发展阶段都是这样做的。

为什么招行能够想出这样的战略？战略的制定，首先在于你对未来趋势的判断。银行是服务业，分析银行的发展趋势，首先要分析大众对银行的需求，即分析经济发展和社会变革的趋势——中国社会经济随着改革开放不断发展，当财富越来越多，人们不仅需要存款，继而需要理财，需要更多的服务。

最后我们得出一个结论，中国的零售银行业务有巨大的潜力。首先，是有大批零售的客户；其次，互联网的出现，给金融带来了很多前所未有的需求，人们会想，能不能有金融超市，能不能有个性化、量身订作的产品和服务，能不能足不出户就能够享受银行的服务……

所以，从需求的角度，我们分析，在中国零售业务有巨大的潜力，虽然那个时候几乎没有真正的零售业务。

从消费层面看，零售业务做什么？这个趋势大家都看到了，对房屋、对汽车、对旅游、对助学的需求都是一个大趋势。

当时的招行已经上市了，我们得考虑一个上市银行如何使资本得到最充分的利用，减少资本的消耗，得到利益的最大化的问题。毫无疑问，零售业务能够帮助我们实现这个目的。西方银行业批发业务的比重几乎降到50%以下，而中国的批发业务还在90%以上，大量消耗资本。如果一家银行不断地大量消耗资本，然后不断地到市场上去补充资本，这很难得到投资者的认可。我们必须找到一个既节省资本、又能够创造利润这样的好的业务，通过调研，发现这样的业务在中国还是空白。

要想走在前面，战略的问题肯定需要经营者自己判断。

信用卡的故事

在酝酿信用卡业务时，招行拒绝了全球老大花旗银行递出的橄榄枝，而选择与一家台湾银行合作。

马蔚华：做零售银行，起码要满足四个要素——渠道、客户、产品和服务，这几项缺一不可。从信用卡这个产品中就看得到。

其实招行在1998、1999年就发过信用卡，但没有成功。2001年，我们研究、酝酿要不要再搞信用卡。当时麦肯锡有一个报告，说中国的信用卡不会赚钱，但我们分析，就中国经济发展和世界各国的发展轨迹、趋势，中国肯定要发信用卡。

就这个问题上我们想了很多，自己搞、合资搞，还是联名搞？讨论很热烈。花旗银行主席桑迪·威尔听到消息后来找我，提出发联名卡。桑迪·威尔是我最尊敬的银行家，而且花旗当时是世界第一，信用卡也是世界发行量最多的，卡的利润贡献将近30%。花旗找我们合作，别人说你应该受宠若惊。

但是我们最后拒绝了，桑迪很不理解。为什么拒绝？第一，花旗太大了，我们太小了，跟他合作，我们做得再好也要被他的光芒掩盖——别人肯定认为这不是招行的本事，而是花旗的本事，那么中国的民族品牌就埋没了；第二，他是在中国市场与我合作，花旗就是看中招行一卡通的基础，将来赚一块钱，还要再分给他利润；第三，他们数据中心在新加坡，我们会受制于他，信用卡的数据有很多用途，我们要搞零售业务，数据是非常重要的，我不能跟别人分享；第四，银行的产品基本都是虚拟的，唯一物化的就是这张卡，上面还写着花旗的名字，这是我们所不愿意接受的。

这是2002–2003年的事，就是在发卡的前一年。

当时我想，信用卡在全世界有70多年的历史，我们虽然不想发联名卡，但是必须得依靠外边的指导，得请别人当顾问。最后我们选择了台湾的中国信托银行，它在台湾市场发卡量最大，打败了世界第一的花旗。刚巧，就在这一年，海峡两岸金融研讨会在北京召开，当时台湾中国信托银行的董事长和我遇到了，我们的合作意向就谈成了。

最后达成共识，他做顾问公司，我们发卡。我们请了几十人的台湾团队，最多的时候100多人，他们当师傅，我们当徒弟，虚心地学习。经过不到12个月的时间，我们开始发卡。

这时候我们一直在加快物理网点的建设，首先选择沿海发达地区布局。建物理网点银监会有指标限制，为了让网络尽快形成体系，当时我们宁肯拿内地城市省级分行的指标换沿海二级城市的分行指标。

除了物理渠道以外，我们还建自助银行、网上银行（现在网上银行替代率已经到了67%）、电话银行，形成一个物理网点与网上平台的有机结合。

发信用卡的最初三年，招行靠分行从一卡通的客户中筛选进行发卡。三年后，我们自己组建的直销部队成为了主角。

中国零售银行的客户经理队伍当时几乎是空白，指望从别人那里招到优秀的人是不可能的！我们从原有的客户经理里挑选人，一批一批把他们送到新加坡南洋理工学院培训，然后又从大学里面招一批有潜质的大学生培养。而且这些年建立了很多机制，垂直管理、集中培训，不能随便调动，完全靠自己培养了一支比较优秀的零售银行队伍。

最初，我们计划信用卡 8 年盈利，结果 4 年就盈利了，超出预想。

盈利结构中，我们发现居然有 40% 来源于透支的利息，这是始料不及的。我们自己都不会透支的，透支利息很高啊！招行也并未像西方银行那样千方百计地让人透支，去逾期，我们专门设置了信用卡的自动还款功能，但还有人愿意支付逾期利息。这些人是谁呢？一部分是有钱人，一部分是年轻人，这和西方的族群是一样的。我们思考，为什么会这样？用一句话，弗里德曼的《世界是平的》中，他告诉我们一个道理——西方的消费观在影响中国人，尤其是沿海年轻一代。

这种消费革命正悄悄地在中国发生。这也是我论证中国未来 20 年到 30 年能够保持 8% 的增长速度一个重要的原因：现在的年轻人大大方方花钱，有钱就投资，没钱就透支，这就是信用卡的基础。

最高的时候，招行信用卡的份额占全国的 30%，我们当时就预见到这个份额是暂时的——各家银行都发卡后，这个份额就降下来了。从去年开始，我们开始信用卡的战略转型，不再重视发卡量，而是重视每张卡能够带来的价值链。

我们的客户主要是三种人。第一种是有知识的年轻人，包括大学生，他们喜欢招行的时尚；第二类是城市白领，他们喜欢网上银行的方便；再者就是有钱人，我们不断把客户细分，给不同的客户提供不同的产品。

这三类客户，说明招行尽管网点少，但客户质量很高——我们的金葵花客户，50 万元存款以上的有 42 万人，占整个客户比例不到 1%，但贡献了管理客户总资产的 70%，增量的 70%，都是高质量的客户。

这些高端客户，又为招行的下一项重要业务——私人银行——提供了基础。私人银行我们才开始一年多的时间，就被欧洲货币评为中国区最佳私人银行。我这两年每年春节都要开 Party，招待私人银行客户，他们都会欣然赴约。

创新的基因怎么形成？

> 招行零售银行部总经理刘建军认为，招行已经形成了创新的基因。这是文化传承问题，很多事情不完全是靠制度，是靠文化。文化其实不虚，说白了就是行为方式，是公司的整个价值观念和行为方式，就是你怎么判断这个事情。

招商银行是什么行为方式？对许多干部来讲，你没有新东西就等于你做得不好，一年没有几个新成果出来就没法交代，这种压力时刻存在，所以拼命地要整新东西，这就是文化。

在这样的氛围下，每年从10月份开始，刘建军的整个团队就进入大脑振荡期，开始考虑第二年做什么新的东西，10月、11月的双休日，他们都在讨论。虽然不会罚款，但他说，没有新的东西他不放过自己和团队。

在亚太区的100多家银行中，招行排在第13位，对他们来说，前面还有许多需要超越的目标。

马蔚华：招行的出身和国有银行不一样，国家没有什么特殊照顾，招行创办之初，没有知名度，除非产品比别人新，服务比别人好，才能吸引客户来。

和大银行比，我们只有不足，没有优势，关键是做事，“做”就是你的文化、你的动力、你的思想。你说我们哪一条能比人家大行强？所有的事都是这样做出来的。

总结招行这20年的经验，就三句话，六个字：战略、管理、文化。有清晰的战略，坚定不移的信念和点点滴滴的服务文化。

有了清晰的战略，需要坚定不移的信念去执行。如果没有管理理念不断的变革，零售业务就无法成长——我们后来把它叫颠覆——光变还不够，还要不断颠覆旧的传统观念，这样所有的管理者才能够对这些新生的东西感兴趣。

新东西在成长中遭遇的阻力很大。阻力首先来自内部，你说零售业务是重中之重，那批发业务呢？一算账，90%的利润是批发业务贡献的，所以我才有这句话——不抓批发业务，现在没饭吃；不抓零售业务，将来没饭吃。战略调整是逐渐的过程，但是你现在必须往长远看。我们连续五年坚定不移地推进战略管理，这个过程中不断有反复，现在比较自觉了。

千方百计地使战略落实，一是靠思想文化的引导，另外就是靠制度的强制执行。

我们的行长培训班现在是第13期了，请了很多人讲，我自己也讲，讲在大的变革环境下银行业务的变革，讲战略调整的现实意义，讲未来的趋势。我们每年的年度考核，都把战略调整的内容加进去，你创造很多利润，但是没有战略调整的因素，你不一定得第一。最近，我们好几家利润很好的分行，因为创新不足排名也不会靠前。

搞零售业务需要人，批发业务不用那么多人，你要增加人就要增加成本，增加成本就摊薄奖金，开始的一段时间基本上都是投入阶段，一些分行对这个事不太积极。零售银行的人员，分行行长看好就提拔当支行行长了，或者把人抽调去公司部了，为这事我们研究了很多次。

目前，我们有600多个网点，建网点就要付出成本。最后，所有的网点建设由总行拿钱。我们不断想办法来落实既定的战略。

实际上在中国银行业当中，正如《世界是平的》里面讲的，“你得到优势和失去优势的时间越来越短”，当年我们搞网上银行，别人可能要追两三年，现在一个产品，别人可能最快一个月就赶上，前面的人很费劲地探索，后面的人可以踩着你的肩膀上来。但你想要做一个创新的银行，作为走在前面的银行，就必须得承受这样的压力。解决这个问题，很简单！就是要战略上你比别人判断得早，俗话说是经常是吃了上顿想下顿。

我们现在要研究需求：未来三年什么东西可能是大家最关心的？拿私人银行来说，不久前我们刚发布了一个私人财富报告，在中国，可投资资产在千万元以上的人已达到32万，私人银行肯定会大有作为，我们的高端客户很多都符合这个标准，我们就做私人银行。

对这些最高端的客户，私人银行就要渗入他们的生活中去，了解他们的习惯、爱好、追求、生活品质，甚至要营造他们的生活氛围。你就成为他生活中很重要的一个顾问，不单单是理财、买股票、买基金，你还要让这些有钱人更有品位。这是又一个全新的领域。

原富与原罪

「有可以不说的真话，决不说假话。」岭南老报人的一句话，被一张报纸拿来实践了25年。话没有什么稀奇，类似的话，康德早说过；意思没有什么稀奇，蒙学阶段就在灌输；修辞没有什么稀奇。比起「知其不可而为之」、「先天下之忧而忧，后天下之乐而乐」显得朴素。然而，以之为圭臬，却成就了一张报纸的气象。有人说，是特殊的时代成就了说真话的《南方周末》，此话可能只说对了一半。《南方周末》确要感谢这个奇迹般的时代提供的丰富机会。从民国时期的「厚黑学」到当代的「潜规则」，学者都在阐述对历史的理解，说真话需要足够的勇气。今天，更显真话的珍贵，真正成就《南方周末》的是一份朴素的信念：相信未来，并着手创造未来；珍视真善美，并着手护持真善美。真正成就《南方周末》的是一种咄咄的坚持：扎根中国，深入人民，放眼世界，纯粹新闻。这是理想主义者的执着。其中并没有多少创造，这样的理想主义，不过是中国千年不易的知识分子情怀与操守；这样的理想主义，不过是启蒙时代以来，人类的优秀分子共同的价值与行为取向。但就是秉承这样的理想，使《南方周末》从「服务改革、激浊扬清」到「让无力者有力，让悲观者前行」，从「深入成就深度」、「记录时代进程」到「在这里，读懂中国」，25年一路走来，几代报人，薪火相传。成功时有泪水，风雨中常微笑。由此，

第伍辑 公司报道

顺驰：一个地产神话的终结

■ 葛清　王小乔

孙宏斌无疑是近年来中国房地产界最有野心的企业家。

2003 年时，孙宏斌手中的筹码不足 10 亿元，他却心怀天下，试图借中国房地产之大势，一举将他的企业——顺驰打造成中国地产界的霸主。并宣称 10 年后，顺驰的销售额将达到 1000 亿元。

不过，孙宏斌不是志大才疏之人。具有传奇经历的他在不惑之年立下鸿鹄之志，固然是为了一雪当年牢狱之耻，更关键的是，他认为自己掌握了一个让顺驰飞速发展的赢利模式。

这个模式后来被业界解读为“现金流－土地－现金流”模式。其真正的窍门就是尽一切可能缩短项目运营时间，加速资金的内部流转，一个字概括，就是“快”，干什么都要快。然而伴随着“快”，又带来不利的影响，就是三个“高”：高土地成本、高财务成本、高人力成本。

孙宏斌并非没有意识到这个模式的先天不足，但他坚信房地产业的整体形势将持续向好，而他的投资眼光非常独到，更相信他的放权、充分信任的管理模式能提升顺驰的运营效率，这意味着要同时得到天时、地利、人和三个方面的眷顾，顺驰才能走得长久。可惜的是，这些方面的情况都相继令孙宏斌遭遇难题。

本来孙宏斌手中还有一张与他的赢利模式相搭配的王牌，就是让顺驰在香港上市，通过上市获得资金，来填补顺驰快速发展时留下的资金缺口，从而实现顺驰的可持续发展。不料，人算不如天算，上市大计最终功败垂成。

等到2005年的年关，顺驰已经险象环生，外有各方债主登门，内有人事之变。孙宏斌不得已亲自出马，但独木难支，在崩盘大祸来临之前，孙宏斌终于决定将顺驰拱手让人。

随着孙宏斌交出顺驰的控制权，他所创造的中国地产界迄今最绚烂的神话也告终结。在此之前，本报记者通过在北京、天津、上海、南京和苏州等城市的采访，试图还原出顺驰数年来的兴衰浮沉。

顺驰案例再次提醒我们，做企业一定要尊重常识、尊重规律，那些基于离奇商业模式的、无视自身资金和管理能力盲目扩张、只求规模不讲利润的“奇迹”或“神话”，最终都难免失败结局。无论是10年前的三株、巨人，5年前的“.com”，两年前的德隆，还是今天的顺驰，概莫能外。孙宏斌本来距离他的顺驰帝国只有一步之遥，如今却功败垂成。9月5日，孙宏斌把顺驰中国55%的股权卖给了香港路劲基建公司。

作出这个决定，孙宏斌一定非常痛苦，因为这家公司是他的心血之作。1994年，孙宏斌从天津的一家二手房中介店起家，苦心经营12年，打造出中国地产界最剽悍的黑马——顺驰中国。

孙宏斌对这匹黑马一直寄予厚望，他在2003年精心设计了它的整体发展战略。两年之后，顺驰成功进军全国16个一线城市，拥有了42个项目，并成为2004年中国内地房产销售冠军。

然而，就在顺驰给中国地产界留下一连串惊叹之时，导致顺驰失败的祸根也悄悄埋下，埋下祸根的人，正是孙宏斌自己。到2005年底时，顺驰的发展已经举步维艰。一度隐身幕后的孙宏斌被迫出面收拾残局，并最终卖掉顺驰。

9月6日，顺驰的买家，路劲基建董事局主席单伟豹对媒体表示，顺驰目前拖欠的土地费用加上银行贷款余额，总数高达46亿元。

愤怒的业主

不过，卖掉顺驰这个令孙宏斌痛苦的决定，却令顺驰的一些业主拍手称快。“卖掉顺驰就好了，进来部分现金，我们的房子就有希望建起来了。”8月

30日，北京市的王京（化名）先生对记者说。2005年初，他在北京顺驰开发的“蓝调国际公馆”楼盘买下一套总价约100万元的商品房，双方约定今年6月交房，结果王京收楼时发现，他所在的楼盘不仅没有开工，而且周围的拆迁都还没开始。

在其他部分城市，顺驰所到之处，也留下一片追讨之声。9月6日，江苏省苏州市凤凰城业主赵锋（化名）告诉记者，他买的房子延期4个月才交房，但交房以后电、有线电视都不通，原来合同里约定的智能化系统、宽带也没有装。

9月5日，河南省郑州的王阿力先生也在电话里告诉记者，他“受到顺驰的欺诈”。去年8月，他在郑州顺驰开发的楼盘“中央特区”买了一套附带58平米地下室的商品房，结果今年8月发现，这个号称面积为58平方米的地下室，实用面积还不到29平方米。据王阿力介绍，至少有50位业主遭遇到同样的问题。

在顺驰的大本营天津城内，这家公司多年积累的声誉也受到挑战。

9月5日，记者在天津市绿萱园小区采访时，一位情绪激动的业主，一边愤怒地踢着楼道里的台阶，一边指着瓷砖、门框、玻璃窗户说：“太差了，不能用。”他告诉记者，整个小区的建筑质量都有问题，更令他气愤的是，他和另外1300多户业主竟然延期了8个月才收房。

这就是顺驰——一家号称“永远值得你信赖”的公司呈现给消费者的形象。这种形象的背后，是顺驰正面临的严重的经营危机。

地产骇客横空出世

对中国地产界的大部分商人而言，顺驰几乎是一下子从石头里蹦出来的孙猴子，搅得中国地产界天翻地覆。2003年初的时候，这家天津的房地产企业还默默无闻。2003年7月，王石等中国主要的地产大腕在重庆的一次例行聚会，令它一举成名。

当时顺驰的老板孙宏斌在会场上发言时，突然在众多媒体记者面前向王石宣称，他的企业将打败万科，成为中国房地产业的销售冠军。自此孙宏斌给业界留下了狂妄的印象，他也渐渐以此闻达于各路诸侯。

在孙宏斌向王石叫板的两个月后，他的顺驰便开始在全国各大城市的土地市场上攻城略地，屡屡创造天价。2003 年 9 月，顺驰以 5.97 亿元的价格拿下石家庄 009 号地块；2003 年 12 月，顺驰又以 9.05 亿元拿下北京大兴黄村地块；2004 年 1 月，顺驰以 27.3 亿元拍得苏州工业园区凤凰城地块。孙宏斌因此获得了“地产骇客”的名号。

经过一年多的征战，顺驰储备的土地面积达到了 1200 万平方米，员工急剧膨胀到 8000 人，迅速成为一家全国性的大型房地产公司。

顺驰的迅速崛起与 2001 年以来国家推行的土地招拍挂政策和中国相对宽松的信贷环境有关，有先见之明的孙宏斌在 2002 年就认为，随着各个城市土地出让程序不断规范，地价将会持续上涨，因此他要不断地获取土地。

其实，顺驰此时的财力并不雄厚。顺驰中国原总裁张伟在 2004 年接受本报记者采访时，曾透露顺驰 2003 年时，公司的自有资金不足 10 亿元。而顺驰仅 2003 年年底前应该缴纳的土地出让金就已经超过 70 亿元。顺驰小马拉大车的秘诀是什么呢？

孙宏斌的发家秘诀

据知情人士透露，顺驰在两年之内实力之所以迅速膨胀，与 2003 年初孙宏斌为顺驰日后“飞奔”所做的三个安排有关。

孙宏斌在顺驰实行全国化发展战略之前，首先决定打通顺驰的外部融资渠道，解决扩张所需的资金问题。为此，孙宏斌成功地和天津滨海市政及天津信托结成联盟，共同进军国内地产市场。现在顺驰中国旗下的项目，一半以上是顺驰和天津滨海市政的合资公司顺驰滨海所投资。而据天津信托投资部副经理卢金鹏介绍，即使现在顺驰“问题比较多”，天津信托与顺驰的合作项目也一直在继续。

更关键的是，孙宏斌在顺驰内部建立了一套严格的资金管理系统。他要求各个项目公司的负责人和财务主管每天晚上 10 点钟要核对当天账目，不管周六日，风雨无阻。他极其坚决地告诫各个项目公司的老总，在顺驰处于大力拓展的阶段，他不能容忍任何项目上趴着闲钱。

第三是改革内部管理制度，孙宏斌希望快速组建一支带领顺驰从天津走向全国的员工队伍，将顺驰送上全国第一的宝座。

在这三个安排之中，顺驰内部的资金管理系统，成为顺驰能够在全国性扩展之初取得重大进展的关键。这个系统将顺驰的资金用到极致，并以滚动开发的方式扩大规模，通过快速运转的方式快速拿到销售回款，然后再去获得土地，进入下一循环。

在顺驰各家分公司进行具体操作时，孙宏斌在内部一再强调的，就是一个字，“快”。对此，顺驰华东集团原总裁闵峰曾有一句精辟的概括：“一年走完十年路。”

顺驰中国总裁汪浩曾经具体阐释过顺驰的“快”：“买地时推迟首付款时间，拉长后续付款时间，买到地后尽快开工，尽快开盘，尽快回款，也就是说尽量缩短付地款到收房款之间的周期。”

这个“快”字诀在顺驰进军全国的初期，可谓无往不胜。顺驰 2003 年 11 月在南京获得土地之后，仅仅 7 个月就开始销售，这创下中国地产界的项目运作速度的奇迹。2004 年，南京顺驰的销售额就达到了 3.5 亿元。

在其他城市，顺驰也取得不错的成绩，尽管有国家宏观调控的影响，2004 年顺驰的销售额依然超过了 100 亿元。但这种业绩是建立在不追求项目利润率的基础之上的，尽管 2004 年万科的销售额只有 80 亿元，但利润却至少是顺驰的 5 倍。

孙宏斌在 2004 年中的时候并没有考虑这些。那时，本报记者采访他，他口中不断强调的是规模，也就是说顺驰要继续扩张，把企业做大。到 2005 年底，顺驰如愿地在全国拥有了 42 个地产项目。

但孙宏斌不久就尝到了“快”所带来的另一种滋味。

“快”的另一面

顺驰的疯狂扩张和孙宏斌追求的“快”带来了致命的三“高”：高土地成本、高人力成本、高财务费用。顺驰所到之处，不仅地价大幅上升，而且人力成本和财务费用也跟着飞涨，内部管理存在巨大隐患。

2005 年初，孙宏斌突然意识到顺驰的内部管理问题，他进行了人事调整，让财务出身的汪浩担任顺驰董事局主席，但这时已经来不及了。

2005年3月至5月间，为了平抑房价过快上涨，国务院先后出台新老国八条。顺驰重点投资的华东地区成为调控重灾区。其中顺驰在华东的重点项目苏州凤凰城的销售量骤然下跌。

据一位上海顺驰原高管回忆，自2005年年中以后，在顺驰原华东集团的月度会上，顺驰各个公司汇报项目进展以及销售情况的时候，每次得到的信息都是销售状况的恶化和资金的紧张。其中苏州凤凰城项目每个月2亿元的销售回款任务，最差的时候，每个月只能完成1000多万元，欠苏州市政府的土地款高达10亿元。

此时，孙宏斌还遭遇到"快"所带来的另一个挑战：他的内部管理出问题了。这与孙宏斌大胆起用新人有关，在顺驰，20多岁的总经理比比皆是，被业界称为"娃娃兵"。

就是这群娃娃兵使顺驰的员工急剧膨胀，内部成本核算形同虚设，缺少监管。

一位南京顺驰原高管透露，南京项目在销售时，就出现了由于成本核算的原因，导致销售价格低于成本的情况。在顺驰有一个普遍的现象是，各地的项目经理通常在交房前离开。因为交房的时候必须重新进行成本核算，很多项目经理都过不了这一关，便一走了之。管理混乱由此可见。

"用人很不可理喻，企划部的经理30岁左右，竟然不会用电脑。"一位南京顺驰的离职员工9月3日接受记者采访时，至今对这种现象愤愤不平。

"快"也会影响房屋质量。一位苏州顺驰的原高层告诉记者，苏州凤凰城项目有一期是10月31日开盘，开盘前一天公司领导去现场，发现会所的地砖还没铺好，规划的景观也没有，竟然找了300个民工，当天晚上愣是把这些东西都给做好了，草皮实在没有时间铺，就直接扔上去。还有，为了赶在一个时间点前拿到销售许可证，7天就盖了一层楼。

同样由于放权，导致项目公司的老总权力过大，结果也滋生了许多腐败现象。9月3日，南京顺驰一位离职员工告诉记者，越到后期，腐败现象越严重。一个高速公路上的大型广告牌，通常广告投放成本为30万元，但顺驰却可能需要花60万元，当运营部提出质疑时，老总就说，这个地段很重要，一定要拿下来。而且每一个新的老总或副总过来，都会换一个广告公司。“如果顺驰的腐败现象能减少一些，资金漏洞也不会这么大。”

险象环生

外部销售不景气，内部腐败严重，顺驰原本微薄的利润迅速被吞噬，财务状况恶化后，公司内部的资金管理系统便无用武之处。各个项目总经理由每天晚上 10 点钟对账，变成了每周一次的总经理办公会。而每次开会，都发现大多数项目都有巨大的资金缺口，怎么也补不上。

2005 年 11 月，顺驰开始大裁员，有约 1/5 的员工离开了顺驰，留下来的员工改为一个季度发一次工资，但即便如此，也不能缓解顺驰的资金紧张局面。

一位苏州顺驰员工回忆，2005 年底，最夸张的一天，整个苏州项目公司的账上只有 16 元。财务非常着急地找项目总经理，而项目总经理却无能为力。

随着年关的来临，替顺驰承建项目的一些施工单位无法给民工发工资，民工开始围攻顺驰各个地方的项目公司，要求给钱回家过年。

2005 年底，苏州市当地政府为了缓解民工和顺驰的矛盾，政府替顺驰作担保，让有关机构借了 3000 万元给顺驰，以归还拖欠民工的工资。但顺驰上海公司就没有这么幸运，愤怒的民工冲进顺驰上海公司在武夷路上的办公别墅，顺驰的员工被迫从后门逃走。

实际上，到 2005 年底，顺驰的处境已经非常危险。

绝境求生

面对日益恶化的形势，2006 年 3 月，孙宏斌重新担任了顺驰董事局主席，他回来之后立即调整了顺驰中国的管理架构，撤掉各个区域分公司。同时将一些项目转让给自己的合作伙伴。如将顺驰无锡的项目作价约 9 亿元，转让给天津滨海。

另一方面，孙宏斌加紧在国内外私募。但和以前一样，每与资本方谈判一次，孙宏斌就让步一次。

据顺驰中国一位已经离职的高管透露，2005年上半年，顺驰通过香港联交所聆讯准备上市，但最终因市盈率过低，基本无法实现募集资金的目的而放弃。至此，孙宏斌酝酿多年的上市计划宣告流产。

上市不成，孙宏斌希望摩根士丹利入股顺驰，为此摩根士丹利提出要和顺驰签一份对赌协议，提出摩根士丹利以7.5亿元收购顺驰20%的股权，同时约定，如果明年顺驰的利润率无法上升到某一个水平，摩根士丹利在顺驰的股权将上升到40%。孙宏斌同意了这份魔鬼式的对赌协议,但是2005年10月19日，摩根士丹利最终还是放弃，原因是无法接受顺驰利润率过低的现实。

“顺驰的利润率太低了，低到连其他房地产商都不敢相信的地步。”一位不愿意透露姓名的知情人士评价说。曾经有媒体报道顺驰的利润率在3%－5%左右，上述人士表示，顺驰某一阶段利润率比这个数字还低。而房地产行业平均的利润率高于15%。

在与摩根士丹利谈判的同时，孙宏斌还曾求助于联想投资，但联想方面派人考察了顺驰各地的项目之后，没有施以援手。

2005年为了挽救苏州的地产项目，孙宏斌甚至陪着两个山西煤矿的老板来看过地，最后还是没成功。

此次，在对路劲基建的谈判中，顺驰又因同样的原因处于被动。据顺驰内部员工透露，先前有意入股顺驰的企业主要有两家，一家是路劲基建，另一家是中海地产，其中中海地产出价高于路劲基建，但是顺驰品牌将来可能会消失。孙宏斌因此最终没有选择中海，而选择了路劲基建。

路劲基建是一家以内地路桥收费为主营业务的香港上市公司。此次入主顺驰，与其全面拓展在内地的房地产业务有关。它对孙宏斌承诺顺驰中国的管理模式及团队均不会发生任何变化，所有项目操作仍将延用顺驰品牌。

卖掉顺驰，并不等于孙宏斌失去全部，他目前还拥有融创和顺驰置业这两家公司，这也是他最看重的资产，另外还拥有一家名叫汉风国际的传媒公司。

一位知情人士透露，孙宏斌在构筑顺驰帝国的版图时，梦想顺驰中国成为一家上市公司，而融创是幕后运作的公司，留给他自己操作的灵活性。

从孙宏斌偏执的性格来看，即使现在卖掉了顺驰，将来他也有可能去赌融创的未来。不过，随着他交出顺驰的控制权，中国地产界迄今最绚烂的神话也宣告终结。

■资料链接：

王石看顺驰

对于顺驰现象，万科曾出台过一份研究报告，其中有三点：

第一，孙先生靠二手房代理起家，对客户需求、市场反应敏感，企业的贯彻力强，职员斗志旺盛，经营上极其强调资金流，产品专注住宅开发。

第二，一家急速扩张的房地产企业，短缺的是资金和管理团队。

第三，从资金流上看，除非有强大的财团或银行做后盾，否则按期交付地价款是不可能的。实际上，顺驰在许多城市都在一方面拖延交付地价款，另一方面继续高价拿地。

报告的结论是：孙先生在赌博，高价拿地的时候就没有准备按时还钱，同政府公信力博弈，属恶意竞争行为。

如果把握好节奏，顺驰能够成为一家非常优秀的公司。但两年过去了，它却要为盲目扩张造就的奇迹付出代价。

（来源：9月11日，新浪王石博客）

李泽楷套现博弈网通　田溯宁居中化解风波

■ 葛 清

小超人李泽楷为套现而引国际买家竞购电讯盈科核心资产，不仅打乱了第二大股东网通的国际化部署，也可能让高度敏感的香港电信资产落入外资之手，这遭到网通的极力反对。针锋相对之际，国务院港澳办、国资委紧急出面。

小超人李泽楷素来眼光敏锐，在资本市场上长袖善舞，其父李嘉诚也在内地广布恩泽，结交善缘。因此李家在香港被视为处理政府关系的典范。但今年6月以来，李泽楷却因为出售电讯盈科的核心资产一事与中国网通集团闹得沸沸扬扬。

6月20日，李泽楷宣布有意出售电盈旗下的电信和媒体资产，随后澳大利亚投资基金麦格理及美国投资基金新桥先后表态有意收购，不料电盈的第二大股东中国网通的母公司网通集团却明确反对，四方一同引发了电盈资产争夺战。此事迅速成为国内外财经传媒的焦点。

据知情人士的透露，记者得悉此次资产争夺战的前因后果。

此次电盈资产争夺战的开端，源于香港电讯盈科董事会主席李泽楷对网通高层的一次拜访。

李泽楷试“水”

2006年6月10日左右，李泽楷亲自拜访网通集团董事长张春江。据知情人士回忆，当时李泽楷对张春江说，他希望能把网通集团通过其上市公司中国网通持有的电盈的20%股权卖给他个人，主要原因是他现在已经无法忍受由于电盈给他本人带来的沉重的财务负担，如果电盈的股权悉数回收到他个人手上的话，他将通过一系列的技术操作以减轻资金压力，例如避税等。

这就是后来英国《金融时报》报道中提到的电讯盈科私有化计划，报道指出，李泽楷曾经以每股6.3元向电盈的股东提出过全面收购。按照这个计划，网通2005年入股价为每股5.9元，若以6.3元私有化作价出售股份，网通约赚5.4亿元。

李泽楷与张春江的会面中，便提到电盈私有化的问题。他强调回购电盈的股份只是他个人的原因，希望网通高层能简单处理此事，并在数天内答复他，因为如果不及时给与答复的话，恐怕会影响他避税的进展。

当时在座的，还有身兼电盈董事局副主席和网通副董事长两职的田溯宁。

此次见面给人的印象是：避税只是李泽楷借用的一个幌子。因为网通高层已经从市场获悉澳大利亚投资基金麦格理竞购电盈的意图。李泽楷之所以提出回购网通20%股权，就是希望扫除障碍，掌握电盈的话语权，为以后以每股高出6.3元的价格将电盈出售给麦格理或者其他投资者打下基础。

根据电讯盈科2005年年报，2005年末，包括已发行的认股权等的电盈总股本约67.2亿股，李泽楷直接和间接持有的股份占电盈已发行股份的26.5%。李泽楷若回购网通拥有的20%股权以后，他个人在电盈的股份将达到46.5%，成为控股股东，掌握电盈的话语权，届时谁也挡不住他将电盈卖给麦格理。

当然，李泽楷并不希望包括网通在内的其他股东提前了解他与麦格理之间的交易。如果事情公开，网通就不可能将20%的股权拱手让出，也不可能让电盈这家代表香港基础电信运营商的企业落入外国人之手。李泽楷非常清楚网通的心理。所以在拜见张春江的时候，他寻找了一个“避税”的理由来说服张春江。

然而没有不透风的墙。实际上，在李泽楷、张春江此次会谈之前，麦格理也私下与网通有过沟通，询问过网通关于出售电盈股份的意见。所以，张春江对李泽楷话语背后的动机一清二楚。

李泽楷与张春江的这次面谈，双方各怀心事，却都还没有到捅破那层窗户纸的地步，但自然谈不拢。

而另一个参与竞购者，美国投资基金新桥也早已出现在网通的面前。新桥在向李泽楷表达竞购电盈资产的心愿之前，也先期拜访了网通高管。

知情人士见证了新桥与网通的交往，他告诉记者，新桥曾经问网通：我们能不能参与竞购电盈？网通的回答是：我们不希望电盈被出售或者发生任何变故，建议你们不要参加。

此次竞购电盈资产的麦格理和新桥，数年前就与网通交过手，三方都不陌生。有关媒体曾报道，新桥在2003年曾联合网通，在亚洲网通前身的亚洲环球电讯股票估值低迷期间，收购亚洲环球电讯，其后再将股份售予网通。而麦格理亚州区主席马世民旗下私人基金也在年初，曾与两家基金连手竞投亚洲网通，只是最终罢手。麦格理和新桥都对亚洲地区的电讯、媒体资产很感兴趣。

记者获悉，麦格理及新桥是被李泽楷邀请过来的买家，他们准备充分，两名买家早已对电盈作了尽职调查，并非是不请自来。麦格理及新桥参与操作此事的高层都与李家素有交往，各方沟通频繁。

在张、李会谈之前，两名买家私下已经得到李泽楷的承诺，把电信资产卖给他们。一方面则哄抬市场价格，以此试探网通和中国政府对此事的态度。

分歧浮出水面

李、张会面之后，由于李泽楷卖掉电盈资产主意已定，因此双方暗藏的分歧终究浮出水面。

6月19日，电盈突然停牌，次日晨，电盈便发布公告称：公司于6月16日“接获一独立第三方提出的无约束力意向，表示可能收购本公司大部分电讯及媒体相关资产”，同时“建议交易不会涉及本公司股份的收购”。电盈还披露，已经聘请莱曼兄弟亚洲有限公司作为财务顾问。这“独立第三方”就是后来大家都知道的麦格理。

公告发布后，电盈股票于6月20日复牌。当日股价大涨，由4.8港元升至5.2港元，交易量接近前一交易日的10倍。资本市场一致将电盈被售看成利好。

网通的看法与资本市场的看法却截然相反。当晚网通集团发表了措辞强硬的声明，称其不愿意看到由香港人拥有和管理的电讯盈科公司或其主要资产状况发生任何变化。并劝戒电盈“除了要为股东创造价值，把公司好好营运下去，还要兼顾社会责任”。

至此，网通公开成为交易的主要反对者。

而被网通建议“不要参与竞购”的新桥权衡利弊之后，还是于6月20日向电盈提出无约束力收购意向，根据电讯盈科6月22日晨公告，新桥“亦表示可能收购本公司电讯及媒体相关资产”。

在李泽楷、网通、麦格理和新桥这四大主角悉数登场之后，电盈资产争夺战正式开始。

李泽楷要套现

在网通公开表明反对李泽楷出手电盈资产之后，李泽楷却回应电盈出售的是资产不是股权，因此网通无权反对。随后，李泽楷打出小股东牌，表示出售电盈资产是为小股东谋福利。

虽然“避税”并不是李泽楷的真正用意，但是他向张春江陈述的因电盈面临财务负担而给他带来个人压力却是真实的。

电盈核心业务是香港固定电话业务和宽带电视业务。由于三网融合，电信信息服务获得新的增长机会，整个行业利润区发生转移，原来传统的语音固话市场的利润空间受到挤压。这种背景之下，包括电盈在内的固话运营商只能维持稳定的现金流，已经不能带来高额利润。

“李泽楷作为一个资本家，他追逐的是利润。卖掉电盈，转而寻找房地产、电视广播等更具增长性的行业，成为李泽楷的必然选择。”信产部电信研究院通信政策与管理研究所管理咨询部主任许可说。他认为香港经济从去年开始逐步复苏，带动香港的地产和大陆的资产迅速膨胀，李泽楷最终将把电盈的资产卖掉，从而转投到大陆的房地产。

同时，电讯盈科虽然是香港第4家进军3G市场的运营商，但却是唯一一家集固网话音、数据、影像内容及流动通讯服务于一身的四合一服务运营商。

电盈 2004 年和 2005 年连续盈利，固话业务也在 2005 年止住了市场占有率下降的势头，宽带电视业务增长迅猛，现在出售电盈，对于李泽楷来说，正是好时机。套现获利是他的目的。

网通何以不赞成

对于网通来说，当初若以 6.3 元私有化作价出售 20%股份给李泽楷，获利约 5.4 亿元。表面上，这是一个赚钱的买卖，但为什么网通就是不愿意出售股权，并且在事情发展到现在的情况下，也不同意李泽楷出让电盈的资产呢？

“这个事情不单纯是一个商业行为。”知情人士向记者透露。

一年前，中国网通有意入股香港电讯盈科的时候，出于商业利益上的考虑，网通经营管理层希望控股电盈，如果不控股，网通就没办法参与电盈的管理，这样网通高管的心里不踏实。

在此次李泽楷出售电盈资产之前，2004 年 8 月，香港媒体传出电盈准备以 300 万元的作价将固网资产五成股权售予网通，李泽楷已经迫切希望出售赢利能力薄弱的固网资产。

但是当时国家方面认为，如果一个大陆的国有电信公司控股了香港一个基础电信运营商，可能违背了“港人治港”原则——香港的政治由香港人说了算，在商业领域同样，电盈的经营所有权仍旧应该掌握在香港人手里。

于是，最后网通仅获批购入电盈 20%的股份，成为电盈第二大股东。当时，参与审批该项合作的中央部委包括国资委、信产部等，牵头的部门则是国务院港澳办。

如今，当第一大股东李泽楷出于套现获利的目的，准备将其控制的电盈资产出售给外国人的时候，同样出于“港人治港”原则，政府认为电盈的资产应该掌握在香港人手里，而不是被外资占领。

电盈在香港拥有七成的固网电话市场份额，固话在任何一个国家和地区从来都具有战略地位，没有一个国家的固网是让外国人持有的，尽管根据市场盛传的 550 亿－600 亿港元的报价已经可以让当初以 10 亿美元入股 20%的网通盈利，但是网通集团反对出售的声明普遍被认为是缘于其肩负了捍卫香港固话市场的使命。

在网通和李泽楷在出售电盈资产问题上出现分歧之后，不仅张春江和田溯宁随即被召回北京商议对策，据香港《东方日报》报道，有关部委上周派出了7人小组赴港斡旋，向与电盈及关系密切的人士传递讯息，向相关人士摸底及评估事件混乱情况。

7人小组的成员除包括网通高层代表外，其他成员来自信息产业部、国资委等。国资委之所以介入，是因为该20%股权是国有资产。而记者获悉，国务院港澳办仍旧在其中起重大作用。

网通因肩负的政治责任而由此做出的激烈反应，从某种程度上说，反而是李泽楷希望看到的：外国人哄抬市价，逼迫中方表态。中方如果听之任之，电盈顺利出售，李从中牟利；网通如果反对出售，则必然出价竞标。

除了上述因素，网通阻止电盈被售还出于对自身战略的考虑。许可认为，如果外方控制了电盈，可能会对网通在香港或者亚洲市场国际化布局产生一些不确定性的影响。网通的国际化战略很核心的一点，就是通过和香港电盈公司合作，形成在宽带移动多媒体服务领域的整合性力量，来共同开拓中国南方地区的市场。

另外，电盈的移动业务、IPTV业务等，都是网通集团比较看重的。网通对下一步战略转型之所以充满信心，就是希望通过和电盈的合作得到资源、经营和业务运营方面的经验。如果电盈的第一股东换成外国人，网通的战略是否能得到保持和巩固就很不确定。

田溯宁居中斡旋

电盈事件“涉及到方方面面事太多，李家和网通都需要一个可以开诚布公交流的中间人，而这个人就是田溯宁。他在其中所起的作用绝不仅仅是筹集反对票这么简单”，某知情人士透露。

田溯宁既是电盈董事局副主席，又是网通副董事长。除了在电盈和网通任职，田溯宁间接全资拥有一个名叫CBC的基金公司。CBC设立在开曼群岛，规模约2亿至3亿美元，电讯盈科、网通集团、新闻集团、中信资本都是CBC

的投资者。

作为与分歧各方都保持良好沟通的人物，在电盈事件愈演愈烈之际，田溯宁成为各方沟通的桥梁和不二人选。

“李泽楷直接去找张春江协商，显然不如借助于田溯宁这个中间人。”该知情人士表示，如果田溯宁只是在筹集反对票的话，那么他无疑站在了电盈的对立面上，但是实际上李泽楷跟他保持沟通。其父李嘉诚近日将来北京斡旋此事，他要见的人士中也包括田溯宁。

随着李嘉诚和国家有关部门的介入，目前事态正在缓和，李泽楷表示将考虑征求网通的意见。而麦格理和新桥两个投资集团的态度也发生了微妙的改变，两个买家知悉网通、中央政府以及香港政府的态度后，也希望调整方案，希望与网通合作收购电盈资产。而网通仍然不愿支持上述两家财团中的任何一家。

据了解，中国网通除了利用合资协议保护，竭力反对电盈出售资产外，同时还在准备其他方案。一种可能的方式是网通集团收购李泽楷在电盈中的股权，收购完成后，网通可以获得电盈四成以上的股份。但是许可认为这种方案执行的难度比较高。

6月23日，电盈称尚未接获除麦格理和新桥以外的第三家财团提出竞购旗下资产意向。但是《香港经济日报》报道，可能寻找与李氏家族友好的港资财团，收购李泽楷所持约100亿元的盈科股份。这样便可以既避免网通出手收购，又避免香港固话业务落入外国人之手。

之所以各种方案层出不穷，是因为各方努力、多方开诚布公不懈沟通的成果。田溯宁在其中所起的桥梁作用显而易见。田溯宁既希望在网通立场这边能交代得过去，与香港的李家也能够继续保持良好关系。他努力的方向只能是多赢。

东航争夺战：经理人的决斗

■ 黄 河

“抢婚者”国航的介入，让东航与新航这场“两厢情愿”的联姻变得前途未卜，“新娘”东航宣称要捍卫“自由竞争”，却只能将“高层干预”作为自己的底牌；“抢婚者”国航毫不掩饰垄断的意图，反而凭借着高超的市场手段占尽先机。同室操戈，拳脚相加，在双方共同的大股东国资委最终表态之前，这场竞购更像是李丰华与李家祥这两位“经理人”之间的决斗。随着国航的李家祥调任民航总局局长，“双李斗”进入更加微妙的阶段。

东航要嫁新航

2006 年中国航空业共拥有 980 多架飞机，主营利润 47.3 亿元人民币；而总共拥有 94 架飞机的新加坡航空，当年的营业利润折算成人民币超过 65 亿元。一位行业记者对此的评价是，“把整个中国航空业打包，也抵不过一家新航”。

2008 年 1 月 8 日，东方航空公司董事长李丰华在股东大会召开前，特意打上了一条鲜红的领带。

在中国传统习俗里，红色除了代表喜庆之外，还代表着某种“趋吉避凶”的愿望：而根据此前的市场反馈来看，在这场决定东航命运的投票里，李丰华和东航管理层所能指望的几乎只有“幸运”了。

在经历长达两年的艰苦谈判之后，幸运的天平曾经一度倾向东航：2007年5月，一直犹豫的新加坡航空公司终于决定与淡马锡共同入股东航；3个多月后，东航管理层再度突破了最大的政策障碍——政府“史无前例”地同意东航股份在H股市场向新航及东航集团同时增发，这也是国资管理部门首次持有境外上市公司的H股。

在此次增发中，除了新航与淡马锡投入79亿港元购买20%－25%的股权外，身为国资管理方的东航集团还将投入40多亿港元，以维系增发后51%的控股权。

近120亿元资产的注入，不仅将令东航资产负债率大大下降，而且其净资产规模也将一举超过南方航空股份有限公司（以下简称“南航”），成为中国航空三巨头中的“NO.2”。但对于李丰华而言，这场交易真正令他心动的是新航管理的注入。

作为国际航空业的标杆之一，新航管理的魅力从以下数据可窥一斑：2006年中国航空业共拥有980多架飞机，主营利润47.3亿元人民币；而总共拥有94架飞机的新航，当年的营业利润折算成人民币超过65亿元。一位行业记者对此的评价是，“把整个中国航空业打包，也抵不过一家新航”。

李丰华向《南方周末》记者表示，自己的理想就是在引入新航管理后，“要让外国人看东航是一家中国公司，但中国人会感觉它有新航一样的服务和竞争力”。

无论这种理想是否一厢情愿，但对于沉沦多年，在2006年更爆出27亿元巨亏的东航来说，巨额资本的注入和世界一流航空公司的引进，确实令他们在2007年看到了复苏的希望。“公司的内部关系都比以前融洽多了。”一位东航高层这样告诉记者。

然而在1月8号这一天，东航人所有的梦想和希望戛然而止：当天的投票结果显示，在引入新航的议案表决中，A股股东反对者占94.4%，H股股东反对率则为77.61%。

宣布投票结果时，戴着红色领带的李丰华面色凝重地表示，这可能会延迟东航发展的步伐，“但我们引进新航的方案不会改变”。

但对于始终反对这场“联姻”的国航而言，除了比例上的变化之外，投票结果其实早在他们的预料之中。

就在2007年9月2日东航与新航公布战略投资框架协议时，一场变幻莫测的“收购心理战”便拉开了序幕。

国航“抢婚”

在国航介入之前，投资者看重的是引资对东航基本面的改善，“但一旦出现竞购者，游戏名称就变成了‘谁出价更高’”。对于小股东来说，股价上的现实收益比任何长远发展的承诺都更有诱惑力。而战略投资者高价入股无疑对推高股价更加有利。

2007年9月21日，位于香港的国泰航空有限公司紧急停牌，宣布有一项“交易建议”即将公布。

由于一年前收购国航控股的港龙航空同时与中国国际航空公司换股达成战略合作，国泰的这一举措迅速被资本市场解读为“国航将与国泰联手竞购东航”，国航与东航股价随即大涨。

然而3天之后，国泰却在复牌公告中宣布，不再进行“拟议中的收购计划”。与此同时，国航也发布了一则饱含深意的公告。公告承认母公司中航集团与国泰航空曾筹划过购买东航股份，“但在未来3个月内不会有与该等事项有关的意向”。

事后的媒体报道显示，国资委在最后一刻叫停了这个被市场视为“敌意收购”的方案。但是在4月至9月期间，国航关联公司大举增持东航H股至流通股总数12%的事实，加上国航“3个月”的承诺，无一不向市场发出强烈的暗示：这事儿没完。

在刚刚完成艰难的引资谈判后，又面临着重重政策审批的东航管理层这才意识到，在这场“两厢情愿”的联姻里，突然出现了一个“抢婚者”。一位与东航关系密切的人士坦承，看到国泰的停牌公告，他们才“强烈感觉到潜在竞购的可能”。

从某种意义上而言，自国航宣布介入的那一刻起，东航引资就已经注定了一波三折的命运。

“因为市场的估值基础已经改变了。”一位资深投行人士向记者表示，在国航介入之前，投资者看重的是引资对东航基本面的改善，“但一旦出现竞购者，游戏名称就变成了‘谁出价更高’”。对于小股东来说，股价上的现实收益比任何长远发展的承诺都更有诱惑力。而战略投资高价入股无疑对推高股价更加有利。

该人士表示，正因为如此，“保密”是资本市场并购的最高原则之一。一旦消息外泄引来竞购者，即使并购成功，也将是一场代价不菲的“惨胜”。

在这一点上，国航实际上已经为东航做了一个堪称经典的“示范”：2006年国航将港龙航空出售给英资控股的国泰，同时与国泰交换持股结成战略联盟。这一股权交易的复杂性，及其对国内航空业格局的影响，都远远超过东航与新航的“联姻”。

由于东航是当时内地到香港的最大承运人，这一交易对东航的冲击尤其明显。然而据东航高层人士告诉记者，直到双方宣布完成交易时，东航才得悉这一消息，“我们去找有关部门，他们也只能表示同情”。

相比于国航和国泰的“闪电战”，东航与新航的“联姻”却像一场马拉松：从2005年宣布引资，到2007年公布战略协议，其间的每一次重大进展都在市场的关注之下，最终让国航从容地“拿捏”到了关键的出手时机：公布框架协议与最终表决之间的3个月时间，一举扭转了市场心理预期。

对东航而言，在“竞购”已经取代了“注资”主题的市场中，再去指责小股东的投机或机构投资者“操纵”已经无济于事，光是抵挡市场中关于“贱卖国资”的指责就够他们焦头烂额的了。

国航适时抛出“5港元以上收购”的做法也与新航3.8港元的协议收购价形成直接对比：东航引资为什么宁可低价予“友邦”，而不愿高价给国人？

“抢婚”的资本

原居三强之末的国航用4年时间，将公司利润做到了占整个国内航空业利润的近70%，堪称奇迹，但少有人知的是，这一奇迹背后，

> 除了国航管理层精诚合作这一强大的"管理之翼"外，还有一只看不见的"资本之翼"在发挥作用。

就在东航巨亏27亿元的2006年，国航净利润高达31.7亿元，占整个国内航空业利润的近70%，与此同时，"三巨头"中的另一家南航刚刚走出2005年近18亿亏损的阴影，盈利1.8亿。

2000年底才脱下戎装的国航董事长李家祥，也在这一年当选CCTV年度经济人物：这位被授奖辞称为善于"逆风飞扬"的前少将，以其军人的气质和推进力，不仅在短短数年之内将一盘散沙式的传统国企改造成了令行禁止的"企业兵团"，而且借助2002年重组和2004年上市两大机遇，一举将原居"三强"之末的国航打造成了市场瞩目的企业明星。

在有着飞行员担任领导传统的国内民航领域，国航的成功被视为"奇迹"。但少有人知的是，这一奇迹背后，除了国航管理层精诚合作这一强大的"管理之翼"外，还有一只看不见的"资本之翼"在发挥作用。

在谈到今天的国内民航业格局时，业内人士都会提到2002年以三大航空公司为主体的行业重组。在那次重组中，国航与西南航空被并入原来作为行业管理者的中国航空总公司（以下简称中航总）组成中国航空集团公司（以下简称中航集团）；而南航和东航则按照"好坏搭配"的原则分别兼并了一系列地方航空公司。

在这次分配中，并没有任何航线和飞机资产的中航总实际上成为了国航最大的"资产"：过去因管控整个行业而具备强大资本运营能力的中航总将其大部分资源注入了中航集团，而这些资源不但曾以"中航系"的名义令国内资本市场"闻风色变"，更以"国家队"的身份纵横捭阖于国际汇兑和期货市场——2004年因"中航油事件"闻名于世的中航油新加坡公司就是其旗下的一员。

正是在这一强大的资本运营能力支撑下，国航才能完成收购山东航空、与国泰结盟等一系列引人瞩目的战略布局；并通过企业上市、燃油期货保值、发行短期融资券等手段迅速降低公司的运营成本和资产负债率，为主营业务的高速成长打下了坚实的基础。

一位不愿透露姓名的机构投资者代表向记者坦言，在资本市场运作上，另外两家航空集团很难跟中航集团分庭抗礼，“人家在外汇市场护盘的时候，这边还在委托理财呢，根本不是一个重量级上的”。

在此次东航竞购中，强大的“资本之翼”再次发挥了关键的作用：从H股流通股的买入，到机构投资者的说服，在国航股份面对媒体一问三不知的时候，中航集团下的另一支力量却在紧锣密鼓地运作着。

一位投行人士向记者表示，面对国航的这一“秘密武器”，东航大张旗鼓的路演确实“技差一筹”。

“超人计划”VS“香奈尔战略”

对国航而言，在国际航线上与跨国航空巨头角逐才是真正的战斗，为实现这一目标，首先得合纵安内，御敌于国门之外。东航的战略则是：重新塑造高端商务航空公司形象，其他子公司则在统一品牌形象下，负责覆盖中低端市场——就像香奈尔在消费者心目中树立起品牌形象后，公司再推出其他中低端产品覆盖市场一样。

但对于先后陷于巨亏的南航和东航来说，资本运作手段的薄弱和理念的落后仅仅是一个侧面：公司治理结构的完善和清晰的发展战略才是真正的致胜关键，而后者更是东航与国航最终“兄弟阋墙”的关键所在。

在2002年的“分家”之后，位居末位的国航实际上处于最不利的市场地位：一方面在自己长期经营的国际航线上面临着国际航空巨头的竞争，实际处于亏损状态；另一方面在国内市场上，作为新来者的国航面临着南航的“规模战略”和东航的“精品战略”，在航线和服务上都缺乏竞争优势。

在这种情况下，国航管理层最终确立了“依托国内，内外联动”的发展战略，迅速加入了国内市场的争夺，并凭借着出色的内部管理和资本战略后来居上，确立了自己在国内市场的领先地位。

与此同时，东航的整合却陷入了窘境：地方航空公司的加入不但为东航带来了近90亿元的沉重债务，而且打破了东航此前赖以成功的“精品战略”，使东航陷于跟其他两大航空公司一样“规模+网络”竞争的尴尬局面。

与此同时，随着地方航空公司干部进入东航领导层，原有的“东航文化”在“东南西北风”的吹拂下失去了方向。

在1997年至今的历任东航领导中，现任董事长李丰华从2002年至今历任总经理和董事长，是任期最久的一位。相对稳定的任期，使他成为东航新战略的重要推动者。

按照东航总经理曹建雄的比喻，这一战略就是“香奈尔战略”：东航重新塑造高端商务航空公司形象，其他子公司则在统一品牌形象下，负责覆盖中低端市场——就像香奈尔在消费者心目中树立起品牌形象后，公司再推出其他中低端产品覆盖市场一样。

“现在东航相当于上海六神花露水，而新航已经做成了航空界的香奈尔。”曹建雄的这番话表明了东航引入新航的真正意图。

但对于渴望重回国际航空市场的国航来说，国内市场的稳定只是“安内”，让承载着国旗的国航班机在国际航线上与跨国航空巨头们角逐，才是真正的战斗。为了实现这一理想，国航必须首先壮大成为世界级“超级承运人”，并通过与港台航空企业的合作建立起“大中华航空联盟”以应对国际三大航空联盟。

在这一被媒体戏称为“超人计划”的宏大战略中，国内航空公司的“合纵”是构建“超人”的第一步。身为国航董事长的李家祥在其新书《大道相通》中，明确表示如果“三大航空集团各引进一家外国航空公司做股东”，其后果将是“中国航空运输市场的蛋糕将被国际超级承运人分而食之”。

正是这一理念的不同，使得国航宁可“兄弟阋墙”，甚至“违抗上命”，也要拆散东航跟新航这对“香奈尔鸳鸯”。

大股东的尴尬

从出资人的角度，这场竞购也将大股东国资委摆到了一个尴尬的处境：即使国航提出更高的收购价格，对出资方国资委而言，也不过意味着将100多亿元“从左手交到右手”，与引入新航的70多亿元资金完全不可同日而语。

东航董事长李丰华在股东大会上发出“重头再来”誓言的第三天，国航董事长李家祥被正式任命为民航总局代局长。

在股东大会前夕，有媒体向李丰华问及李家祥的调动对东航引资的影响，李丰华表示，相信对方在从企业调任行业行政主管部门后，会“更加全面地看待行业发展”，同时“更加客观”地处理问题。在这番话的背后，一个值得注意的细节是，军人出身的李家祥，对国内资本市场的某些看法，与李丰华有着共同的感受。

在《大道相通》一书中，李家祥回顾国航上市的波折时，忍不住写道：“这段经历让我深刻地感受到，中国的资本市场还不够成熟，一些人不是在投资，而是在投机，这种心理会通过各种渠道传导给企业，最终造成企业的短期行为，而这对投资者和整个证券市场都是不利的。”

写下这段话时的李家祥大概不会想到，短短半年之后，自己所执掌的企业竟会凭借着“资本之翼”，掀起了改变对手甚至行业命运的滔天巨浪。

就在一次次“曲线突破”决策层的限令，向同属国资委管理的东航“兄弟”出手狙击时，李家祥所率领的国航不仅成为国内大型国企间“敌意收购”的第一例；而且被市场解读为企业管理层借市场之力，试图改变市场格局乃至航空业政策走向的一次“重大事件”。

从这个意义而言，当时担任国航董事长的李家祥挑战的不是东航，而是身为大股东的国资委和行业主管部门民航总局。只是由于国资委并未明确表态，在大股东缺席的情况下，这场竞购才显得像是李家祥和李丰华两位经理人之间的决斗。

然而，即使不考虑行业格局的因素，仅从出资人的角度，这场竞购也将大股东国资委摆到了一个尴尬的境地：即使国航提出更高的收购价格，对出资方国资委而言，也不过意味着将100多亿元“从左手交到右手”，与引入新航的70多亿元资金完全不可同日而语。而在公司战略层面上，国航的进入将意味着东航已经获得首肯的“精品战略”被彻底打破，而东航所希望重建的高端竞争优势也将不复存在。“那还不如将东航解散，几家公司分资产算了。”一位业内人士直言不讳地向记者表示。

这些作为竞争对手不需要考虑的问题，对于双方共同的出资人国资委来说，却都是无法回避的选择。

对于赞扬此次投票结果反映出“市场力量”战胜“行政干预”的观察者来说，或许忽略了一个关键：那就是身为“大股东”的国资管理层，同样是“市场力量”的一部分，而且也必须按照市场规律做出选择。

而对于一直声称“没有替代方案”，甚至因此引起市场反感的东航来说，其实并非没有考虑过引资方案被否决的可能。“即使股东大会没有通过，相信国航也不会出（收购）方案。”一位东航高层在路演期间明确向记者表示了他的看法。

在他看来，国航首先不可能现金收购：“我这次引资 70 多个亿，抬价 1 块钱就是 100 多个亿，你把现金给我：咱俩债就倒过来了。”负债 60%多的国航显然不可能接下东航 95%的负债包袱。

其次国航不可能引入国泰这个英资合作伙伴，否则就不是国内航空业整合，而是“国泰整合国内航空业”了。

而国航董事长李家祥此前提出的股权交换与战略合作，也不是东航管理层所能够接受的。道理很简单，东航此时需要的是资金和管理，而不是市场层面上的战略合作。

在东航方面看来，如果造足了势而又不能提出合理的收购方案，最终打击的将是中小投资者的信心，“到时东航再投票，看看投资者会选谁？”

或许这也正是在投票会场上脸色凝重的李丰华，在走出会场后面对相机露出笑容的原因——东航的牌已经打完，该是国航为下一轮“出牌”而头痛的时候了。

兴业银行：增长的代价

■ 黄 河

在竞争白热化的深圳房贷市场，兴业银行凭借着“中介合作”模式成为迅速崛起的“黑马”，然而随着市场周期的变化，迅速扩张的房贷规模却面临着资产质量的挑战。

在市场繁荣的时候以过度激励取代风险控制，令兴业银行为昔日的“成功模式”付出了沉痛的代价。

8月26日，兴业银行迎来了自己的20岁生日。

在短短20年时间里，从偏居一隅的地方性银行，成长为资产近万亿元，年利润超百亿元的股份制上市银行，近5年更创下总资产年均增长35%，净利润年均增长72%的新纪录，被视为国内银行业的奇迹。

就在生日“庆典”前夕，这家上市银行向投资者交出了一份不俗的业绩：据半年报显示，公司上半年实现营业收入150.17亿元，比上年同期增长49.63%；净利润65.44亿元，同比增长79.65%。

然而在业绩增长的喜悦背后，兴业银行却意外地引发了投资者的担忧与质疑——由于房地产及相关领域贷款高达其贷款总额的40.61%，在全国地产行业面临深度调整之际，兴业银行的开发及按揭贷款是否会成为未来不良贷款的隐患，成为投资者最关注的问题。

这一担忧并非空穴来风，在兴业银行的零售及个人按揭贷款增长比例高居上市银行前列的同时，其关注类贷款和逾期贷款双双上升。在市场分析人士眼中，这已经敲响了资产质量的警钟。

对此兴业银行方面回应，按揭贷款逾期的大幅增长，主要是由于统计口径的变化。同时其深圳分行内部调查发现，房价下跌并未导致不良贷款大幅上升。

“房贷黑马”

然而《南方周末》记者在调查中发现，与公开报表中的数据相比，兴业银行在房贷市场独特的扩张模式与增长路径更加值得关注。据报道显示，在2007年的深圳房贷市场中，兴业银行以近60亿元的个贷增幅成为打破原有市场格局的一匹“黑马”。

而在这一令人瞩目的增长背后，是一场创新与风险并存的市场博弈。

自1998年在深圳设立分行以来，兴业银行在深圳的业务模式经历了多次转型，从早期为证券市场服务到随后以企业贷款为主，它在跨地域业务的拓展中试图以资本扩张弥补自身网点过少的缺陷。

在这一阶段，兴业银行的房地产贷款模式跟其他银行大同小异，主要是以开发贷款的方式介入房地产项目，从而争取后续的按揭贷款业务。

然而在这一业务模式下，身为后来者的兴业银行几乎没有任何竞争优势。

在2006年底以前，深圳房贷市场已经形成了格局清晰的三层结构：以建行、工行、招行、中行为代表的“四强”凭借着规模和网点优势，占据了深圳房贷60%以上的市场，其余的市场份额则由余下的12家银行分享。

在这12家银行中，深发展、平安银行等数家银行因为规模和网点等优势，房贷规模也在2006年前后开始高速扩张；而像光大、中信这样的“第三梯队”，在房贷市场中则处于边缘化的状态。

兴业银行由于早期在企业贷款上的重点投入，其房贷规模也获得了相应的增长，有业内人士指出，兴业银行前期的个人按揭贷款，超过60%是由开发贷款捆绑而来的。

然而在空前激烈的市场竞争中，像兴业银行这样的中小型银行为了争取企业客户，在某些时候不得不放松信贷审核标准，其后果则是在企业贷款上的坏账和不良率急剧上升。

根据公开数据，2000–2005年，兴业银行不良贷款余额由31.2亿元增加到58.7亿元。在这一背景下，兴业银行从2005年中期开始控制企业贷款，并尝试推进以个人房贷为核心的零售业务。

兴业银行行长李仁杰在接受媒体采访时曾表示，在零售业务改革中，银行打破传统以储蓄业务为核心的业务发展模式，而以按揭贷款为切入点，通过按揭贷款客户带动其他零售业务。换句话说，按揭贷款不仅仅是利润的来源，而且成为了整个零售业务的“核心引擎”。

在这一新的业务模式下，兴业银行在房贷业务领域的目标也从过去的利润稳定增长变成了迅速扩大规模，而在竞争激烈的深圳房地产市场，如果不能“另辟蹊径”，在企业贷款规模收缩的情况下，显然无法实现跨越性的增长。

借力地产中介

此时深圳房地产市场独特的市场结构为银行提供了一条新的市场拓展思路：由于早在1990年代初就形成了以投资型购房者为主体的交易型市场结构，深圳的地产中介也在近20年的发展中形成了一个规模庞大、覆盖完备的市场网络体系。

随着2005年以来房市和股市的爆发性增长，这些地产中介机构也从早期的销售代理发展到替客户交易提供贷款担保和短期融资的金融性服务，在这些服务中，中介公司通过担保贷款帮助客户向银行“赎回”尚未付完按揭的商品房并进行交易，再替购房者与银行签订新的按揭合同。

在这一过程中，一个原有的银行按揭客户，就可能在中介的引导下被转介到另一家银行进行按揭。银行则通过向地产中介下属担保公司提供信贷额度，并在按揭业务时向中介提供佣金返还的方式与中介建立合作。

因为楼价上升，很多购房者希望通过转按揭的方式进行再投资，加上大量投资性房产流入市场，使得二手楼市场的份额迅速扩大，银行通过跟中介的合作获得这些房产的按揭贷款业务，就相当于从其他银行的按揭业务里抢到了一块巨大的“蛋糕”。

在看到了这一合作模式所蕴含的市场潜力后，兴业银行从2006年开始即与深圳多家房地产中介合作，全力推行这一“中介合作”模式。《南方周末》记者在采访中获得的资料显示，兴业银行在2007年初出台的个人信贷业务审批规程中，除了常见的一手房按揭和消费性贷款外，还包括了以担保公司为主体的二手楼贷款、不指定楼盘贷款和个人转加按揭贷款等种类。

据银行内部人士介绍，在前两年房贷发放的高峰期，为了配合中介担保公司的业务，银行的营业结算部门经常加班至深夜。

而据记者了解，尽管当时深圳各家银行都意识到了中介业务的重要性，但是能够做到像兴业银行这样从服务到流程全方位配合中介运作的银行依然是少数，兴业银行在深圳地区的房贷业务也因此而获得了爆发性的增长。在缺乏开发贷款支持的情况下，兴业银行的深圳房贷规模从2006年底的50亿元左右增长到2007年的109.19亿元，增幅高达120%。

然而这一带来高速增长的“中介合作”模式，对银行而言却隐含着巨大的风险控制隐患。深圳某商业银行的信贷负责人向记者表示，他们也曾经打算引入这一业务模式，但是在考察了多家地产中介的业务运营模式后，得出的结论却是“无法控制风险”，并因而打消了这个念头。

从银行业的角度而言，风险失控的源头在于地产中介代理交易时的担保模式：由于银行贷款和购房者的首付款及定金都被划入担保公司账户，而这一账户又往往由地产中介的负责人实际掌控，因此在整个交易过程中，无论是银行还是客户都无法及时了解交易资金的流向。

由于地产中介业务量庞大，只要有足够的业务量滚动，就可能在担保公司账户上存留下高达数千万元的“沉淀”资金，作为资金监管方的银行要对客户的资金风险进行保障，但是却无法追踪并监控每一笔交易的资金流向，因此而形成了一个风险控制上的“盲点”。

激励制度扭曲

到了2007年下半年，随着深圳房地产市场的转冷，这一风险隐患终于成为了现实：2007年11月13日，名列“全国房地产经纪百强企业”的深圳中天置业评估有限公司总裁蒋飞卷款潜逃，大量客户存入中天担保公司的交易资金也被席卷一空。

据有关报道显示，就在蒋飞携款潜逃前两个星期，已经有客户向其合作方兴业银行提出警示，而银行方面的回答则是“过去一直都是这样操作，没有问题的”。而随后的调查更揭示出，蒋飞长期挪用客户担保资金用于个人投资和挥霍，直到市场下跌后无法弥补资金缺口，才选择了出逃。

在中天置业事件中，由于客户资金基本上都是通过蒋飞的合作银行兴业银行所转出，受害客户们自然将愤怒转向了银行职责的疏失。兴业银行在主动承担了受骗购房者的资金损失后，在公开声明中表示自己也是“受害者之一”。

据兴业银行内部人士介绍，银行之所以采取如此激进的“中介合作”战略，其本意并不在于赚取利润，而是希望迅速扩大房贷客户规模，并以此为基础拓展其他零售业务。因此公司不但成立了专门的部门，而且由总行拨出专项资金作为业绩奖金。

在这种激励模式下，基层信贷部门自然形成了重规模、轻质量的风气，信贷人员为了完成业绩指标，也存在放松审核标准的可能。

实际上兴业银行自身并非没有意识到这一风险的存在，但是自2005年以来深圳房价的快速上涨以及商品房交易量的迅速膨胀，使得这一内部风险被外部的市场繁荣所掩盖。“与中介合作本身并没有错，抓住市场繁荣的时机迅速扩大市场份额也是正确的战略。”该银行业人士表示，兴业银行的失误在于，把市场的繁荣作为放松银行内部风险控制的条件，试图以市场的上涨来抵消内部监管的缺失。

如果深圳房地产市场继续处于上升周期，在各方分享房价收益的基础上，这一模式似乎还可以延续。但是房价总有下跌的一天，到那时银行作为市场流动资金的“最后提供者”，其内部风险控制的缺失必然会令其付出沉痛的代价。

而在中天置业事件爆发后，兴业银行也开始对自身房贷业务的增长模式和路径进行反思。据银行内部人士介绍，自2008年以来，兴业银行砍掉了一半房贷的营销费用，降低了考核激励，同时提高了各分行的资金价格。

过度的激励机制调整之后，“分行对这块业务的动力自然就下去了”。同时兴业银行还将房贷业务的重点从风险较大的一线城市转向安全的二线城市。

兴业银行行长李仁杰表示，出于对外部形势严峻性的充分估计，银行的经营策略将从前几年的注重资产扩张转为关注负债拓展，以达到与资产负债相匹配的稳定发展。

可口可乐收购汇源被否的幕后博弈

■ 谢鹏 余力

人们疑惑的是，基于对外部市场的高度依赖，中国应该坚定地站在全球反保护主义阵营。否决对汇源的并购，高层应该可以预想各国的反应。审批的依据《反垄断法》是在并购前就已实施，难道朱新礼和可口可乐都没有在并购前做好功课？如果这一并购如可口可乐所言是他们的战略安排，他们为何没能与商务部达成妥协的解决方案，是什么阻止了交易的通过？

巨大的落差

半年内，朱新礼从火炉掉进了冰窟窿。

当年为从德隆手中赎回汇源，朱新礼向德隆提出"对赌协议"——要么你买我的49%，要么我买你的51%。一个星期，谁拿得出现钱谁来买！

最后，他赢了。

去年9月宣布被可口可乐并购后，朱新礼再次和一位认定他无法成功"卖身"的某大型央企老总打赌。

这次，他输了。2008年9月，可口可乐宣布以179.2亿港元的价格，收购朱新礼在香港的上市公司汇源果汁全部已发行股本。2009年3月18日，商务部以"对竞争产生不利影响"为由，否决了可口可乐收购汇源果汁的反垄断申请。3月23日，商务部发言人向媒体披露了审批可口可乐并购案的更多细节。商务部解释，基于对可能出现的垄断的担心，他们做出了禁止交易的决定。

1992年的春天，刚刚创办汇源的朱新礼提出的口号是用外国人的钱，买外国人的设备和技术，产品出口再赚外国人的钱，他做到了。这次，汇源集团将果汁灌装业务出售，无非是1992年春天故事的再版。

朱新礼希望把厂房和生产线一股脑交给美国人经营，让美国人去扩大产能，他谋求为美国人的汇源提供原材料。他希望能像铁矿石巨头力拓和淡水河谷一样把原材料定价权牢牢掌控在自己手上，让可口可乐为自己“打工”。但他等来的却是失望的冬天。最要命的是，他已经为迎接春天铺下了一个大摊子——在商务部批准前启动了战略转型。

自2008年下半年以来，朱新礼开始开拓水果基地项目，为自己做饮料产业链的上游供应商铺路。汇源投入20多亿元在广东、湖北、安徽、河北、宁夏等地投资建厂。进入2009年后，汇源集团又派出两位副总裁，分赴河北衡水、海南定安等地考察、筹建水果基地及加工项目。朱新礼还调整了组织结构与管理体系：中国汇源、北京汇源作为两大独立板块各自存在，前者将整体出售给可口可乐，后者专注于浓缩汁业务，由其胞弟朱新德具体经营，作为转型平台。

如今收购案被叫停，汇源无力顾及上游基地。据报道，从汇源停建项目撤换下来的人员，都将成为市场开拓人员，汇源接下来也将加大开发推出新品的力度。

刚刚启动战略转型的朱新礼，不得不腾出手来解决山东帮受到严重打击的士气问题，协调并收拾错综复杂的内部关系。

收拾旧山河

尽管汇源家族色彩并不浓厚，而且朱新礼的特种兵儿子和已经为人母的女儿都不愿意接手自己的企业，但汇源内部却由于员工多是山东籍贯，形成了所谓的“山东帮”。他们多是出身行伍的创业元老，大都赞成被可口可乐并购，因为“干了很多年，很疲惫”。不赞成的是担心可口可乐进入后调整现有高管层的外省高管群体。

朱新礼曾在内部对员工表示，如果并购成功，无须替公司的前景担忧，也无须为一个品牌的归属而牵挂。他表示自己有信心，也有能力建立新的品牌，并许诺，很多员工将能在国际一流的大公司工作，并获得可口可乐的培训机会，中层会得到更大的实惠，提前获得股权、期权，汇源上游业务进入可口可乐全球采购系统，管理团队不变。他有句著名的话："生意场上的买与卖、卖与买、退与进、舍与得只是在履行着一个企业家创造交易机会和生产要素重新组合的职责。"

为了让大家看到并购后的希望，朱新礼处心积虑。他拿出 1000 万元，给 12000 多名员工家属发送了每人 800 元的红包过年。朱新礼致员工父母的春节慰问信，本来集团公司很多笔杆子已经写好，但他不满意，一个人熬了好几夜重新写出来。

如今并购被否，山东帮的情绪急需安抚。3 月 20 日，《南方周末》记者来到离北京城区一个半小时车程的顺义区北小营汇源路，这里是北京汇源集团公司总部所在地。三栋公寓楼后面隐约可见的几栋别墅是朱新礼等几个高管的住所。

一切看起来很平静，但高管们的小区保安加岗了，平时一个保安，增加到了三个，防止记者们接近。

前正团职上校军衔的赵金林，是北京汇源集团常务副总裁、党委副书记，山东淄博人，汇源内部山东帮代表人物。

记者看到，赵的心情很低落，这个平时走路一阵风的山东汉子，心事重重地踱向办公大楼，平时爱开玩笑的赵如今已没有一点心情搭理记者。

整个厂区也是一片萧瑟。

附近居民介绍说，在宣布卖给可口可乐之前，经常有国家和北京市领导过来视察，每天都有十余辆载着参观客的大巴车进出，上下班时间整个汇源路都是汇源的工人，现在已经少了很多。

汇源工厂的员工十分保守，不愿意跟外人打交道，特别是并购被否后，汇源有纪律，不允许员工随便跟外人透露公司情况。包括朱新礼在内，所有员工都对这场本以为板上钉钉的并购案被否大感意外。

哭了笑了

“批了我乐观其成，没批我也很高兴。”朱新礼曾说。但他现在肯定笑不出来，因为他是商务部一纸否决书里最可怜的人。

就在“两会”结束之前，朱新礼对这场赌局依然十分自信。

2009年初，朱新礼还入选了2008 CCTV年度经济人物，人们一度猜测，这表明政府对汇源收购事件是支持的。

但很快，郭京毅和邓湛等商务部一大批官员牵扯外商投资和审批领域的腐败窝案被报道以及舆论的反对声，让商务部相关主管部门对汇源案的态度变得小心谨慎。

朱新礼也找过些人游说，企图尽快通过，但大势已去，因为作为并购方的可口可乐动摇了。

他曾用“把企业当儿子养，当猪卖”来解释卖掉汇源的原因，但对遭到经济风暴痛击的可口可乐来说，汇源越来越像一头“注水猪”，吃下去，怕消化不良。

可口可乐打汇源的主意很长时间了，碳酸饮料被医学证明是对人体有害的，果汁饮料是碳酸饮料的克星，可口可乐发现这片蓝海的时候，汇源已经在海里游了很长时间，这一领域的国家标准、市场网络和产业链条已经被汇源建设得非常健全，这也是为什么可口可乐愿意以高价喝下汇源的原因。

但随着时间的推移，可口可乐美国总部对于这单买卖的合理性出现了分歧。

2009年2月28日，朱新礼在一个论坛上的“即兴”言论证明了这点。他说：“在现时环球金融危机的环境下，我问过可口可乐会不会动摇，可口可乐表示没有动摇，但是可口可乐董事会反对的声音越来越多，我要给他们打气。”

随着时间推移，交易的坚定支持者、可口可乐总裁及首席执行官穆泰康面临着越来越多的批评——交易价格溢价过高，交易条件越来越不利（商务部提出多项限制性条件——商务部发言人证实了这一点，使得交易条件相比收购之初变坏），且中国国内针对交易的民族主义情绪，使得收购成功后汇源的品牌可能会遭遇抵制。这些指责并非毫无道理。

在收购案上呈商务部审批后，对冲基金们保持了密切关注，他们通过各种可能的渠道了解哪怕是细枝末节的信息。从获知的信息，他们对交易获批抱有信心，比如，他们了解到，为说服中国政府，可口可乐除了3月初宣布的20亿美元中国投资计划之外，还有未公布的在中国西部新建灌装厂的计划，而且，他们还聘请了著名咨询公司麦肯锡为入主汇源后的100天整合提供服务。“两会”中，商务部部长陈德铭关于审批正在按规则进行的简短表述也增强了他们的信心。

但据商务部最新披露的信息，他们所要求的消除排除限制竞争效果的解决方案，可口可乐到3月初才提交初步方案，多次来回后，最终解决方案并未获得商务部认可，导致交易被否。

商务部否决后，可口可乐迅速做出回应，“我们很遗憾该项交易未能如计划进行，但我们尊重商务部的决定”，并宣布中止对汇源的收购。

对商务部的决定感到震惊之余，可口可乐的轻易放弃也让市场颇为吃惊，熟悉海外并购业务的市场人士认为，如果可口可乐做出一些让步，比如，让渡部分汇源的股权，或许还有余地，他们倾向于认为，在内部反对力量的压力下，可口可乐或许是通过消极应对商务部的限制性条件来放弃收购。

一个被许多市场人士接受的揣测是，本来就对并购持保留意见的商务部，和本来就在打退堂鼓的可口可乐一道，促成了交易被否。商务部和可口可乐皆大欢喜，将伤心眼泪留给了朱新礼。

至于穆泰康是笑了还是哭了，目前无法得知。而可口可乐的投资者至少把这视为短期利好，可口可乐的股票微幅上涨。但更理智的分析人士认为，这仅仅只是一个短期利好——可口可乐将拥有更多的现金，但从长期来看，这是一个坏消息——可口可乐需要花费更多资金构建它在中国的基础设施。

目前，圈内正流传着这么一则《不差钱》笑话。

部门：这个裁决有那么错吗？

汇源：没有。

部门：汇源有从此走向灭亡的可能吗？

汇源：没有。

部门：可口可乐气疯了吧？

汇源：没有。

部门：这个——可以——有。

汇源：这个真没有。

尽管只是个笑话，但却是现实的真实写照："可口可乐笑了，朱新礼哭了；可口可乐美国股东笑了，汇源员工和股东哭了；网民笑了，股民哭了。"

游说商务部

在反对可口可乐并购汇源的阵营里，和君创业总裁李肃是个急先锋。2008年9月8日，李肃与牵手果汁的4位高层在北京商议了"共同反对可口可乐并购汇源"的工作原则，由其组织的国内多家果汁企业联名上书，要求商务部就此项收购召开听证会。

12月26日，商务部召开了针对此次收购的行业听证会，受邀单位包括顺鑫农业、华邦、农夫山泉等，以及一些业内人士。

据与会者回忆，品牌中国产业联盟主席艾丰在研讨会上讲述的关于当年天府可乐和百事可乐合资被最终干掉的惨烈故事，让与会者群情激奋，反对意见空前统一。

另据《南方周末》记者了解，去年底闹得沸沸扬扬的"可口可乐血汗工厂"事件让决策层给商务部施加了不小的压力。

和君创业联合"大学生关注可口可乐小组"——该小组调查了可口可乐违反中国《劳动合同法》、实行"血汗工资制"和非法使用派遣工的大量事实——一起拟定了一封信给胡锦涛主席。

他们将矛头对准了商务部跨国公司研究中心主任王志乐和商务部系统退位官员龙永图，宣称王志乐和龙永图是在公开打出"品牌卖国"的旗帜。但遭到商务部抵触。商务部产业损害调查局对这些言论予以澄清，并将汇源并购中涉及到的垄断影响的评估研究，交给了王志乐领导的机构，双方僵持不下。"他们（李肃）写信后，我们看了，并做了一些修改，信后附了我们的调查报告。这事以他们为主，一开始他们希望以我们为主，但我们没同意，他们的利益关系更大。"大学生关注可口可乐非法用工小组成员杨郑君告诉《南方周末》记者，他们给商务部写过敦促商务部禁止可口可乐并购汇源的公开信后，李肃找到他们，称可以通过相关渠道递交给胡锦涛主席，双方于是合作。

一个细节印证了高层对于国内反对意见的重视。之前杨郑君和李肃一起搞过一个座谈会，后来被有关部门得知，并将了解的情况写了一些材料递给高层，称如果可口可乐收购汇源成功，会有很大的负面影响并引发民族情绪的爆发。

李肃透露，这封信后来也给了前任国家统计局局长李德水。“他（李德水）同意我们的观点，并且在2009年两会上帮我们把这封信递给了高层。”李肃对《南方周末》记者说。

记者了解到，被称为国家经济安全之父的李德水，2006年在全国“两会”上，呼吁国家经济安全，称中国三分之二的产业被外商控制了，博得了代表们近10分钟掌声，也引起了“胡温”的重视。不到半年，《关于外国投资者并购境内企业的规定》就出台了。

再卖汇源？

在商务部研究院外资部主任马宇看来，并购被否直接导致的是汇源资本运作能力受限，而在果汁这样一个完全开放的竞争市场上，资本能力的削弱必然导致其竞争力的下降。

由于融资能力下降，汇源在做果汁生产销售的同时，兼顾上游的水果基地建设变得难以实现。

事实上，汇源果汁在出售失败后的第一时间就调整战略，暂停了约20亿元的数个上游投资项目而集中精力做营销。

值得注意的是，很可能朱新礼也提前捕捉到了收购泡汤的信号。3月1日，朱新礼公布了一系列人事调整方案以及业务线的重新布局。

显然，朱新礼并没有放弃自己关于果汁行业的全产业链的价值战略模式，但这种模式的链条相对很长，如此长的全产业链和价值链，考验着汇源对资本和现金流的盘活与支撑能力，尤其是在目前没有了可口可乐24亿美元“卖身钱”后，回到了原点的朱新礼，迎来的将是更坎坷的征途。

汇源路边的鞋匠在这一带补了十几年的鞋子，他告诉《南方周末》记者，鼎盛时期的汇源是在2000年前后，从外地拉果子来榨汁的人很多，送果子的车要排一夜的队才能交完货，现在已经很少看到。

朱新礼所住小区门口的黑车司机则遗憾地说，这半年生意很少，可口可乐没拿下汇源让他们担心日后的客源将更少。

以前，他们还能看到朱新礼从他的奔驰600里走出来，一个人沿着汇源路溜达。如今，他们已快半个月没见到朱了。

朱新礼曾在内部表示，这起商业交易把传统经营理念翻了个底朝天。如今，不得不再次回到这种低端产业链条里生存的路径依赖中去，在经济危机的寒流中和他早已划清界线的国内中小企业同行一样，蜷缩在产业链的最底层，靠一罐罐出售汇源果汁证明自己的存在。

正如李肃所说，汇源下一步面临如何重塑汇源品牌形象、凝聚中高层的团队以及打一场市场战这三大现实问题。

李肃在游说商务部时曾提出了三个方案：一是由国内企业竞标吞掉汇源；二是中国企业成立一个基金，大家拿钱来共同购买；三是由可口可乐购买，但只允许拿走销售网络和设备，把品牌还给中国。

并购受阻，但事件并未结束。显而易见，向上游突破的战略已经受阻与并购案被否，如果朱新礼继续从原材料到市场终端全面开战，汇源将需要强大的资金去覆盖整个长长的产业链条中的所有环节。而在食品行业，能保证这两个链条安全的，似乎只有大型央企才是最佳人选。

截止到3月24日本报截稿时，汇源向何处去的最新答案是，有媒体报道了汇源再次出售的计划“正在讨论之中”的消息，但没有得到汇源的证实。

地产业“国进民退”

■ 王小乔

央企和地方大型国企掀起新一轮进军房地产业的高潮，这在提高市场集中度，迫使实力不济的民营地产企业退出市场之外，也将改变中国房地产业的运行规则和行业性质。

央企凶猛

民营地产商们正在惊呼：世道变了！6月26日，中国电子信息产业集团旗下成都中泽置业公司拿下北京市“奥运村乡”地块，价值19.6亿元。此前，它刚刚从富力地产手中抢走“广渠路10号”地块。4天后，中化集团旗下的方兴地产以40.6亿元拿下了“广渠路15号”地块，楼面价每平方米约1.6万元，成为北京招拍挂制度以来的地王。

拍卖之前，坐在SOHO总裁潘石屹正后方的方兴地产副总裁盖剑高对《南方周末》记者称，“我们是一家小公司”。当拍卖现场只剩三家企业举牌时，这家小公司却紧追SOHO和保利，任何一家报价，它都毫不犹豫地跟着举牌，志在必得。“楼市上半年的爆发性反弹，已经让人跌破眼镜，而央企突然发力更是让人掉了下巴，这是今年最让我吃惊的变化。”中国房地产经理人联盟秘书长陈云峰对《南方周末》记者说。

当中化和中国电子信息产业集团旗下地产公司成为“地王”浮出水面之时，还有一些央企背景的房地产企业正在迂回前进。

大型央企中国恒天集团旗下的经纬纺机去年耗资6800万元收购廊坊恒盛房地产开发集团20%的股权，今年6月底又以1.8亿元买下廊坊嘉轩地产30%的股权。

不仅是大型央企，一些地方省市的国资公司也掀起新一轮进军房地产的高潮：常州交通产业集团6月份耗资32亿元获得常州京杭大运河东侧地块；大连港集团斥资49.2亿元获得大连中山区5号地块；山东省商业集团总公司更是斥资50.8亿元拿下青岛燕儿岛路旧城改造项目地块。

甚至在民营经济最为活跃的浙江，国有房地产企业也开始异军突起。而2007年以来，浙江省有2102家房地产企业吊销了营业执照，90%以上是民营地产企业。

中金公司的一份报告认为："此轮地王中，国资背景企业将占多数，未来拥有信贷和融资优势的国有企业将逐步提升在地产行业的市场份额。"

在此之前，资本市场里已经出现"保利即将取代万科成为地产龙头"的声音。中信建投证券公司的分析团队认为，行业老大万科的土地储备少于保利，新增土地的成本又是保利的1倍，而两者销售额的差距也从2008年上半年的120亿元缩小到了70亿元。因此认为未来几年内，保利将超越万科，随即引发争议。

虽然万科大股东华润集团也是央企，但占股比例较小，且万科近20年来一直是市场化房地产企业的代表，万科与保利将来的地位之争同样也成了国企房地产企业崛起的一个信号。

华远地产总裁任志强近日接受媒体采访时表示，自1992年允许民营经济参与房地产业，这个行业的主体就逐渐被民营企业所替代，尤其是1998年住宅市场化前后几年，房地产业高度市场化，国企占整个市场份额最低时只有8%；但最近不到10年里，又开始走回"国进民退"的状况，国企的市场份额已然提高到20%。

行业性质转变？

国资背景的地产公司为什么如此强势地进入地产业？地产业普遍认为，这根源于此轮金融危机之下国家拨款和信贷资金向国有企业倾斜，以及在行业深度调整之时，民营企业实力下降。

潘石屹比心理价位多报了4亿元，仍然败北于“广渠路15号”地块的争夺战之后，在博客里写下这样一段话：“在金融危机的冲击下，国家发了大量的钱，银行也放了大量的款。但产能过剩仍是全球经济的主流，这些钱不可能再去投资建电子厂、建化工厂，因为这些行业产能已经过剩了，只能投到房地产，购买土地。”

成都城投公司的一位内部人士告诉《南方周末》记者，许多地方城投公司手中握有巨额资金，正在发愁手中的钱该怎么花。尽管如此，银行还不断地贷款给他们而不是民营地产企业。2007年在香港上市的方兴地产今年上半年共获得245亿元的银行授信，母公司中化集团还购买了部分增发股份，给予资金支持。

传统央企背景的房地产企业也陆续获得证券市场的支持。6月底，中建股份IPO已经获得证监会审批，融资额高达426亿元人民币；7月1日，保利定向增发80亿元的方案也获得证监会批准，华侨城、中粮、招商等央企背景的房地产企业也紧随着提出各自的重组和融资方案。

国金证券首席经济学家金岩石更愿意从房地产产业性质的变化来看待“国进民退”趋势。

在金岩石看来，2008年末国务院强调房地产业是国民经济的重要支柱产业，是一个明显的信号。说明这个产业的性质将从自由市场竞争行业过渡到垄断竞争性行业。“支柱与非支柱的区别，好比它原来是经济后院的一棵树，现在变成屋里的一根梁。原来自由生长，民营经济有一定话语权和定价权；现在国家主导，定价权和话语权当然要向国资倾斜。”金岩石解释说，“在这个背景下，部分国资背景的企业就需要从战略上寻找一个合适的机会进入房地产业，目前就是一个时机。而且，地产业本身的利润率也不低。”

对房地产业“支柱产业”的判断，早在2003年18号文时已经提出，2008年末仅是再一次强调。事实上，彼时开始，房地产业的民营经济主导地位已经开始发生变化。

长期研究央企的仁达方略企业管理咨询公司董事长王吉鹏表示，近年来央企一直在加大进入房地产行业的力度，只不过它们在市场上较民营企业低调得多，而且与国资委进行央企重组战略有冲突，所以业内能关注到的不多。

2004 年，国资委划定了 16 家以房地产为主业的央企，包括业内熟悉的保利、中房、中粮、招商局、远洋、华侨城等，也包括业内所不熟悉的中化、中铁、中冶、葛洲坝等。当时的 160 多家央企中，80% 拥有房地产业务，资产规模近 2000 亿元。

但因为牵扯到的利益纠葛过多，自中房整合华能旗下地产业务之后，央企地产业重组一事就此销声匿迹，但这并没有妨碍其他央企进军地产业。2005 年，中石油曾高调宣布斥资 50 亿元进入地产业，后来收购了另一家国企地产企业金融街的一个项目。

另一家大型央企——五矿集团以"五矿地产"为统一品牌，进入了住宅开发、工业地产、商业地产等多个地产领域，在 20 多个城市有房地产项目，土地储备达到 500 万平方米，已经达到了地产业龙头万科土地储备 1/4 强。

这一趋势，万通地产总裁冯仑两年前就已经注意到。在"中国北方经济及城市发展高峰论坛"上，冯仑指出当时地产业的一个特点就是政府资源的集中，特别在低收入和经济适用房方面的资源。"总体来说，这是个好事情，但也是一个突发情况，将会影响企业的竞争环境。""A 股市场的房地产企业将越来越向国有企业集中。3 年前 A 股上市公司的前 10 位，60% 是民营，一部分混合经济，一两家是国有；去年，已经是 60% 国有，两三家混合经济，只有一家民营企业，我可以肯定地说，今年的十强将不会有民营地产企业了。"冯仑当时预测说。

国资当道

如今，A 股市场十强分别为万科、保利、金地、金融街、华侨城 A、新湖中宝、招商地产、华发股份、首开股份、苏宁环球。虽然没有出现冯仑最悲观的判断，但国资背景占据绝大部分显然已成近两年定局。

对于这个变化，尤其是近期土地市场上的央企的表现，陈云峰表示一开始是惊恐，随后是接受变化，现在就是在想对策。至于好的对策是什么，"大家都在谈论，在思考，目前能想到的或许就是差异化。至少从目前的态势来看，国资背景的公司只看上了城市中心的土地，那么我们还是有一定空间的"。陈云峰说。

对于将来市场竞争态势的变化，金岩石认为会发生第二次的分工调整。"在此之前，国有企业和民营企业的分工基本上是，国有的做一级土地整理市场，民营的做二级开发市场。将来，国有企业可能会更多渗入到二级开发市场中去，而民营企业的分工则变为服务型公司、差异化产品。”

这种趋势已经出现。泰达集团是天津市的一级土地整理商，之前就已经介入住宅和商业地产开发中去；云南城投作为昆明的土地整理商，今年也收购了云南天佑房地产公司51%的股份，进入二级市场。

一旦国有企业大规模进入房地产业，大部分民营企业只能被迫退出。因为无论在资金来源、土地获取还是财务成本上，国有企业都先天地比民企更具资源禀赋。

对此，两年前冯仑就建议民营地产公司应该尽快转型为混合所有制企业，与国资结盟，这样才能得到更多的资源优势。

业内的担忧之声业已随之渐起。虽然身为国有地产企业总裁，任志强同样在接受采访时尖锐地批评道：“我们认为国有企业永远不行的问题在于——国有企业需要的是业绩，这个业绩不是利润业绩，而是营业额业绩。”

一位民营企业老总担心，国企背景的企业主导房地产企业可能会导致市场效率的低下，损害地产业近20年来的市场化成果。

不过，根据仁达方略企业管理咨询公司对于央企数年来的跟踪，他们认为对于国有房地产企业大规模进入可能导致房地产业的“去市场化”，不必过于担忧，因为近一年以来，已经有若干家房地产央企主动向他们咨询企业整合后的战略规划，其中一家的战略规划如今已经做完。

该咨询公司营销总监杨涛介绍道，央企地产公司的咨询主要集中在两方面，一方面是扩张之后，如何重新架构管理体系。一方面是将销售公司、建设公司等独立成公司后，如何在市场上拥有更强的竞争能力。

一个值得注意的变化是，虽然央企地产业整合始终没有大的进展，但近期再次传出消息，国资委将加大央企重组力度，包括地产行业，争取推动将央企旗下的地产业务整合到已经经历过市场竞争洗礼的优秀央企地产公司旗下。

值得注意的是，按照国资委的规划，到2010年，央企将减少到80-100家，未来一年半将是央企整合的高峰期。当然，房地产业属于央企需要加大控制力和影响力的行业之一。

原富与原罪
「有可以不说的真话，决不说假话。」一岭南老报人的一句话，被一张报纸拿来实践了25年。话没有什么稀奇，类似的话，康德早说过；意思没有什么稀奇，蒙学阶段就在灌输；修辞没有什么稀奇，比起「知其不可而为之」、「先天下之忧而忧，后天下之乐而乐」显得朴素。然而，以之为圭臬，却成就了一张报纸的气象。有人说，是特殊的时代成就了说真话的《南方周末》，此话可能只说对了一半。《南方周末》确要感谢这个奇迹般的时代提供的丰富机会，从民国时期的「厚黑学」到当代的「潜规则」，学者都在阐述对历史的理解，说真话需要足够的勇气。今天，更显真话的珍贵。真正成就《南方周末》的是一份朴素的信念：相信未来，并着手创造未来；珍视真善美，并着手护持真善美。真正成就《南方周末》的是一种咄咄的坚持：扎根中国，深入人民，放眼世界，纯粹新闻。这是理想主义者的执着。其中并没有多少创造，这样的理想主义，不过是中国千年不易的知识分子情怀与操守；这样的理想主义，不过是启蒙时代以来，人类的优秀分子共同的价值与行为取向。但就是秉承这样的理想，使《南方周末》从「服务改革、激浊扬清」到「让无力者有力，让悲悯者前行」，从「深入成就深度」「记录时代进程」到「在这里，读懂中国」，25年一路走来，几代报人，薪火相传。成功时有泪水，风雨中常微笑。由此，

第陆辑

财经人物

第一金融要犯：从跟班到资本大亨的终结

■ 吴传震

自 1991 年进入海南华银，到 2002 年身陷囹圄，10 年里，新中国成立以来第一金融要犯原海南华银负责人、大连证券董事长石雪，从一个跪地求饶的跟班变成叱咤风云的资本大亨。他在 10 年里的所作所为，折射出中国金融业那个特殊时期的某些片断。

一张黑瘦的脸，脚趿着拖鞋。此刻，这个留着寸头的男人正双眼紧瞪着法庭前方的投影屏幕，唯恐漏掉任何一个细节，屏幕上演示的是一份份惊人的证据。

自 1991 年进入海南华银信托投资有限公司，到 2002 年身陷囹圄，10 年里，新中国成立以来第一金融要犯原海南华银负责人、大连证券董事长石雪，从一个跪地求饶的跟班变成叱咤风云的资本大亨。他在 10 年里的所作所为，折射出中国金融业那个特殊时期的发展图谱。

随着时代变迁，由乱而治，这个特定发展时期中国金融系统所滋生的一些毒瘤必然走向末路，因此纵有通天之能的石雪，也在劫难逃，其所在的海南华银系的大人物也几乎同时落马，夏鼎钧、仰融案先后爆出。

令石雪声名远播的是在 2001 年发生的一起事件。他导演了有 7 家金融机构、上百人参与伪造 14 亿元金融信用凭证的诈骗大戏，其中仅无锡一地，就用了 3000 张身份证造假。不料，2002 年初，上报中国人民银行总行后，被人民银行发现，随即报案。石雪此种“盗用国家信用”的行为引起高层震怒，批示彻查。

2002年3月30日，中纪委、最高人民检察院、最高人民法院、公安部等成立专案组对涉嫌此事的机构立案侦查。4月2日，石雪被公安机关监视居住，随后他的属下及相关金融机构20多人被抓，该系列案件被称为“3·30专案”，涉案金额高达264亿元，故被称为“第一金融大案”。

据知情人透露，具体领导侦破此案的是公安部经济犯罪侦查局证券犯罪侦查处，随后，2002年7月，在此基础上成立了证券犯罪侦查局，专门从事涉及全国范围的证券期货违法犯罪案件的查处，维护金融资本市场秩序。

2004年12月13日，在公安机关两年多的侦查之后，海口市中级人民法院开庭审理石雪的案件。“3·30专案”的其他案件都已审理完毕，此次石雪案是另案开审，石雪案的结果将会关系到其他案件的认定。

因人成事

在法庭上，石雪被海口市检察院以贪污、挪用公款、私分国有资产、金融信用凭证诈骗、非法吸收公众存款及合同诈骗等6项罪名起诉，涉案金额超过44亿元，公诉方提供的证据卷宗多达151册。

海口检察院的一位工作人员说，上亿元的案子已是少数，数十亿元的大案更是绝无仅有。对这6项罪名，石雪只认罪两项：金融信用凭证诈骗和非法吸收公众存款，其余4项概不认罪。

石雪从开庭的第一天就紧紧盯着屏幕，一直盯了11天，毫不懈怠。在庭下旁听的是他的姐姐，自从石雪的妻子窦敏玲出走法国之后，一直由她找律师替石雪辩护。石雪的辩护律师是北京天平律师事务所的原伟律师，曾替多宗经济大案的主要犯罪嫌疑人出庭辩护。

如果没有遇到夏鼎钧，石雪可能一辈子只是一个普通的银行工作人员。

1991年7月，交通银行北京市分行西单分理处会计石雪认识了海南华银的副总经理夏鼎钧，被调入华银工作。他能吃苦，善交际，熟悉业务又勤快，很快获得夏鼎钧的信任。

海南华银信托投资有限公司于1988年由中国金融学院、中国银行北京分行信托投资公司和北京西城区华远经济发展总公司三家设立。后由于一家退出，一家撤资，刚成立的海南华银，就成了只有一张金融信用证的空壳公司。

1980年代末的海南，是个各方利益交织的淘金热土，经济特区与金融试验田的特征使得各路资本纷纷流向海南。夏鼎钧也从中国金融学院下了海，代表中国金融学院出任海南华银副总经理，京城的背景令其获得岛上各路豪杰的信任，而夏在金融界多年的人脉，使其能从各地银行融来大批资金。海南华银就在这个喧嚣的年代起步了。

但由于海南的金融机构众多，1989年夏鼎钧提出到北京开拓业务，随后海南华银南北分家，夏鼎钧负责海南华银北京办事处，圈内称为北华银，南边由原海南华银总经理朱熹豪负责，称为南华银。

1990年，夏鼎钧提出了一个破天荒的想法，包装中国企业去美国上市，从而打破1989年之后美国对中国的经济制裁，这一设想得到了银行的支持，从而结识了具有某国家机关背景的三级厨师仰融及其伙伴宫浩，一同实现这个想法。他们选取的项目就是华晨中国。

在石雪进入华银之后，夏鼎钧和仰融运作华晨中国在美国上市正进入紧张操作期。夏鼎钧经常在美国，由石雪负责国内的资金调配。

不久，石雪就成为握有实权的北华银的财务部经理。由于当时北华银的工作人员大多是女性，只有石雪一位男性，所以同事都称他为“石书记”。

1992年，“石书记”在交通银行和4个同事私分25万元贷款事发。一名熟知整个过程的人士回忆，当时仰融回来要石雪交待，石雪开始时谎称是小事，结果仰融诈怒，一拍桌子，石雪“扑通”一声跪在夏鼎钧和仰融面前，吐露实情，请夏仰二人救命。“夏鼎钧由于心软”，通过有关方面解救了石雪。

自此石雪对夏鼎钧以恩师相称。1992年10月9日，五星红旗在华尔街升起，华晨中国海外上市成功。

上市成功给仰融带来成功的同时，也给华银留下了巨大的经济包袱。海南华银先后调集了12亿多元的资金，支持华晨上市，其中此次石雪案发的金融信用凭证诈骗，就是1991年从大连证券、河北证券秦皇岛营业部、锦州证券、秦皇岛商业银行、无锡市商业银行天湖支行、新华证券拆借的10多亿元的资金。

不过，海外上市也给华银积累了丰厚的政治红利，这使其逃脱了1993年海南房地产泡沫破灭、金融机构相继崩溃的大难。

不料海外上市成功后，仰融就将当时一同负责上市的夏鼎钧和宫浩晾在一边。1994年，夏鼎钧和天平经济文化发展公司一同组建了海德国际，打算将国内的水泥企业捆绑到美国上市，再造一个华晨，因此疏于国内业务，海南华银实际运作全部交给了石雪。

因此，石雪由于夏鼎钧无暇旁顾，开始执掌实权。1993年3月，石雪正式被任命为总经理助理，负责华银的北方业务，1994年4月，石雪升任华银副总经理。夏鼎钧也于1994年向人民银行海口中心支行提出辞呈，并从1995年开始，不再从海南华银领工资。从此时起，石雪就拒绝将北华银的账目和南华银的账目合并，自成体系。

3年过去，石雪对夏鼎钧的称呼也发生了改变，从"恩师"变成"老夏"。同时，从1995年开始，石雪取得了海南华银1993年参与组建的大连证券的实际控制权。1996年成为大连证券的董事长。1998年5月，石雪接替朱熹豪成为总经理和法定代表人。自此，石雪大权独揽。

执掌大权

庭审中前三天，控辩双方围绕大连证券的主体性质，进行争辩。据海口市检察院指控，石雪贪污公款2.6亿多元，挪用公款1.19亿多元，私分国有资产264万元用于个人发奖金。

参加庭审的另一位律师表示，如果大连证券不是国有企业，那么就会出现主体不适用的情况，从而起诉罪名不成立，而这几项罪名足以定石雪死罪。

辩方律师原伟认为，大连证券的股东除大连市财政局和东北财经大学两家所持股份为国有资产外，其余7家股东都有自然人存在，因此不是国有企业。

公诉方在法庭上表示，由于其余6家企业代大股东中天航业持股，而中天航业的法定代表人刘勤勤，只是"名义股东"，也是"代为持股"，其实是代国家持股，因此大连证券是国有企业。

1994年，石雪的父亲石凤章从中国人民银行会计司退休之后，被石雪邀请到华银担任顾问，其后，一些地方银行的老总退休之后，也相继被石雪聘为顾问，石雪拜他们为干爹。这批顾问在业界的影响给海南华银带来了融资便利，使得海南华银这个本已破损的大船继续航行。

从1995年开始，石雪迅速膨胀，身边的人都称他为“老大””。出门前呼后拥，派头十足。一位知情人回忆，当时石雪对手下的工作人员，呼来喝去，有时不满还拳脚相向。他本人的生活也渐趋奢华，一次小型聚会，竟喝掉20箱高档红酒。

石雪执掌大连证券之后，一个重要的资金来源，就是发售假国债，从1997年10月到2002年4月，大连证券共卖出假国债24亿多元。这是当时大部分证券公司的通常手法。石雪在庭审中表示，大连证券在东北的买债额还不是第一，最多进入前三。

1996年左右，石雪开始涉足影视业，花了600万元赞助了张艺谋导演的舞台剧《大红灯笼高高挂》，并出资5000万元参与天地英雄影视文化公司拍摄《大汉天子》。此时，身边不时有影视红星流连，石雪对他们极为慷慨。

庭审时公诉方提供了一份封查物品目录，其中80多万元一辆的大切诺基，石雪眼睛不眨就送给了曾主演《玉观音》的男演员佟大为。在北京华银的宿舍，曾有一年多的时间，大院内的住户，经常见到一位貌似歌星毛宁的男人住在石雪的家里。

记者根据一份知情人提供的即将提送公安部门的举报材料发现，石雪通过设立私人公司大肆洗钱，牟取了暴利，而这恰恰至今不为人知。

1997年后，石雪屡次向金融机构短期拆借数十亿的资金，通过和合伙人设立的公司走账，然后再转账到海南华银上海复兴西路营业部，到一级和一级半市场申购新股，然后再施展高明财技，将获得利润留在自己的公司里。前后设立“上海欣奇”等10多个公司，大肆洗钱。

据了解，举报人是海南华银上海证券营业部的财务经理鲍玉萍，曾就此事于2001年12月在苏州向夏鼎钧汇报，后鲍玉萍不知去向。

在公司内部，石雪的权威不断巩固，对公司实行独裁管理。在1998年之后，石雪基本处于无人约束、无部门监管的状态。

石雪在回答侦查人员的询问时表示，“我定下来的事情，没有人敢提意见的”。有趣的是，从法理上讲，他还不是公司的大股东，他所代表的海南华银在大连证券也不再占有股份。

神秘人物

庭审第四天，有关天海大厦房地产项目引起了双方的争辩。公诉方认为，石雪和梁勇相互勾结，采用注册新公司、签订假合同、融资平账、转移截留上缴利润的方法，非法占有大连证券公款17093万元。

石雪在法庭上声辩，表示之所以隐瞒天海大厦项目，是因为2000年，海南华银整顿风潮正烈，同时大连证券的部分股权已经被冻结，如果天海大厦被发现的话，肯定会被诉讼保全，他表示他是从保护大连证券的权益出发。

接着控辩双方就炒作英皇国际股票一事发生争议。律师原伟认为炒作英皇国际的股票究竟是大连证券的公司行为还是石雪的个人行为，是看石雪有无将炒股所得占为己有。

到了第八天，进行的是关于金融凭证诈骗14亿元和非法吸收公众存款24亿元，由于石雪已经认罪，控辩双方只是互相出示各自的书面证据，甚少交锋。庭审就在控辩双方有气无力的交战中沉闷地进行着，当天下午，旁听席上寥寥数人，还有人打起盹来。

第九天早上，一直光着脚板的石雪换了一双黑袜子。下午的时候，法庭沉闷的气氛起了变化。一个叫罗贤平的关键人物被石雪拉了出来。

石雪“能有今日”，与罗贤平的支持不无关系。罗贤平的出现，无疑对海南华银和大连证券的后期发展产生了重要的影响。

罗贤平在海南金融界无人不晓。从目前的材料来看，罗贤平是在1997年开始与石雪走到一起。1997年，大连证券在海口成立海南中乾证券有限公司，之后将55%的股份让给中金丰德。这家公司1998年在上海成立，总部设在北京。

罗贤平是该公司总裁。有媒体曾报道过，该公司和摩根士丹利、高盛等国际投行一同参与或协作收购四大国有资产管理公司出售的不良资产。

1998 年海南华银停业整顿，罗贤平担任清理整顿工作领导小组组长。在罗上任前后，海南华银将在大连证券的股权转让给中天航业。

根据记者获得的工商注册资料，罗贤平也是华金信息投资有限公司的法定代表人，该公司是大连证券的新股东之一。

石雪针对公诉方指控的贪污公款 200 万元，指出是付给罗贤平的中介费。2000 年，由于夏鼎钧一直向仰融索要华晨上市时欠海南华银的借款。仰融为了免除后顾之忧，由与仰融、石雪两人相熟的罗贤平出面，协调海南华银和华晨在北京签了一份解决华银和华晨之间债务关系的协议。石雪在法庭上说，当时“作价 3 个亿，其中 500 万给罗贤平”。

石雪还在法庭上供述，2000 年其从天平经济文化发展公司的董事长李博伦秘书王某处得到北京控股即将收购英皇国际的消息后，立即向罗贤平汇报，罗要求其立即在香港建仓，操作此事，此后，他才委托香港商人张宝丽在香港操作。

在法庭上，石雪的律师还拿出证据，证明罗贤平曾经多次接受石雪的贿赂。石雪称，他曾问罗贤平，“这样干，行不行？”罗慨然应道：“怎么干都没有关系，我们担着。”

但据知情人士透露，平日经常往返京港沪三地的罗贤平现在已经失踪。

疯狂终结

在海口庭审的最后一天，公诉方总结陈词时，认为石雪落此下场，是受累于其“灰色的人生观”，石雪案将给防止国有资产流失提供良好的借鉴。

从某种意义上来说，石雪的行为也是那段时期权责混乱的金融管理制度的产物。

从 1994 年到 2000 年，石雪的势力不断壮大，但海南华银原来的副总经理夏鼎钧并没有和他发生冲突，依然在忙于操作海德国际去海外上市，不过私下两人已经貌合神离。夏鼎钧的家人回忆当时石雪经常作弄夏鼎钧，令夏气愤难当，不过每次夏鼎钧都大事化小，小事化了。

但2000年，石雪和夏鼎钧发生了分裂，这起因于仰融。从1994年至2000年，夏鼎钧不断要求仰融解决华银投资权益问题，仰融一直置之不理。2000年，夏鼎钧去中纪委举报了仰融，但刚从中纪委出门，夏就接到石雪的电话，质问夏是否举报他。

2001年12月末，石雪约夏鼎钧吃饭，遭到夏的拒绝。石示好招拒不久，海南华银的李某举报夏鼎钧，庭审时，公诉方出示的证词，大部分是石雪所作。石雪就此将自己的“恩师”送进监狱，至今没有宣判。

而另一个主角仰融虽与石雪交好，却也没有轻松上岸。2002年3月，财政部决定将华晨的国有资产划拨辽宁省政府，仰融不肯配合，5月出走美国，仰融曾评价石雪说：“胆子比天大，和他一起迟早要跳崖。”到2000年时，海南华银1991年欠上述的6家机构的借款已经不得不还。这时，石雪了解到人民银行对信托公司进行清理整顿时，先清偿个人债务，便策划将海南华银所欠的上述6家单位的债务转化为个人债务，骗取人民银行巨额兑付资金。他指挥6家单位伪造了金融信用凭证，篡改会计账目，但不料东窗事发。

一位在金融场摸爬滚打多年的老人表示，类似海南华银和大连证券这样的公司，只要一人拉来大笔资金，其他人就水涨船高，浮在上面，正是这种经营制度，决定了石雪的地位。

这种经营制度，是这段时期证券行业的通病。到2002年9月，大连证券因违规经营被证监会关闭，高管相继入狱，在大连证券之后，鞍山证券、南方证券、华夏证券相继被查处。

2004年12月23日，持续11天的庭审结束，石雪在法警的监视下回到文昌看守所，等待法律机关的裁决。

林毅夫：通往世行之路

■ 余 力

“我是一个乐观主义者，我认为发展中国家的贫穷并不是命运。”2007年11月1日，以这样的句子，中国经济学家林毅夫结束了他在剑桥大学“马歇尔讲座”上的长篇演讲。

这是1946年以来，首次有中国人走上这个以现代西方经济学奠基者的名字命名的国际顶尖讲坛。林毅夫没有意识到，他的这句话，与他今后4年的新角色有着某种奇妙的契合：数日后，刚刚在10月离任的前任世行首席经济学家、法国人弗朗索瓦·布吉尼翁来电询问，是否愿意成为他的继任者？——世行的宗旨，正是在全球范围内减少贫困。

世行为挑选新的首席经济学家成立了一个小组，布吉尼翁是其中的成员，他并不是以个人身份发出邀请。“我感到惊喜。”2月1日，林毅夫在北京对《南方周末》记者说，“世行是最重要的国际发展机构，它的首席经济学家是经济学家在国际上最高的公共职务，一般是大师级的学者担任。我知道我不能获得诺贝尔经济学奖，我也知道为什么不能。至少我考虑过诺贝尔奖的事情。可是，世行首席经济学家，完全没有想过！”

“我需要一点时间考虑。”林毅夫没有立即回复，两天后，他回答如果有这样的机会他会慎重考虑。

这是一个不寻常的任命：62年以来，他是首位来自欧美国家之外的世行首席经济学家；而在30年前，中国对世行的定义还是“美帝国主义操纵的经济侵略的工具”。

对于林毅夫，世行首席经济学家，是对一个漫长旅程的承认——29年之前，他还是台湾最有前途的军官林正谊，驻防在金门最前线。

回来是一种理性选择

27岁时，台湾人林正谊改变了自己的命运航道，将自己带到了陌生的中国大陆，也带到了不可知的未来面前。

1979年5月16日傍晚，“封金挂印”之后，上尉林正谊游过2000多米的台湾海峡，抵达对岸的厦门，更名为“林毅夫”。多年后台湾媒体披露，当时与他一同失踪的物品包括“两个篮球、一面连旗、一件救生衣、一顶指南针”。他的家人事先毫不知情，第二个孩子还在妻子腹中，台湾外岛驻军从此没有篮球可打，但23年后，台湾军方才发布了对其“投敌”的通缉令。

此前，由于以台湾大学学生的身份从军，林正谊成了军中宠儿。蒋经国专门接见他，并嘱人关照。他先后从军校和政治大学毕业后，被派往金门，任最前线的连长。

时至今日，人们仍难以理解：这个地道的台湾本省人，不需要蹈海以解乡愁之苦。而1979年的大陆，经历了十年动荡，经济凋敝，将走向何处，一切都未确定，亦非乐土。是什么使他抛妻离子，放弃前程，冒着生命危险前往中国大陆?

一位北大学生回忆，林毅夫有一次谈及当年时曾说：“当时有一种强烈的感觉——祖国的统一和民族复兴的希望在对岸。再待在台湾，内心不安。”

“士不可以不弘毅，任重而道远。仁以为己任，不亦重乎？死而后已，不亦远乎？”2月1日，以这样的句子，林毅夫解释当年的抉择，“得失之间并没有那么难”。

或许是巧合，他回来后的两个月里，两项深刻影响中国未来的变革先后出现——6月15日，万里在安徽凤阳县农村考察，肯定了当地农民自发的包产到户尝试；7月15日，争论不休中，邓小平决定“不争论”，宣布设立深圳等4个特区。

林毅夫此后的经历，虽不平常，但已在与中国相关的既定航道内。

为了解中国社会生活，他就读北京大学经济学系，只是，当时的国内，只有马克思主义政治经济学，现代经济学的引进，还要在几年之后，此时的林毅夫，还不知他将在其中扮演重要角色。

世行则在第二年来到中国。1980 年中国恢复了在世行的席位，世行开始派遣官员到中国，为中国政府培训干部。人们回忆，长期与世隔绝之后，最初的中外交流颇有些类似巴别塔故事：边际成本（marginal cost）被译成“零碎材料的成本”；而收支平衡点（break even point）则是“破碎了摸平的一点”。

了解一些西方经济学又通晓英文的林毅夫赢得了意外的礼物：他为到访北大的诺贝尔经济学奖得主舒尔茨担任翻译，对他印象深刻的舒尔茨主动邀请他到美国留学。

1982–1986 年，在盛产诺贝尔经济学奖得主、以自由主义和严谨的数理分析著称的芝加哥大学里，林毅夫“几乎四年没出校门”，从这个西方经济学的麦加开始了经济学家生涯。他的博士论文《中国的农村改革：理论与实证》被舒尔茨评价为新制度经济学的经典之作。

1987 年，放弃了加州大学洛杉矶分校的教职和世行等多家国际机构的工作机会，林毅夫带着 30 多箱英文资料回到中国，成为 1978 年后首位归国的经济学博士。许多人为他惋惜——中国没有研究伙伴，没有讨论和交流，甚至资料都难以搜集，如何做研究？“我都知道。可研究是什么？就是要对不能解释的现象给出合理的解释。中国有的是这样的经济现象，这是最重要的。”林毅夫说，关于回来的决定，他“一点挣扎都没有”。

同样从海外回来的北京大学中国经济研究中心副主任卢锋说，他赞同林毅夫的一个说法，“我们不要完全讲牺牲精神。回来是一种选择，是认为从长期而言对自己有利的选择。经济学的理性要用在经济学家自己身上”。

清华–布鲁金斯中心主任肖耿至今记得林当年的忠告，“做研究如同给木板钻孔，从薄处入手更容易有收获”。对中国经济学家而言，勿庸置疑，回到中国是理性选择——这里是“经济现象的金矿”，而 1980 年代的西方经济学界，少有人了解中国。

20 年来，几乎没有休息日，林毅夫不知疲倦地掘金。现实也慷慨回馈：改革开放以来，他最早在国际顶尖学术刊物上发表论文，数量可观。回到本土，以规范的经济学方法研究本土问题，并为国际承认。“他是我们的先行者。”肖耿说。

“把白手套留在了芝加哥”

虽然林毅夫在国际经济学学术期刊上发表的论文，在全球华人经济学家中一直排名在前一二名，在国际上的排名也一直很靠前，但是，他并没有选择成为典型的学院派学者。1987 到 1993 年，他先后在国务院农村发展研究中心和国务院发展研究中心任职。从那时开始，为政府提供决策咨询、参与制定政策成为他的工作内容。他逐渐成为同龄的学者中离权力核心最近的几位之一。近年，“新农村建设”的建议者、“十五计划”和“十一五规划”的主要咨询专家等角色更使他为中国公众所熟知。

“芝加哥大学毕业后，最早回国参与中国现实经济政策研究，并没有担心研究现实政策问题会‘弄脏’名校毕业的‘白手套’。他把‘白手套’留在了芝加哥。”卢锋形容说。

走近政府、成为政府智囊，于林毅夫并不是困难的选择。这与他 29 年前的选择逻辑一致。他告诉《南方周末》记者，他从小喜欢历史，曾想成为历史学家，喜欢中国文化，也实践着中国文化对知识分子以天下为己任的定位。

他不介意人们认为他过于靠近政府，“自反而缩，虽千万人吾往矣！别人的评价不重要，把自己摆低一些，推动社会进步更重要”。当被问及独立的学者和智囊的角色，哪一个他更在意时，“独立的学者”，林毅夫丝毫没有犹豫地回答，只有作为一个独立的学者思考问题，才能对政府的决策有所贡献，这样才能称得上是智囊。“固然很幸运，有些建议后来被政府采纳成为政策”，但是，他说“不曾有在政府作出了决策后改变自己的看法去附和政府政策”。

他同样珍视另外一个角色——北京大学中国经济研究中心（CCER）主任。

1993 年底，一次会议的间歇，他与张维迎、易纲等几位同样有留学背景的学者聊到了在国内成立一个独立的学术中心的想法，所有的人都感到兴奋。

然后是行动。1994 年，CCER 在北京大学成立，这是第一个由归国学者成立的独立研究机构。

成立之初,CCER 有两间半办公室和 6 位海归学者,而所有资金,都是“化缘”而来。“开始时主要资助者是福特基金会、洛克菲勒基金会和世界银行，还有不多的一些私人捐资。”林毅夫说。

林毅夫的哥哥是私人捐助者之一。1996 年，在他捐资成立的奖学金颁奖仪式上，他说：“我不了解我弟弟的研究，但我知道他做的事情一定对国家有利。我会尽我所能帮助他的事业。”

世行也是坚定的支持者。1994 到 2000 年间世行资助留学人员在 CCER 做客座研究，并参与各种 CCER 的学术讨论——1996 年，世行该年度的“世界发展报告”初稿讨论会就是在这里召开的；包括斯蒂格里茨在内的多任首席经济学家也多次到访 CCER，进行学术交流。

CCER 有着国内罕有的管理框架。日常管理事务由主任会决定，教员晋升、招生和研究方向由主任和学术委员会主任联系会决定。而它的教授会扮演着中心最高权力机构的角色，中心的章程、内部规定和战略方向的决定和变革，以及中心新进人员的聘任，由全体教授会决定——每个全职教员，包括助理教授、副教授和正教授“一人一票”。

如今，北大中国经济研究中心的办公场所古雅秀丽，被称为“全世界最美丽的经济研究机构”，在这里，如卢锋所说，数十位有着海外学术背景的中国学者致力于“为转型中国贡献认识增加值”。从成立至今，在粮食问题、电信改革、银行改革、WTO、通货紧缩、宏观调控、土地问题、农民工问题、住房问题等几乎所有关系国计民生的重大决策中，都有 CCER 发出的声音，并逐渐受到高层领导的瞩目，成为国家决策的高级智库之一。

CCER 的独立性与学术水准同样为人称道。中心从来不乏对政府批评的声音：卢锋对粮食政策、周其仁对电信垄断和土地制度直言不讳的批评……不仅赢得了学术界的尊重，也得到决策部门的关注。从成立之初，创始人员确立了学术独立的原则，此后所有的人“一直像保护眼睛一样珍视这一原则”，而这一独立性，不仅是相对于政府政策，同样也相对于公众一时的舆论，在内部，教授们已经习惯了学术观点的分歧甚至是对立。“现在，学术自由和独立已经自然而然地进入我们的文化基因。”林毅夫说。

"几个天真的学者，有很大的责任感，因缘际会，很幸运地做成了不可能的事情。"

谈及 CCER，林毅夫的声音罕有地带上了感情色彩，他表示，世行任期结束后，他仍将回到这里，"这是我终老的地方"。

"作为北京大学中国经济研究中心的长期领导人，林教授是一位非常成熟的管理者，这些管理技能至关重要，因为世界银行是一个庞大的、需要杰出管理者的机构。"全球发展问题专家杰弗里·萨克斯在接受《南方周末》记者书面采访时说。

到世行去

1 月 16 日世行行长佐利克亲自致电林毅夫，告知任命他担任世行常务副行长和首席经济学家的决定，2 月 4 日世行董事会批准这项任命并正式对外公布。他将于 5 月底离开中国，到华盛顿工作 4 年。对于他个人，同样是做研究，只是从为中国服务到为全球服务，这不需要犹豫。他难以割舍的是离开 CCER 和中国。他说服自己，CCER 需要有一个新的领导者，"总要有新的人当主任，即使我不到世行，也要考虑这样的安排"；不能再直接参加中国的政策讨论和决策了，"但可以为中国和世行的合作做许多事"。

"对于我个人、CCER、中国、世行和世界，这都是一个有益的选择。"他说。

一直以来，世行的经济学家主要来自西方发达国家，他们基于西方经验提出建议，"华盛顿共识"就是这样的标准药方——发展中国家应进行以自由化、私有化为特征的经济改革，同时执行紧缩性的财政政策。

但发展中国家的许多问题，是在西方经验之外的。比如，市场不完善，许多时候，市场和问题一起产生；企业普遍缺乏竞争力；制度框架很弱，政府缺乏执行能力，等等。

作为"华盛顿共识"的批评者，林毅夫说，他不反对华盛顿共识的长期目标——建立完善的市场经济体系，但不赞成激进的改革。他认为，在发展中国家和转型中国家"自由化、私有化、紧缩财政"是一个不可能三角。

主流西方理论认为，国有企业预算最大化，而不是利润最大化，效率低下，国家财政需要对它们进行大量补贴，导致预算失控，财政困难；有效的解决方案就是进行私有化，这样国家预算将不需要耗费在补贴上。

林毅夫认为，私有化并不能必然导致效率，只要企业的政策性负担不消除，私有企业同样会亏损，同样会要求政府补贴，而且在逐利冲动下，他们对补贴的胃口会更大，这样，控制预算的目标将难以实现，结果伴随着自由化和私有化的是预算失控、巨额的财政赤字和失控的通货膨胀。

林毅夫表示，将在世行首席经济学家的位置上，更广泛地研究和探讨发展中国家面临的机遇和限制条件，和各国政府、研究机构一起探讨符合该国实际的解决方案。

他将与世行的七八百位经济学家合作，通过了解和沟通，为全球发展问题提供更多新的视角和认识。“过去人们倾向于用标准药方解决问题，现在，我们明白，经济学家们需要用诊断式的方式提供政策建议。”

就像世行过去帮助北大中国经济研究中心一样，他也将帮助发展中国家的经济学家们建立起独立的学术研究机构。他认为各国问题的最终解决和发展机遇的把握有赖于该国政府和研究机构的智慧。

曾在世行担任10年副行长的中国人章晟曼说过：“争论从来就是世行这个巨人的影子，它的大小长短由观察者的视角而定，唯一可以确定的是，它永远不会消失。”

作为首位来自发展中国家的首席经济学家，林毅夫如何看待可能的困难？“我是一个乐观主义者，一向把困难看成是机会。”他说。

顾雏军的罪与罚

■ 黄　河

一个饱受争议的技术专家，一个被舆论热捧或质疑的明星企业家，一个熟谙政府心理的投机家，一个在转型中国如鱼得水的冒险家，如今一审获刑12年。对这一判决的不同认识，正涉及现存法律和市场制度中的规则边界。对于顾雏军当年所坚信的“潜规则”而言，这些“规则边界”的确立，正是市场制度从“潜规则”走向“显规则”的必要路径。

今年1月30日，因收购科龙、美菱、亚星等一系列上市公司过程中的违法操作而被捕的“资本枭雄”——前“格林柯尔系”掌门人顾雏军，终于迎来了佛山市中级人民法院的一审判决，此前他已经在看守所里为这个结果等待了2年半的时间。

在近1000天没有呼吸到自由的空气之后，出现在庭审现场的顾雏军头发花白，表情平静，但下垂的嘴角依旧掩饰不住昔日倔强不羁的个性。当天，顾雏军因虚报注册资本罪、违规披露、不披露重要信息罪、挪用资金罪被判有期徒刑12年，执行10年，并处罚金680万元。同案的另外8名被告中，除曾俊洪被判无罪外，亦分别获刑一至五年不等。

比判决结果更重要的，是法庭在长达193页的刑事判决书中，第一次详尽披露出顾雏军在一系列重大收购中的资金来源及运作手法。这一关键证据的出现，不但使得此前市场中的诸多猜疑与推测水落石出，而且从一个侧面展示出了在市场规则尚未完善的今天，缺乏监督的资本是如何与政府管制的“潜规则”

相结合，侵蚀着社会与公众的权益。

奇怪的是，最初顾雏军被查却全然不是因为这样的罪名，这也是他始终觉得有人陷害他的原因。

两年前，危机乍现

2005年7月29日下午，顾雏军在北京首都机场被警方带走，这是他最后一次出现在公开场合。据知情人士向记者透露，在那之前顾雏军已经很久没有回科龙了，“他怕被抓，有一次走到半路又不敢去了”。

在被捕前几天，顾雏军终于回了一趟科龙。那天一早，顾雏军首先到科龙开会，当时由于各金融机构收缩贷款，科龙已经陷于停产状态。顾在会上表示准备转让广东格林柯尔股权以解决科龙的资金困难，希望大家保持信心。

但在私底下，顾已经知道，退出科龙是唯一的结局。当天下午跟镇政府进行了短暂的沟通后，顾雏军回到宾馆向身边的人说道：“我们回深圳吧，科龙卖就卖了。”

“他那个人中气特别足，平时从来不会轻声说话，但说这话时他已经完全泄气了，声音轻得几乎听不见。”一位当时在场的人士向记者回忆道。

或许顾雏军认为失去科龙已经是自己人生最大的失败，或许他以为自己愿意出让科龙股权就算是跟政府“摆平”了此事，总之从随后的行踪来看，顾似乎并没有意识到自己即将遭遇的命运。

第二天顾雏军到深圳参加了一个重要的银行会议，当天下午飞到湖北跟省政府讨论收购襄轴的事宜，在湖北谈完又飞上海，29日下午从上海飞回北京，随即被捕。

随后几天，与本案相关的其他被告人分别被捕，其中科龙电器原副总裁严友松在29日被捕当天,还在跟海信的周厚健等人讨论科龙转让股权的具体事宜。

据知情者回忆，被捕后的顾雏军第一次见到前来探视的委托律师时“暴跳如雷”。在一个多小时的探视时间里，顾滔滔不绝地控诉自己被陷害，“律师自己没说上几句话，全让顾说了”。

在暴怒的间隙，顾雏军依然做出了一项事后证明“非常明智”的决定：通过律师委托全国工商联全权代理科龙股权的转让事宜。正是由于这项委托，在随后两年多时间里，尽管“格林柯尔系”分崩离析，但顾雏军通过广东格林柯尔所持有的科龙股权，依然能够以9亿元人民币的价格最终转让给了海信。

但身在看守所里的顾雏军，能够对外界所发生的影响也仅此而已。随后一年多时间里，包括香港格林柯尔在内的“格林柯尔系”冰消瓦解：尚未完成收购的襄轴宣布解除股权转让合同；亚星汽车和美菱电器分别被当地政府以诉讼和回购等方式收回股权；加上海信收购的科龙电器，顾雏军在国内苦心搭建的“格林柯尔系”至此崩盘。

与此同时，顾氏赖以“起家”的香港格林柯尔也在一系列外部诉讼和内部矛盾中濒临解体：由于2005年中报难产，公司于当年8月1日停止股市交易，并于2007年4月被香港创业板上市委员会注销上市地位。在顾案中扮演重要角色的天津格林柯尔，也于2007年4月被法院将其位于天津经济开发区的7万多平方米主厂房以5600万元价格拍卖。

实际上早在退市和被拍卖厂房之前，香港格林柯尔就已经陷入解体状态。一位公司内部人士告诉记者，由于顾在公司管理上的强势和独裁风格，香港格林柯尔在上市后并没有建立起完善的公司治理结构，顾被捕后，各地分公司很快陷入“各自为政”的状态，生产和销售也因此中断。

此时，顾雏军正在看守所内构思着一份又一份的举报材料：从被捕到判决，顾雏军始终不承认自己犯了起诉书中的任何一条罪名，并一次又一次地对外声称自己是被一个巨大的“利益集团”阴谋陷害。为此他不惜在被捕一年后的庭审期间以绝食相逼，要求法庭向媒体公开庭审内容及自己的举报材料。

顾雏军的“被害妄想”

2006年11月7日，由于追加指控和被告而被数度延期的顾雏军案在佛山中院正式开庭审理。由于公诉方提供的大量证据需要质证，因此庭审分为质证和法庭辩论两个阶段：在完成第一轮质证后，12月12日法院再次开庭，进入法庭辩论阶段。

就在第二次开庭时，因为摔伤而坐轮椅出庭的顾雏军突然向法庭提出三项紧急申请：一是要求法庭允许不少于20家媒体旁听公开审理；二是申请法庭公开本案全部材料；三是将他给有关部门的公开信作为证据，并予以公开。并声称若不获准，将从12日起绝食。

这一戏剧性的转折立即引起了众多媒体的关注，而在行动的背后，则是顾自身“被害心理”的一次充分表达：他认为一个势力几乎无所不达的“利益集团”不仅要控制审判，而且还要向外界掩盖真相。

此后的判决及庭审资料显示，顾雏军及其辩护人对于公诉方起诉的4项罪名——虚报注册资本罪、违规披露、不披露重要信息罪、挪用资产罪、职务侵占罪——所涉及的事实部分大都未予否认，但均认为不构成刑事犯罪。

但是顾真正认为自己被“陷害”的理由，则并不存在于公诉方的起诉范围之内，而是早在2004年底由广东省证券监管局出具的一份询问函，调查科龙电器是否从广东发展银行开出一份2.76亿美元的担保函。

尽管科龙电器3天后即正式回函并无任何2.76亿美元的担保，但此后多家银行对科龙收缩信贷，以及中国证监会于2007年5月10日对科龙正式立案调查等一系列事件，使得顾雏军坚信这“子虚乌有”的2.76亿美元担保，正是“利益集团”为了迫害自己和科龙电器而抛出的伪证，其目的是为了让科龙资金链断裂，并最终从自己手中夺走上市公司。

沉湎于“被害心理”的顾雏军似乎没有意识到，早在2001年他收购科龙时媒体对格林柯尔的质疑，2004年“郎顾之争”中郎咸平对顾收购国企手法的披露，以及他借助科龙电器这一平台对美菱、亚星、襄轴等上市公司狂飙式地收购，就已经引起了市场、媒体及监管层的高度关注。

在这种情况下，2004年年中依然盈利，却在年底报出6000多万亏损的科龙电器被监管部门调查，实属情理之中。而在2005年4月由广东、江苏、湖北以及安徽四省证监局展开联合调查后，本案被告人之一、时任科龙电器副总裁的严友松对媒体的解释，也明显比顾雏军的“迫害论”更符合逻辑。

据严友松表示，中国证监会在2004年初已经对格林柯尔系4家上市公司进行了一次“特殊”的巡检，他认为此次巡检的原因，一是因为2003年德隆案爆发后，监管机构更加关联公司利用担保、贷款等方式收购上市公司的问题；二是因为2004年的“郎顾之争”引起了监管部门的关注，因此对格林柯尔系公司“特别关照”。

并不复杂的事实和道理，却似乎仍不足以打破顾雏军的“被害妄想”。

他最清楚“潜规则”

在庭审辩论及此前的举报材料中，顾雏军多次强调，格林柯尔进入科龙以后，上交政府的税收从2001年的2.1亿元持续增加，从2002年的3.5亿元、2003年的4.5亿元增至2004年的5.6亿元。尽管在旁人眼中，2004年已经亏损6000多万元的科龙电器，居然还能上缴5.6亿元的“天价”税收不合常理，但这正是顾氏“丛林法则”中的一条：理解并迎合地方政府的需求，是自身利益的前提与保障。

在中国改革特有的产权体制结构下，地方政府对企业的“需求”正体现在税收和就业两个方面。而自1990年代初便“下海”创业的顾雏军，在多年的经营过程中对于这一“中国国情”显然有着深刻的理解。

也正是基于这一理解，顾雏军才能在2002年以3.48亿元的超低价格最终完成了对科龙的收购。后来公开的资料显示，顾雏军在谈判过程中充分把握了地方政府的“非卖价需求”，承诺由格林柯尔承担政府担保的巨额债务，同时保证科龙电器的税收增长，最终将政府开出的每股9.8元的转让价格“杀价”至净资产以下。

在顾看来，自己在收购科龙之后，上缴税收连年高速增长，已经“超额完成”了当初的承诺，地方政府没有理由“整”自己，那么自己所遭遇的调查乃至起诉显然只能来自“利益集团”的陷害。

在成功收购科龙之后，自信心高度膨胀的顾雏军显然相信自己对“政府心理”的把握已经达到了“战无不胜”的状态。一位顾身边的人士曾自豪地向记者表示，在格林柯尔系此后的一系列收购中，无论竞争对手拿出多么详尽完整的收购方案，格林柯尔提交的都只是薄薄的“几页提纲”，“但最终还是我们赢得收购，因为对方根本不知道政府想要什么。”

如果满足政府的需求，是为企业赢得合理的发展空间，那么顾雏军不但不会成为阶下囚，甚至可能成为一个更加成功的企业家。然而不幸的是，顾雏军的下一步棋就是“化公为私”。

在过去20多年里，这类擅长“化公为私”的“资本玩家”在国内资本市场中屡见不鲜。对他们而言，无论是所有者“缺位”的国有资产，还是所有权分散的上市公司，都是某种意义上的“无主之物”，只要能够利用法律和监管的空隙，通过一系列“资本运作”，此类公众资产即可转化为自己的“私有财产”。

顾雏军早就精于此道，他利用复杂的海外控股结构及内地香港两地的监管制度差异，成功地将企业内部的成本与利润中心相分离，并将后者“装入”自己的香港上市公司，成为一架无需承担任何生产和销售成本的利润机器，在上市后迅速创造出“盈利奇迹”；在对科龙及其后的一系列收购中，顾雏军则利用个人掌控的广东格林柯尔、江西格林柯尔及扬州格林柯尔等一系列私人公司作为平台，挪用科龙等上市公司资金为私人公司收购股权，最终完成顾个人控股上市公司的“资本运作”。

在这一过程中，顾雏军并非不知道自己的许多行为已经违规甚至违法，并通过内部控制和口头授权的方式设立了重重“防火墙”。但他真正的心理保障其实来自另外两大因素：一是现行监管和法规的不完善使其打的“擦边球”不容易被真正认定罪名；二是科龙电器的庞大规模与税收使各级政府难免投鼠忌器。

而在此前对科龙电器等公司的收购过程中，某些地方政府为了配合收购而采取的一些非市场化措施与政策，更加强化了顾氏“丛林法则”的第三条：政府权力大于行政法规，只要有了政府的配合，某些市场政策乃至法律规定都是可以“绕过”甚至推翻的。

然而监管机构的“特殊巡查”乃至随后的立案调查，无疑冲破了顾雏军的心理底线，翻遍自己的“潜规则手册”，他也找不出一个已经为地方政府创造了大量税收，而且即将“为国家做出更大贡献”的企业家，为什么会遭到如此对待的理由。

于是，顾雏军只能将这场灾难归咎于“利益集团”的陷害。

草莽时代的终结

然而，被自己的“丛林法则”一叶障目的顾雏军忽略了，就在他2001年成功收购科龙，到2003年展开第二次收购之际，正是国内证券市场从监管理念到制度体系发生深刻转折的时期。从银广夏、中科创业到“德隆系”等一系列大案的爆发与查处，不但体现出了监管执法体系的逐步完善，而且反映出市场投资者对此前数年间“掠夺式资本运营”的愤怒与反感。

在这个背景下，2004年饱受舆论关注的“郎顾之争”，实际上是市场心理的某种折射，并进一步推动了监管机制的完善。但被成功收购科龙冲昏了头脑的顾雏军忽视了这场争论的实质，公开指责批评者“迫害”自己，第一次展现出其“受害妄想”的性格特征。

而在另一方面，收购科龙的成功，也使得顾雏军在随后的一系列“资本运作”中更加大胆和肆无忌惮。据判决书中公布的案情显示，在收购扬州亚星的过程中，顾雏军直接从科龙电器的关联公司挪用资金，经过多番转账后变成天津格林柯尔对顾雏军控制下的扬州格林柯尔的“借款”，成为了顾个人收购扬州亚星的“资本”。

如果说在科龙电器收购过程中，顾雏军还通过香港格林柯尔的股票套现，向科龙股东支付了3亿多元的“真金白银”的话；那么到了收购扬州亚星的时候，他已经彻底变成了一个“空手套白狼”的资本玩家。

在法庭的一审判决中，对顾雏军该项罪名判处的刑期高达8年，也对市场中潜在的其他“资本玩家”们提出了一个严峻的“风险警示”。

而在另一方面，长达两年多的审理过程，也表明了顾雏军案并非简单的“财务造假”和“侵吞资产”，而是在许多方面都触及到了现有法律和监管规则都尚未清晰界定的“规则边界”。

比如在“虚报注册资本”罪名下，顾雏军以个人专利使用权评估为9亿元无形资产出资，就涉及到知识产权评估、企业注册资本管理等一系列尚存争议或处于变动之中的法律规定，加上地方政府配合下的非市场化操作，均使得罪名的认定存在着相当的复杂性。再如在“违规披露、不披露重要信息”罪的调查过程中，由于现行会计准则对家电行业通行的“压货”没有清晰的会计处理准则,因此对于“常规”和“非常规”压货难以区分,亦难以分辨其是否构成“虚假销售”。

对“虚报注册资本”的判决显示,尽管地方政府“配合”了顾雏军在企业注册过程中的违规操作,但是对于这种行政干预,法庭判决并不予以司法支持;而在全案的审理过程中,公诉机关所提供的22个司法会计鉴定报告,由于违反法定程序,被法庭认定全部无效。

而在公诉方起诉的4项罪名中,预期量刑最重的“职务侵占罪”,因“事实不清、证据不足”而被法庭不予认定。

一审判决宣布后,顾雏军及严友松的律师均在规定期限内向广东省高级人民法院提出了无罪上诉。严友松的辩护律师李江在1月30日庭审结束后向《南方周末》记者表示,虽然自己将代表严友松提起上诉,但仍然十分敬佩本案法官在庭审过程中表现出的专业素质与敬业精神。

他同时向记者表示,就本案在社会上的巨大影响而言,严友松的判决结果(有期徒刑一年,缓刑两年)并不算重,“但是问题不在于重不重,而是对不对”。

而这一“对不对”的判定,实际上正涉及到现存法律和市场制度中的大量“规则边界”的问题。对于顾雏军当年所坚信的“潜规则”而言,这些“规则边界”的确立,正是市场制度从“潜规则”走向“显规则”的必要路径。

李宁：三分钟与二十年

■ 王小乔　蔡木子　薛田　虞立琪

李宁不仅象征着更高、更快、更强的体育精神，还象征着改革开放30年来不屈向上、百折不挠的中国精神。他从一名退役运动员，成功成为一名体育商人，这一转变也恰恰阐释了中国30年来的变化。

13亿人的悬念

谁将点燃北京奥运会主火炬，成为北京奥运会开幕式上最大的悬念。这意味着中国将向世界展示怎样的形象：年轻向上还是成熟稳重，甚至更多。这个悬念令中外媒体和普通民众都为之沉迷。

8月8日23：55，一位个子不高、面容敦厚的中年男子接过了国家女子排球队前队长孙晋芳手中的火炬。

这是一位跟拳王阿里、飞人乔丹一样能代表20世纪全球体育的人，14块金牌，106块奖牌也让他对中国体育的贡献无人可比；同时，他又是一名慷慨赞助中国体育事业的成功商人，他和他的家族拥有中国本土最大体育用品公司超过67%的股份。

他就是李宁。正是他的双重身份增加了主火炬手人选的悬念。

据知情人士透露，4个月前著名导演张艺谋确定采用“飞天奔跑”点火仪式时，国家体育总局提供的名单里李宁的排名靠前，而独特的点火方式又使李宁成为最佳人选，但最终拍板还是在 7 月 7 日。

北京奥组委和普通民众显然都注意到了以李宁本人名字命名的公司与奥运赞助商阿迪达斯之间可能的商业利益冲突。

好在那 3 分半钟令人屏息的完美奔跑，化解了这种“担忧”。“当时我们只看到了奔跑的李宁，看到了中国体育的精神，而不是奔跑的李宁鞋，也不会去想为什么不是阿迪达斯鞋、耐克鞋围着鸟巢跑。”范承玲——与李宁同一时期的贵州省体操运动员这样说道。

不过，李宁不会因此不注意细节，按照国际奥委会要求，他第一次穿上竞争对手阿迪达斯的衣服，全身上下，甚至连摄像机根本拍摄不到的护腕上，都没有印“李宁”的商标。

开幕式之前，他在鸟巢里练了一个月，一直微白的头发也染成黑色。7 月份，位于广东佛山的李宁体操学校校长谢铁华见到李宁这位昔日队友时，李宁还问他，“染的黑发好不好看”。

1988 年，中国体操队兵败汉城后，李宁成为第一个自己办公司的退役运动员，1993 年后谢铁华也加入李宁公司，服务至今。

1980 年代中后期是中国许多民营企业的萌芽期，任正非在深圳创办了华为，宗庆后在杭州开了娃哈哈，王石干上了房地产，柳传志带着联想抛弃了 IBM 经销商的身份。和他们一样，20 年后的今天，李宁也成为中国优秀的民营企业家。

开幕式 3 天后的《华尔街日报》这样写道：“虽然并未蜚声国际，但李宁不仅代表了中国往日的体育成就，也象征着今天的经济改革；正是这样的改革改变了中国，也使李宁跻身中国最富有人群之列。”

一飞冲天

李宁的出现，并没有让所有的悬念结束。

忽然之间，右手高举火炬的李宁左手扶着腰，飞了起来，垂直上升后停在巨大的祥云幕墙前。

8月9日，李宁接受媒体采访时表示："当时感觉重新回到了领奖台上。"对李宁来说，那是24年前的辉煌时刻。洛杉矶奥运会上的3金2银1铜，创下了单届奥运会奖牌和金牌数的纪录，而且距离李宁第一次在世界大赛上拿奖牌不过是4年时间，其崛起速度之快可谓一飞冲天。

中国体操，更是从1970年代开始，完全依靠自己摸索，迅速地从零登上体坛巅峰，同样是一飞冲天，这在中国体育项目上也几乎是唯一的例外。

只有当事人清楚，以那样的速度飞上天后，一旦跌落，会是怎样的伤痛。"在这个世界上，我的痛苦超过任何一个人。"这是1988年汉城奥运会败北之后，李宁坐在奥运村外面的草坪上，对时任《中国体育报》总编辑鲁光说的其中一句话，眼睛里还能看出之前六兄弟抱头痛哭留下的血丝。"以后就退役了，我的运动生命就终止了，我就永远无法弥补这个损失了。"

忍着高温在鸟巢里看着李宁升空，72岁的鲁光想到了李宁在1988年深圳退役告别晚会上唱的《挥一挥手，难说再见》。"他以为他永远无法弥补了，没想到20年后又再现了，而且是在中国举办的奥运会上。"

鲁光后来撰写的《你能理解李宁吗？》，让一些本来给李宁寄"上吊绳"和"子弹"的民众开始理解李宁，但在李宁看来，"那个年代的中国人，需要的是金牌，而不是体育本身；体委需要的是冠军，而不是运动员"。这让当时的他非常灰心。

极端的环境，迫使一飞冲天后停下的李宁放弃了退役运动员的惯常选择——从政或者当教练员，李宁选择的是"转身"。

人生大"转身"

停下来的李宁，拉了拉身上的一个机关，身体倏地转了过来，变成了踩在祥云之上。

机器的掣肘，使得"体操王子"的转身，少了一点体操中平衡柔和的美，但很稳。

李宁人生中接下来的"转身"，已经被媒体说了无数遍。

曾火爆整个1990年代的健力宝总经理李经纬因为做过地方体委主任，也差点成为运动员，体育情结很重，他把李宁请去做“总经理特别助理”，负责宣传、广告等工作。

1990年，当李宁表示想办体操学校时，李经纬建议他“不如先做个自己命名的品牌，赚到钱再来办体操学校”。

开始李宁并不愿意，怕砸了自己的招牌，后来想到出国比赛时从没穿过中国品牌的运动服，再加上李经纬的多次劝说，才愿意尝试。

1990年代初，鲁光在深圳碰到李宁时问他为什么不学画了，李宁笑答“先画钱，再画画”。曾师从画家吴东魁的李宁，很有美术天分。

那个躁动的年代中，选择从商的人，几乎来自三百六十行，李宁的故事被记住，只是因为曾经的“体操王子”称号。

李宁开始和多数商人一样，跑政府机关办证，写项目计划书，研究市场；也和不少公司一样，天然地有顶“红帽子”。

8年之后的国退民进和产权改革，一长串的公司和企业家因为没有处理好红帽子问题而销声匿迹，包括李宁的商界领路人李经纬，还有科龙的潘宁、红塔烟草的褚时健等等。

幸运的是，李宁提前4年认识了“股改第一人”、首都经贸大学教授刘纪鹏，在他的坚持下以分3次偿还1600万元的代价脱离了健力宝和它背后的广东省三水市政府。

赛场一小步，商场一大步

侧身之后，李宁迈开了脚步，祥云幕布则随之环绕鸟巢渐次打开。

脱离了健力宝集团的李宁公司，以每年销售收入翻番的速度，发展了4年，直到1996年收入了6.7亿元，稳稳坐牢了中国体育用品行业第一。

这可能是“体操王子”人脉作用和明星效应发挥作用最多的一个时期。

打开局面的第一仗就是1990年的北京亚运会，李宁找到熟悉的国家体委官员，用爱国热情说服他们放弃300万美元的外国公司赞助，选择了只能拿出250万元人民币的李宁。

接下来的广岛亚运会和第25届奥运会，直到2004年的雅典奥运会，中国体育健儿领奖时再也没穿过其他体育品牌的衣服。“1990年那次之后，李宁就开始实打实地拼赞助费了。”1996年就进入李宁公司、服务了7年的原公关总监张庆回忆，“开拓了领奖服这个赞助类别成为最大的优势”。体育赞助这种营销手段，是体育界老大耐克公司的“法宝”，早期的李宁公司这样做，可能更多地源于创业者的那一份情结。

这种不成文的目标和情感，潜伏在公司性格中，即便若干年后李宁让位于职业经理人团队，仍在不同时期或大或小地影响着公司的决策，形成了复杂的企业文化，导致体育与体育产业本应相辅相成有时却互相掣肘的格局。

尽管有些经营手段源自理想，效果却是毋庸置疑。

但是，一切好势头都在1997年戛然而止。此后4年多，李宁公司的销售收入始终徘徊在7亿元左右。

艰难起步

有趣的是，很多人也注意到，这短短的3分钟路程，刚开始跑不久，李宁跑得并不轻松。毕竟，这不是真正的跑道，而且与地球引力相悖。

好势头快要结束的时候，李宁开始意识到公司管理体制和人力资源的问题。鲁光曾经参观过早期的李宁公司，结果看到不少认识的体育界人士。

换血开始了，张庆就是那时被作为新鲜血液输送进来的。

没多久，张庆发现，那些曾经在电视上就熟悉了的面孔不见了，或者调整了职位。最后，李宁的嫂子，大家称为“党姐”的公司元老竟然也被要求离开公司，同时离开的还有总经理陈义红的弟弟，他也是公司的高管之一。

鲁光曾经熟悉的那些面孔，到今年只有两位还留在了公司——李宁的前队友李春阳和毕文静。“无论离开还是没离开的，都安排得很好。李宁最大的特点就是能包容、讲义气、知人善用。”从1992年退役至今，李春阳一直没有离开过，现在做的工作一样可以发挥他自身的优势，跟体育总局沟通，以体育明星的身份出席一些公益和宣传活动。

佛山李宁体操学校校长谢铁华也留任至今。1998年，在李宁公司工作5年后，李宁把实现最初梦想的体操学校交给了谢来打理。体操学校成立时，李宁说："奋斗7年，现在梦想终于实现了，3000万元资金的调度，太不容易了。"为了让更多的孩子接触体操，每年李宁仍要投入200万元。

加入公司的前两年，张庆还经常陪同李宁参加各地的经销商活动，小到店面的剪彩。慢慢地，李宁开始放权，直到1998年成为北京大学法律系的大一新生。这些18岁左右的孩子从来没见过这么亲切又不逃课的世界冠军，他们甚至一起通宵准备考试，至今有些人都与李宁这位老大哥保持着联系。

家族式管理是中国很多民营企业很难迈过的一道坎，2000年李宁辅修了光华管理学院EMBA课程后，更深刻地理解了这个问题。

但7亿元销售额似乎成了一个无法逾越的障碍，始终无法打破，直到真正的职业经理人改革——2001年元老兼股东陈义红的离去和财务总监张志勇的上任，李宁公司才重新焕发活力，实现了近年来35%的平均增长率。

重新向前

> 适应地心引力后，李宁的步伐迈得越来越娴熟，他从正对着主席台的大屏幕上奔跑之时，更高、更快、更强的体育精神得到淋漓尽致的展现。

但李宁公司却经过数年的探索，才重新找到"感觉"。2001年，正值中国加入WTO，也是中国企业实践和学界讨论国际化之时。海尔把冰箱卖到了美国，华为开始为亚洲一些国家提供通讯设备。

在这之前两年，李宁公司就前去德国参加了体育用品博览会，还赞助了法国体操队和世界大运会俄罗斯代表团等，但效果并不明显，海外市场销售业绩只占公司总业绩的2.4%，更谈不上知名度。

与此同时，耐克和阿迪达斯却先后进入了中国市场，而且迅速地抢占了李宁中国市场份额第一的位置。

更可怕的是增长率的落后。2003年到2005年，李宁销售收入的年复合增长率为39%，远低于耐克的41%和阿迪达斯的66%。换句话说，差距在拉大。

相比国际化的投入产出差，国内市场份额被蚕食才是真正值得警醒的。2004年李宁公司在香港上市之前，被《华尔街日报》尖刻地批评为摇摆在休闲和专业之间的“墙头草”，找不到自己的方向。

的确，当李宁公司看到国际咨询公司得出“定位不清楚、战略不清晰、企业文化没凝聚力”的结论时，也是大吃一惊，开始遵从咨询公司的建议，走专业化路线。之前，李宁公司甚至还推出了李宁牌化妆品和李宁牌钱包这样的产品。

李宁公司2007年年报中显示，其营业额同比增长36.7%至43.5亿元，位居中国市场第三，其17%的市场份额与耐克和阿迪达斯的差距已经缩小。

世界沸腾了

3分钟的祥云迈步后，李宁到了引燃棒前，略微的停顿之后，点火！巨大的祥云火炬轰然照亮了整个鸟巢。

2008年8月9日零时之后，李宁公司CEO张志勇短期内可能不需要再为李宁及公司的知名度感慨了。先前，他在一所大学演讲时，台下的学生竟然表示没有听说过李宁。

其实这是李宁为了李宁品牌长远发展，数年来“处心积虑”的结果。2003年，李宁内心的奥运情结还是引燃了公司的DNA。在填出一个天文数字，却仍无缘奥运赞助商之后，李宁公司调整国际化战略为“先打国际品牌，再做国际市场”，并从2005年开始设计了一系列富有中国元素的产品。“没有任何一个国家比中国更重视奥运，作为中国本土最大的体育用品公司，奥运营销放在战略制高点。”张庆认为这是李宁公司绝对不能放弃的优势。“李宁离不开中国特色，因为体育从根本上来说是民族性的。民族情感应该是体育品牌的基础，越是民族的越是世界的。”北京大学品牌研究中心主任江明华教授说。

据李春阳介绍，未来李宁公司一方面用70%左右力量发展国内市场，同时开拓国际市场，本届奥运会赞助西班牙、阿根廷代表团就是开端。

按照李宁公司一贯的作风，以及考虑可能引起的商业利益冲突，万众瞩目的点火之后，李宁和李宁公司拒绝了近期内所有媒体的采访，李宁公司政府公关与对外事务总监张小岩表示："李宁点燃火炬并不代表李宁公司，而是代表个人，甚至只能说是代表13亿中国人。"

但在江明华教授看来，不需要墨守成规的机会似乎出现了。"不用讳言李宁点火对公司品牌的宣传效应，这是客观存在的。李宁点火使得李宁品牌不再是一个简单的LOGO，不再是无数的中国品牌之一，而是变得生动立体，成为中国品牌的代表。""改革开放30年的成果，张艺谋的开幕式看不出来，却在李宁身上体现出来了。中国体育兴起的18年，也缩影在了他身上。"鲁光笑道，"他辉煌过也失败过，挥一挥手难说再见，20年后叠加了一个民族品牌创始人的身份出现了。"

8月24日，奥运会闭幕后，李宁又会前往佛山参加在他心中同样重要的比赛——李宁杯全国少年儿童体操锦标赛。1998年佛山体育学校落成之后，这项每年至少花费25万元的比赛，一直没有间断，目的只是为了让更多的孩子接触和了解体操。

企业家、老大、捐款大户

——二号富豪杜双华的三张脸谱

■ 张 华

笼罩着神秘面纱的中国二号富豪杜双华一直小心翼翼地与公众保持距离，个中缘由究竟为何呢？当我们走进日照钢铁这个独立王国时，答案自然揭晓了。

杜双华没有实现在自己的地盘上看《同一首歌》的夙愿，因为他最近心情不好。如果自己的企业要被别人吞了，谁的心情能好？

他的企业山东日照钢铁集团（简称“日钢”）原定于9月28日在日照市举办系列活动，庆祝出钢五周年，然而这一计划在7月被临时取消。

从2003年3月31日奠基，到9月28日出钢，日钢181天的纪录成为中国钢铁史上绝无仅有的创举，“日钢速度”曾一度被津津乐道；然而现在，这却成为掌门人杜双华最不愿提的话题之一。

他现在可能是2008年中国钢铁行业内心情最为复杂的人。这边是7月开始钢价持续下跌，那边却被胡润给戴上了“中国第二富”的高帽；刚刚和地方政府达成默契，结果又遭遇山东省新组建的大型国企——山东钢铁集团意欲吞并自己的血盆大口。

其实杜双华从来都是“矛盾的结合体”——他的盛名之下是诡秘，他的荣耀背后是焦虑，以至于他五年来的一帆风顺的商业旅途，现在似乎要进入一条无间道。

超级黑马的生产方式

“我们希望胡润把杜总排在富豪榜第十位，哪怕第五位也行啊，可是他不答应，非要将杜总按在‘首富’的位子上！”

9月22日下午4时，廖海亭与《南方周末》记者在其办公室交谈时，激动地从沙发上站了起来，扯起嗓子如此称。

廖海亭是日钢党委书记，虽然已步入“花甲之年”，但精神头很足。胡润于今年9月告知杜双华，他极有可能是今年的“新科状元”，这令包括廖海亭在内的杜双华整个智囊团颇感意外，同时也有一丝不安。

据知情人士透露，今年的胡润百富榜草样稿出来后，杜双华其实排在第一位。发榜前几天，榜单有所调整，黄光裕成为首富。

而在去年的胡润百富榜上，42岁的杜双华位居第81位，财富为80亿元，当时并未引起太多关注。

杜双华旗下有两块资产，一块是河北京华创新集团（简称“京华创新”），一块便是日钢。京华创新是杜双华的大本营，1993年，28岁的杜双华在河北衡水成立京华制管厂（京华创新集团前身），主要产品是焊管，当时的年产值不足200万元，10多年后，京华创新成为河北十大民营企业之一，其大旗已插上了北京、广州、成都等地，年产值超过80亿元。

不过，京华创新的利润率甚低，真正为杜双华打下江湖地位的，是2003年他在山东日照建起的钢铁厂。

日照是沿海港口城市，有着一定的自然优势，中国经济的高增长带动了钢铁的高需求，日照政府一直为缺乏一家支柱型钢铁集团而有所抱憾，直到2003年与杜双华一拍即合，日照钢铁集团迅速成立。时任中国建设银行日照分行行长的廖海亭在招商引资过程中起到了关键作用。“过去的事不要再提了。”当《南方周末》记者对廖海亭当年充当“媒婆”然后又加盟日钢的经历表现出好奇时，廖海亭叹了一口气。

一个核心问题是，日钢是谁的？

日钢成立时，注册资本为2.2亿元，出资方有河北京华创新集团、山东莱芜钢铁、香港誉进公司，后来莱芜钢铁退出。

《南方周末》记者调查发现，香港誉进的实际控制人也是杜双华，也就是说，日照钢铁 100% 的股份属于杜双华。

不过，杜双华现在持有日钢近 70% 的股份，其余近 30% 股份由日钢副总经理袁新海代持，袁新海的这一部分股份则是从上一位代持人刘凤岐名下转移过来的。

另一个问题是，日钢值多少钱?

根据中国企业联合会发布的数据，2007 年日照钢铁的营收为 286 亿元。廖海亭对记者称，2007 年日钢纳税近 14 亿元，而今年上半年日钢纳税额已达 27 亿元，“预计今年的销售收入将接近 500 亿元，利税会超过 100 亿元”。

胡润公司的调研员对本报记者称，调查显示，去年日钢的利润超过 50 亿元，而今年上半年，日钢利润已超过去年全年的总和。以去年 50 亿元的利润计，乘以 6–7 倍的市盈率，日钢的市值接近 350 亿元，综合评估，得出杜双华财富为 350 亿元。

杜双华的财富积累过程“既短又快”。山东省银行系统某内部人士提供给本报一份日钢 2004 年至 2006 年的财报，报表显示，3 年间日钢的资产总额分别为 32 亿元、55 亿元、116 亿元，利润总额分别为 2 亿元、6 亿元、21 亿元，可谓成倍增长。

日钢的 5 年发展，没有绕过一般钢铁企业的套路——人脉网络、圈地运动、银企联盟。

日照当地自下而上盛称杜双华“上面有人”；对于“圈地”，现在日钢占地近 6000 亩，主要“圈”的是日照岚山区虎山镇韩家营子、申张村的田地，而日照招商局网站显示，日钢的规划面积约为 1.6 万亩，是现在的近 3 倍。“银企联盟”在日钢身上表现得淋漓尽致。《南方周末》记者在日照调查过程中取得一份“日照钢铁融资银行名单”，在这份名单当中，列出的十几家银行的共 29 家分行或支行为日钢提供了贸易融资和贷款业务，其中包括日照商业银行、中国银行日照分行等当地银行，以及莱商银行、中信银行青岛分行、威海市商业银行、恒丰银行等山东省内银行，还有南京银行、江苏银行、渤海银行等省外银行。深圳发展银行、光大银行、兴业银行、民生银行、中国进出口银行均在名单中。

杜双华培养与众银行关系的思路是“全面撒网，重点培养”。比如，日钢是日照商业银行第三大股东（日钢副总经理薛健兼任日照商行副董事长），前两大股东为日照港和南京银行，日钢在日照商业银行和南京银行中的业务量都不小；又如，杜双华通过京华创新持有莱商银行 9.4% 的股份（薛健是莱芜京华制管的副总经理），日照与莱商银行的交往同样密切。

山东银监局某内部人士向《南方周末》记者透露，截至今年上半年，日钢的负债总额接近 200 亿元。“如果总资产保守一些，以 300 亿元计，其资产负债率为 67%，在行业内并不算高。”这位内部人士称，“2004 年至 2006 年，日钢的资产负债率一直是在 65% 上下徘徊。”

魔鬼式管理风格

位于日照虎山镇的日钢办公区，据说是中国钢铁企业当中最为“别致”的了——放眼望去就像是北京的故宫，墙外还有“护城河”。

9 月 27 日，《南方周末》记者费了一番周折后进入了办公区，看到一间会议室里的桌椅都是朱红的仿古风格，与古色古香的低矮建筑群相衬。几排建筑之后，便是“重兵把守”的特殊区域，记者无法进入。

据日照市政府一位人士称，杜双华甚为低调，但颇具帝王情怀，普通人无法接近的特殊区域，是他平日接待和宴请宾客的地方，里面富丽堂皇，颇有皇家气息，“日钢高层有时也在里面开会，据说是坐在按摩椅上开的”。杜双华平日前往工厂视察，常常是一个车队前呼后拥驶入厂区，他平时为人也非常讲江湖义气。

杜双华的身体不太好，所以随从除了保镖，还有营养师。据知情人士透露，他平时非常注意养生，不喝酒，甚至很少吃荤。

杜双华在日钢内部实施的是军事化或说是魔鬼式的管理。《南方周末》记者留意到，日钢资本运营部的内部规章细则有数十条，其中一条是：“手机铃声响三声以内必须接通。”

由于他至今单身，所以被下属私下称为“钻石王老五”。不过，杜双华在大多数日钢工人眼中，只是个富贵和权势的代名词——因为他们很难见到杜双华一面，甚至日照市政府一些部门的负责人，也难以接触到杜双华，日照市发改委办公室主任马先锋对本报记者说："杜双华不是一般人能见得到的。"

日钢秘书处一位人士向记者证实了这一点，杜双华非常低调，除了在年度表彰和总结大会之类的场合，普通员工平日鲜能见到他。

一家对日钢贸易融资授信额度甚为庞大的国有银行的某客户经理在接受《南方周末》记者采访时称，他与（分行）行长陪同山东省领导到日钢交流时见到杜双华，"不过最后一面还是在2007年"。

保安是日钢的另一处"风景"。上百名保安大都来自杜双华的老家河北衡水，而且均为退伍军人。在日钢工厂四周，随时随地都有保安出现，如影随形，南方周末记者一度被跟踪。"前些天一位客人搭我的车到日钢，客人到工厂门前下车后拍照，结果遭到日钢保安的一顿拳打脚踢。"9月24日，一位臧姓的日照出租车司机对《南方周末》记者称。

记者接触了日钢几位工人，他们对此并不感到意外："打人和罚款是家常便饭啦；现在的保安还算好的，2006年以前那一批更是凶狠，动不动就打人。"

当地的村民对此也深表痛恨，一方面源于保安的野蛮习气，另一方面源于村民们几年前与日钢发生的两次激烈冲突事件。"由于对日钢的补偿条件不满，我们韩家营子的村民与日钢的保安们前些年打过两仗。"叶金礼对《南方周末》记者称。当时几千名村民拿着各式各样的"家伙"与日钢保安短兵相接，发生了一场激烈打斗的场面，双方都有受伤者，最后保安们被逼回日钢里面不敢出来了。对于日钢厂区那条"护城河"，有村民甚至说："其实那是为了防止往里面扔石头或有人跳进去闹事的！"

叶金礼是韩家营子一家宾馆的主人，2003年之前，他还是个种有2亩4分地的农民，2003年日钢大面积将村里田地"租借"后，他做起了小生意，后来盖起这座宾馆，接待南来北往的客人，其中大都为与日钢有业务联系者。据叶金礼称，村民们与日钢发生激烈冲突后，村里原来有一条到钢厂的近路被封掉了，不过，冲突还是见了"成效"——日钢对村民们的用地补偿标准提高了——从2007年开始，由原来一亩地补偿800元涨至1200元，由原来的5年一调标准，改为3年一调；此外，村民们到"退休"年龄，即女55岁、男60岁后，每月可从日钢领取60元的补助。

既然集体争取就能提高所获补贴的标准，而现在的村民们对新的补贴条件仍不是特别满意，为什么不再进行争取呢？“谁还敢啊？发生冲突后有5位村民被抓了，现在还有3个在‘里面’蹲着呢！”叶金礼说。

巨额捐款背后

杜双华在今年首度声名鹊起，并不是成为“中国首富”的现在，而是今年5月汶川大地震后。

当时日钢拱手捐出去1个亿，最后累计捐款数额超过1.5亿元。从民众到传媒，一时间知道了山东有个日照，日照有个杜双华。

杜双华的慈善之举为他赢得了极大的社会声誉。然而，捐赠背后的一些细节却被人忽略了。

杜双华原先想把1个亿通过当地渠道捐助出去，接连两次碰壁后，杜双华不得不将这1个亿交给了全国工商联。

今年3月，注册资本为100亿元的山东钢铁集团（简称“山钢”）在济南揭牌成立，对济南钢铁、莱芜钢铁和山东省冶金总公司所属企业的国有资产进行了重组，成为山东最大的省属企业，总资产为850亿元。

山钢未来5年发展规划的其中一项是，在日照建立一个产能为2000万吨的临海钢铁精品基地，以实现山东省钢铁工业发展重心由内陆向沿海转移的战略。

这2000万吨当中，包括新建项目1500万吨，一期二期分别为1000万吨和500万吨，此外的500吨即希望吸收日钢的产能。

这样一来，民营钢铁巨头日钢和国有钢铁新宠山钢，在日照“撞车”了；山钢想一举吞下日钢。“听说杜双华拒绝了被山钢吸收，他甚至想反过来吃掉山钢。”一位知情人士透露。

日钢的利润率在内地钢企中处于上游，去年日钢的营收不足300亿元，利润超过50亿元，而同期的济钢，营收虽然超过500亿元，但利润只有30多亿元。

然而无论如何，杜双华在日照5年的坦途开始受到掣肘。

在节能减排、信贷规模、综合治理等方面，有关部门频频“关心”日钢，这使杜双华非常不爽。

直到汶川大地震，杜双华捐出逾1.5亿元的巨款，并累计收留了超过700名灾区儿童，一时间日钢成为明星企业，山钢的计划遭受到巨大的压力。“可以说日钢通过捐款大大增加了与山钢对峙和谈判的筹码。”日照市委一位人士对本报记者称。

然而山钢并不甘心。9月18日于北京召开的中国钢铁并购重组论坛上，山钢董事长邹仲琛还对记者表示，山钢不会放弃关于整合日钢的谈判。

与此同时，山东银监局一位负责人被敦促去查摸日钢的信贷情况，不过，这位负责人说：“查一查可以，但如果把我当枪使，我不干。”

危局之下，杜双华有何对策呢?

一方面,杜双华要求日钢“跟党走”“响应省政府号召”；就在廖海亭接受《南方周末》记者采访的9月22日的上午，廖还受托在日钢内部开了一个关于“节能减排、综合治理、和谐社会”等议题的会议。

《南方周末》记者在这天下午看到了有趣的一幕——日钢工厂高高在上的烟囱里冒出浓浓的黑烟，而厂区之外的小路两侧，几位中年妇女正蹲在地上，忙着铺种草皮。“我们现在的目标是5年内原地踏步。”廖海亭对记者说，不过他又感慨道：“中国经济太脆弱了，民企更脆弱。”

另一方面，杜双华在曲线自救。9月下旬杜双华一直呆在北京，关注铁矿石进口事宜，而廖海亭在22日与《南方周末》记者交谈中，不经意透露他也将于次日与日照市长一起飞往北京，随后与杜双华碰头，“谈一些新项目”。

不是计划5年内原地踏步吗? “新项目不是指钢铁项目，而是其他方面的一些小项目。”廖发现自己失言,脸色一下子变得不自然起来,马上给自己圆场。

《南方周末》记者调查得知，廖海亭所说的“小项目”并不小，是关于日钢组建自己船队，有意自行到海外找矿等事宜。就在此前几天，日钢副总经理薛健还接待了法国巴黎银行的代表，商谈贷款事宜。

杜双华，这位集首富、大哥、慈善家于一身的神秘企业家能笑到最后吗?暂时没有人能给出答案。

似乎有一点是显而易见的，那就是“一山不容二虎”。“什么‘二虎’啊，我们根本不是什么虎，我们连狗都不如！”廖海亭突然近乎失态地大吼起来，他的情绪激动，表情夸张，这是与本报记者两个小时的交谈中，他为数不多的真情流露中的一次。

作为杜双华的代言人，廖海亭不只是一个人在焦虑。

《南方周末》记者9月底离开日照的时候，天气已转凉，路上行人开始穿起了夹克。钢铁大佬杜双华也正遭遇着“寒冬”，只是他这一年的冬天来得似乎比常人早了些。